CRÍTICA
DE LA
PASIÓN PURA

ENSAYOS

JORGE MAJFUD

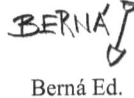

Berná Ed.

Crítica de la pasión pura, 1998, 2019.
Ilustración de portada:
© 2019 by Jorge Majfud
majfud.org | jmajfud@ju.edu
4ta. Edición. Berná Ed. editor@berna.com
ISBN: 9781091354357

Crítica de la pasión pura fue escrito en su gran mayoría en Mozambique en 1997 y publicado por primera vez al año siguiente, en Uruguay. Está compuesto de 358 compactos, cada uno de los cuales es una unidad en sí misma. No obstante, este conjunto de ensayos gira en torno a pocos temas básicos: la formación de la ética y la moral a partir de los miedos y las angustias persistentes en la historia -la renuncia-; las formas de comprender y representar el mundo, la vida y la muerte, la historia y el presente, la evolución humanística y las reacciones autistas de los pode-res tradicionales.

Sabemos que hay un planeta recubierto de vidas y entre ellas hay unos seres inquietos y extraños que no podemos definir. Solo sabemos que se distinguen del resto porque se han creado a sí mismos o Alguien los ha creado con algo diferente del polvo cósmico. Por eso la hemos llamado Creatura metafísica.

AÑOS DESPUÉS

En esta nueva edición de *Crítica...*, he recurrido al mismo criterio de siempre: mantener el texto tal como apareció al público la primera vez, aun cuando hoy pienso que mejor debí haber omitido algún párrafo o aclarado una innumerable cantidad de otros puntos. Como, por ejemplo, la obvia y necesaria aclaración de que estas reflexiones pertenecen a un hijo de Occidente inspirado eventualmente por otras tierras. Sin embargo, ese tipo de correcciones me parece una forma de falsificación. Una mentira para los lectores y una posible traición a aquel muchacho que tomaba notas en una isla del océano Indico o en las impenetrables regiones de Mozambique, al costado del camino bajo un sol asfixiante o en una choza alucinada por una luna fura de la historia. ¿Qué derecho tengo yo a corregir aquel que ya no soy?

Espero tener vida y claridad para poder formular mejores preguntas y ensayar respuestas más satisfactorias.

J.M.

Athens, abril 2006.

ÍNDICE

NOTA PRELIMINAR

Lo que sigue es un conjunto ordenado de reflexiones libres; no pretenden enseñar ninguna Verdad sino una visión del mundo (creo que la diferencia entre una y otra consiste en que la primera es siempre una versión pretenciosa de la segunda). Pido disculpas a todos aquellos que, en el error, tengan la poca fortuna de coincidir conmigo.

Valle Edén, Uruguay, agosto de 1998.

ESQUEMA SIMPLIFICADO
CAMINO GNÓSTICO-EVOLUTIVO

	CIELO	TIERRA
IV	Cuarto Milagro: ?	
Logro	D. Más allá Vida eterna (Occidente) Cese de la existencia (Oriente)	4. Sobrevivencia del individuo y de la sociedad. Progreso material.
Efecto	C. Beneficio de los dioses	3. Beneficio de las creaturas
Etico- teológico *Nivel racional*	TEOLOGÍA B. Reflexión sobre la Verdad incuestionada.	ETICA 2. Reflexión sobre los deberes incuestionados
III	Tercer Milagro (Neolítico.) Conciencia problemática del individuo	
Moral *Nivel irracional*	A. 3, Culto a los dioses 2, Renuncia-sacrificio 1, Pecado del placer **Primera Tabla**	1. Normas de convivencia, pudor, tabúes y tolerancia. **Segunda Tabla**
	Represión del sexo	
	Temor al devenir mediato Rechazo a la muerte	Temor al devenir inmediato Instinto de sobrevivencia
II	Segundo Milagro: Conciencia de la especie (Paleolítico)	
	Experiencia individual y social del sexo	
	Aparición del sexo: 2.000 millones de años	
I	Primer Milagro: Vida (3.400 millones de años)	
	EXPERIENCIAS EXISTENCIALES	

Jorge Majfud

I: Historia y Naturaleza

1 CORRIENTES. Diferentes verificaciones (como la posibilidad de que todas las razas humanas se puedan cruzar) demostraron la monogénesis biológica de las creaturas de Gea. Absolutamente todas las creaturas humanas poseen un origen común y es probable que, por algún misterioso o grave acontecimiento, todas desciendan de un hombre y una mujer que vivieron en África hace 200.000 años. Por éste y por otros descubrimientos, los lingüistas han llegado a la conclusión de que también todas las lenguas que se hablan en el planeta poseen un origen único. No muy diferente utilidad prestan los mitos para la antropología y para la idea de un nacimiento común o restringido de la humanidad. —Por su parte, la moderna teoría de los paradigmas supone unidades de pensamientos independientes, pero al mismo tiempo se pueden ver cómo unos derivan de otros. El proceso que lleva de un pensamiento a otro es similar al seguido por los idiomas: cada uno deriva de otros anteriores y,

con frecuencia, varios nacen de una misma raíz. El
bantú y el latín son las raíces de por lo menos diez lenguas africanas y europeas; el sánscrito y el mandarín,
dicen los asiáticos, son la raíz de por lo menos todas las
lenguas. El pensamiento posee un comportamiento semejante, y esa es una de las hipótesis que subyacen en
el fondo de este informe.

2, INTERIOR. Todos los seres vivos son el resultado de una historia exterior y se refiere a la evolución
biológica. Las plantas y los animales evolucionan in-
fluyendo y adaptándose al medio. Su historia es dictada
por agentes exteriores. Diferente, la historia de la creatura metafísica es, sobre todo, consecuencia de su propio espíritu; es decir, de su universo interior. Solo esta
creatura es el resultado de ambas historias. —Cada
creatura piensa y siente condicionada por la historia colectiva interior, tanto como lo está por su historia personal. Un uruguayo de nuestro tiempo lleva dentro suyo
la dialéctica de Sócrates, el cristianismo y el gobierno
de Adolf Hitler. Aunque lo ignore, debe ver el mundo
a través de todo ese polvo histórico. Su perro, si tiene
uno, solo habrá recibido del perro de Hitler alguna que
otra mutación genética (que nada tendrán que ver con
la guerra y con su amo). —Lo que diferencia a una sociedad de otra, a un individuo de otro, está en la historia
interior de la especie: en la historia colectiva de su

espíritu. Por ella, un occidental del siglo XX piensa y ve diferente el mundo a un hindú contemporáneo; piensa y ve diferente a otro occidental del siglo XI. Es la *historia interior* la que diferencia a la creatura metafísica con el resto de los otros animales y consigo misma.

3, SALTOS. La historia interior de Occidente consiste en un *flujo* de cambios permanentes e irreversibles, lo que configura el modelo de una "verdadera" historia. En oposición a esta imagen está la historia interior de Oriente y de los pueblos llamados primitivos que, por negar el cambio y afirmar la repetición, decimos que no tienen historia. Pero negarle una historia interior a los pueblos mitológicos es una imprecisión. Sería como igualar a un maya o un hindú con un tigre.
—También los pueblos mitológicos poseen historia interior, no formada por flujos sino por *saltos.* Toda la estructura social de India y Nepal (me refiero al sistema de castas) y muchos de sus mitos fundadores fueron producidos por las invasiones de los jinetes arios. También el mundo mitológico de Homero se basaba en hechos concretos y puntuales, como la guerra de Troya.
—Tanto los hindúes actuales como aquellos griegos del siglo VII a. C. vieron el mundo a través de las tradiciones nacidas de hechos concretos y protagonizadas por las mismas creaturas —hechos históricos.

4, CONDICIÓN. Una persona no nace con un idioma o con el teorema de Pitágoras. Pero nace con la capacidad de aprender y desarrollar esos productos culturales. De igual forma, no nace con una determinada moral, pero sí con la capacidad biológica para aprenderla del medio, capacidad que comenzó a desarrollar en un determinado período de la evolución. Advirtiendo proto-facultades morales, culturales y hasta políticas en ciertos grupos de monos, algunos biólogos han deducido que la moral es una formación neuronal más que cultural. A esta dicotomía virtual o analítica, otro científico, Frans de Waal, respondió en su reciente libro, *Good Natured*: "La moral es un fenómeno biológico o cultural? No existe una respuesta sencilla para este tipo de preguntas, que es como preguntarse si los sonidos de percusión son producidos por los tambores o por los tamborileros". Y luego pone un ejemplo metafórico: Una planta puede crecer alta y fuerte si está expuesta al sol, mientras otra no lo hará de igual forma si está condenada a la sombra. El tamaño de cada planta no depende solo de sus genes o del medio en el que se desarrolla sino de ambos. —Pero aun aclarando este punto quedan otras interrogantes. ¿En qué medida los tabúes y las características psicológicas de la creatura pertenecen a su historia exterior y en qué medida se perpetúan en su historia interior? ¿Existe una transferencia de datos desde la historia interior (cultura) a la historia exterior (biológica)? Una institución como la prohibición del incesto, ¿pudo haberse perpetuado por milenios sin la intervención de la herencia genética? —Algunos creyentes encuentran repugnante y hasta inmoral el que un sacerdote católico tenga relaciones sexuales con una adolescente. El celibato sacerdotal es una institución resuelta por la Iglesia hace menos de dos mil años y no existe una razón biológica para sentir repugnancia por un acto semejante, como no existe una razón biológica para condenar el incesto. Pero si la prohibición del incesto es una institución varias veces más antigua que el celibato, ¿cómo no habría de ser más universal y profunda? El mecanismo cultural que provoca el rechazo a la sexualidad del sacerdote, ¿no es semejante al que universalizó el rechazo al incesto? —La teoría del inconsciente colectivo considera una especie de historia interior heredable por un camino interior e inevitable. Ese material mnemónico, que supuestamente poseemos todos, o casi todos, es el bosquejo básico del inconsciente. Esto significaría que no sólo nacemos con una *moral ability*, como lo definió Frans de Waal, sino, incluso, con algunos megabytes incluidos; algo así como si naciéramos con *language ability* incluyendo algunas palabras en ruso, francés y algún que otro ideograma chino, dependiendo de los viajes de alguno de nuestros ancestros. —De cualquier forma, lo que conforma y condiciona casi toda la libertad de la creatura es la historia interior que se hereda por un camino exterior y no del todo inevitable. Se da la paradoja, entonces, de que la historia exterior es interior al organismo, porque radica en la herencia genética; mientras que la historia interior (la historia del espíritu) es exterior al organismo en gran medida, porque radica en la herencia cultural. De haber existido los atlantes, hoy tendríamos de ellos algún "sedimento mnémico", según un jungiano. Pero nuestras vidas y nuestra visión del mundo no estaría condicionada por aquella cultura perdida como sí lo está por la historia del pueblo hebreo.

5, HISTORICISMO. Ya en el siglo XVIII Giambattista Vico había considerado que las creaturas nada son fuera de la historia que ellas mismas producían. También G. E. Lessing entendió que la pretensión de conocer la verdad absoluta era absurda. Lo admirable no consiste tanto en esta primera observación sino en otra que pretende confirmarla: porque alcanzar la verdad absoluta significaría salirse de la historia. Es decir, acabar con el esfuerzo por buscarla. En *Humano, demasiado humano*, Nietzsche reprochaba a los filósofos de su tiempo de negligencia histórica. No hay una creatura eterna, como no hay verdades eternas, sino una creatura que se procesa. Más tarde, en *La decadencia*

de Occidente, Oswald Spengler repitió una advertencia
semejante: Immanuel Kant no había considerado en sus
reflexiones más que a la naturaleza, cuando la creatura
metafísica era un ser marcado por el tiempo, un ser histórico. (Este reproche resulta un poco paradójico e injusto, ya que es fácil concebir ideas como "paradigma",
"mentalidades" e "historicismo" después del análisis de
los juicios sintéticos *a priori,* de Kant.) En 1951, Jaspers había entendido que "el carácter inconcluso de la
creatura y su historicidad son la misma cosa". En 1962
T.S. Kuhn introdujo la historia y la polémica en las
ciencias o, mejor dicho, en la epistemología científica:
las realidades objetivas dependían de una perspectiva
mental llamada "paradigma" (creo que un siglo antes
Dilthey había pronunciado *"weltanschauung"* para
nombrar una idea semejante). Después de la polémica,
es decir, después del éxito del paradigma tskuhniano, el
concepto y su nombre se esparcieron al resto del pensamiento, y representaron la más radical alternativa a
los prestigiosos sistemas cerrados del siglo XX. Ahora,
observemos que el paradigma historicista supone no
solo el aprendizaje de una nueva forma de ver el
mundo; también implica el olvido de la forma anterior.
Suponemos que no podemos ver la "realidad" de la
misma forma que la veían los antiguos babilonios. Solo
podemos sospechar que ellos la veían diferente, de la
misma forma que podemos entender los actos de un

psicópata asesino pero no podemos experimentar su naturaleza anímica, su propia visión del mundo. Es decir que si bien la creatura es un ser "inacabado", seguramente lo será siempre. O, por lo menos, lo será mientras el olvido, la estupidez o la perfección no acaben con la historia.

6, CONTINGENTE. El nuestro ya no es el universo congelado de Laplace. No solo el espacio absoluto ha sido destruido por la relatividad del espacio-tiempo; también las leyes de la física perdieron su antigua condición de eternidad. Porque el paradigma histórico extendió su comprensión también a las ciencias naturales y ahora el darvinismo se enseña en las cátedras de física: sus leyes *evolucionan*. Pero, como las especies, la evolución de las leyes del Universo es histórica. Ello significa que el acontecimiento B1 puede ser la consecuencia de A, pero no es una consecuencia *necesaria:* a A también pudieron seguir B2, B3 o Bn. Una vez producido el efecto B1, el proceso es irreversible: sucederán entonces C1, C2 o Cn. La historia del Universo está construida de contingencias: vivimos en un momento cósmico en que la velocidad de la luz es *c* y la energía de los electrones es *e*. Pero bien esas constantes pudieron ser otras, y un día lo serán. La contingencia destruye un orden y crea otro imprevisible que no puede ser calculado ni concebido por las leyes del orden anterior. Este paradigma se asemeja, de alguna forma, al pensamiento kierkegaardiano: la realidad no es un proceso racional único; es un conjunto indefinido de posibilidades, incluida la nada. —Alguna vez el Universo estuvo concentrado en un punto de extensión cero y densidad infinita (a muchos esta idea les puede resultar fantástica, pero consideremos que una teoría astronómica puede ser refutada de muchas maneras menos por exagerada; la exageración no existe para la astronomía moderna como no existía para los antiguos hindúes). Para que ese punto haya sido perturbado en una explosión habrá que suponer una acción exterior. Lo que nos lleva a la idea de un Megauniverso o al reconocimiento de un Creador. Pero si ni las leyes de la física son significantes en esos umbrales del tiempo, ¿por qué habría de serlo el resto de nuestra comprensión racional?

7, DESAMPARO. Nuestro tiempo ya no usa la historia para predecir el futuro y condicionar el presente. No solo porque entendió que el futuro es impredecible sino porque además ha renunciado a los Grandes Proyectos. El futuro de la humanidad ya no importa más que el presente del individuo. —La nueva historia es una sinfonía de historias, coherentes o contradictorias pero ya no estructurada; no explica el todo sino cada una de las partes, desde infinitos puntos de vista. Cada momento es el resultado simultáneo de imprevisibles contingencias. Rige la ley física de la *indeterminación.*

—El paisaje contemporáneo casi no incluye a la naturaleza. Casi todo lo que rodea a la creatura posee memoria y conciencia del cambio. Ya todo es el resultado de alguna evolución. No solo la creatura y los seres vivos; también la naturaleza muerta: me refiero a *La evolución de las especies,* a *Una breve historia del tiempo.* Después de Charles Darwin y Alexander Friedman la naturaleza dejó de ser el mundo del *ser,* de lo estático y de lo eterno, para tener su propia historia. Una historia con escala sobrehumana o hindú. Las formas y las leyes físicas ya no *son* sino que se encuentran en tránsito perpetuo. Como la aparente naturaleza humana. Cada vez que la creatura se replantea la anacrónica interrogante *¿qué somos?,* recurre a la historia para ver *cómo éramos.* Ahora toda experiencia humana tiene su significado en su propia historia. Se han escrito y rebuscado la historia de la locura, del amor, de la sensibilidad, de la privacidad, del sexo, del odio, de la belleza, de la imagen. Hay una historia del Bien y una historia del Mal, una historia de la felicidad y una historia de la historia. Es decir, toda experiencia humana tiene un significado relativo. Para la creatura posmoderna, todo es relativo a la historia; el mundo del *debe-ser* y el resto también. No hay acontecimientos novedosos que estén sometidos a ley alguna. Ahora son los acontecimientos (físicos y espirituales) los que dictan sus propias leyes. Y en su dictado y abolición está la Historia y su muerte provisoria. Ya no hay filósofos griegos que reflexionen sobre el ser y aquellas ontologías ahora son capítulos inocentes de la historia de los paradigmas. —La Verdad les fue revelada a los hebreos; cada griego la encontró un día en el ágora; los modernos *llegaron* a ella después de siglos de acumular conocimiento. Los que vinimos después la relativizamos en la historia, o simplemente la perdimos. Decía Karl Jaspers que en casi todos los tiempos existió la duda, pero que en nuestro siglo no fue solo un problema de individuos solitarios sino el gran problema de la "masa". Claro que también es posible que esas famosas Certezas del pasado nunca hayan sido tan populares como parecen; y que lo nuevo sea, por algún misterioso motivo, nuestra obsesionante conciencia de desamparo.

8, IMPROBABLES. ¿Por qué la "flecha del tiempo" apunta siempre al futuro? Según el pensamiento científico, ello se debe a la segunda ley de termodinámica; porque siempre pasamos a un estado cada vez más desordenado; porque en todo proceso cósmico se va perdiendo información de forma irreversible (el *Big Crunch* no será idéntico al *big bang;* o no será, porque el Universo es abierto y nunca dejará de expandirse). ¿Y por qué? Porque partimos de un estado *ordenado* del Universo y cualquier cambio apuntará siempre al desorden, al caos. Porque un rompecabezas tiene solo un orden y muchísimos desórdenes; y si partimos del primero cualquier cambio nos conducirá más adentro del segundo (el futuro). Es decir que estamos en un momento cósmico particular, o partimos de él para vivir y entender algo del Universo. —El físico Ludwig Boltzmann relacionó la entropía (S) y la probabilidad (P) de un acontecimiento en la fórmula: $S = k \cdot (\ln P)$. Lo que significa que cuanto más improbable es una cosa, menor es su entropía. Schrödinger propuso el término *negentropía* para designar la inversa de Boltzmann: $N = 1/S$. Entonces, los científicos estuvieron de acuerdo de que el fenómeno con mayor negentropía era la vida; aunque bien pudieron comenzar diciendo que la vida era lo más improbable o absurdo que conocían del Universo. Además, sería pertinente recordar otra extravagancia de ese mismo fenómeno: los seres vivos *excretan* entropía, como el dióxido de carbono en la respiración, etcétera. —La vida en Gea comenzó hace $3,6 \times 10^9$ años. Considerando la naturaleza radioactiva del planeta, los científicos opinan que ese fenómeno fue provocado por otra explosión: una supernova. Pero observemos que no solo la vida en Gea es un fenómeno extraño y tal vez único; también la creatura metafísica es un fenómeno extraño en Gea. La aparición de la conciencia en un animal solo es comparable con la aparición de la vida en el Universo. Como lo describió el biólogo Julian Huxley, para la aparición del pensamiento conceptual fue necesaria la confluencia de muchísimas condiciones en una de las innumerables especies que habitaban el planeta. Condiciones que reunió o fue reuniendo la creatura metafísica. —Si nos hubiesen obligado a deducir un juicio lógico sobre las creaturas de Gea, hubiésemos dicho que no existen o no pueden existir. Todos estos fenómenos son un milagro o la convergencia de infinitas improbabilidades. Lo que hace de la creatura metafísica un misterio de segundo o de tercer grado.

II: La escritura

9, MEMORIA. Está bien, con la escritura nació la historia; pero no lo digamos por su simple significación historiográfica. La invención de la escritura (3.500 a. C.) no solo posibilitó el registro de datos; también provocó una revolución metafísica, difícil de igualar por cualquier otro invento: el tiempo mitológico fue reemplazado por otro "histórico", y con ello todo un mundo se derrumbó para dejar paso a otro. —No es cierto de que con la escritura comenzó el registro de las acciones humanas. Mucho antes las creaturas conservaban su pasado en un tipo de memoria colectiva, transmitida de forma oral. Para su conservación, este tipo de memoria implicaba una perpetua repetición y en este tránsito los registros sufrían modificaciones. Sabemos que estos cambios no eran arbitrarios y que se producían en beneficio de cierto arquetipo: el mito. Como lo mostró el rumano Mircea Elide, las culturas arcaicas no soportaban la historia; la anulaban traduciendo los hechos reales en arquetipos mediante la repetición. Incluso en nuestro tiempo, un acontecimiento concreto no persiste dos siglos en la memoria colectiva sin perder su particularidad histórica, tiempo que deberíamos reducir a unos pocos años si consideramos los grandes ídolos

populares del siglo XX. La mentalidad arcaica solo
conserva lo general y echa al olvido los datos particulares. Esa costumbre de la mente humana está aún entre
nosotros. En su *Historia de la eternidad,* J. L. Borges,
libre de las supersticiones de la modernidad, olvidando
o contradiciendo el existencialismo de la época, observó: "Lo genérico puede ser más intenso que lo concreto". Acababa de analizar el platonismo y recordaba:
"De chico, veraneando en el norte de la provincia, la
llanura redonda y los hombres que mateaban en la co-
cina me interesaron, pero mi felicidad fue terrible
cuando supe que ese redondel era *pampa* y esos varones
gauchos". —Así como en diferentes culturas encontramos las mismas pirámides, también encontramos el relato de la Creación como las diferentes versiones de una
misma historia. La memoria oral, imprecisa y fugaz, re-
curría al arquetipo, a la estructura "natural" de las primeras culturas. La invención de la escritura supuso un
largo proceso y sus consecuencias no fueron tan inme-
diatas como las que provocó Edison con cualquiera de
sus juguetes. Los antiguos mitos y, sobre todo, la conducta mitológica de la mente arcaica se conservaron en
las novedosas tablas de arcilla de Sumeria y en los pa-
piros de Egipto. Pero desde entonces el tiempo dejó de
ser circular e impreciso. Los hechos individuales comenzaron a ser ordenados según su orden de preceden-
cia. Los semidioses e intelectuales del Nilo ampliaron

y elevaron la antigua obsesión de conservar el cuerpo de sus muertos: mejor, comenzaron a conservar sus memorias; hazañas, desdichas, historias familiares e historias del imperio. Más al oriente, Sargón y Hammurabi se sumergieron en las profundidades del tiempo, pero ya no dejaron de ser hombres concretos, los autores de leyes y victorias en el campo de batalla. El olvido ya no era posible y ellos, que no querían ser olvidados como sus vecinos hindúes, se ocuparon en anotar hechos, fechas y nombres.

10, IMPRECISIONES. Cuando Hegel describió el espíritu indiano (hedonista, sensual y onírico), lo que hizo fue describir las propias fantasías europeas sobre aquel país exótico de donde provenían los más intensos aromas, no el espíritu hindú. Pero advirtió una característica significativa: los hindúes carecían de las preocupaciones historiográficas de otras naciones. Con frecuencia los describe como desproporcionados mentirosos. "Los indios —escribió— no pueden comprender nada semejante a lo que el Antiguo Testamento refiere de los patriarcas. La inverosimilitud, la imposibilidad no existen para ellos". Luego recuerda que, según la memoria hindú, existieron reyes que gobernaron miles de años. Cuenta, por ejemplo, que el reinado de Wikramâdiya fue un momento glorioso en la historia de India. Pero también se supo que hubo ocho o nueve reyes con este mismo nombre en un periodo de 1500 años. Inverosímil, se lo atribuye a un defecto de la numeración decimal que toma fracciones por números enteros. Señor, a cualquier pueblo se le puede atribuir este desliz matemático, menos a los inventores del cero. Bueno, pero Hegel hizo otras observaciones importantes: los hindúes, que alcanzaron gran fama en literatura, álgebra, geometría, astronomía y gramática, descuidaron por completo la historia. La mayor parte de lo que se conocía de la historia india en tiempos de Hegel había sido escrita por extranjeros. —Este desinterés por la historia de los hindúes se explica por su propia concepción del tiempo: profundamente mitológico, circular como el *samsara*. Porque en India, aún hoy, la realidad más concreta está vista a través de la doctrina de los ciclos cósmicos que lleva a las almas a transmigrar y al Universo a regenerarse eternamente, incluyendo en la misma rueda a las creaturas, a los dioses y a las piedras. "El hombre indio —observó Spengler— lo olvida todo. En cambio, el egipcio no podía olvidar nada. No ha habido nunca un arte indio del retrato, de la biografía *in nuce*. La plástica egipcia, en cambio, no conoció otro tema". Hay que agregar otros ejemplos: la escultura idealista de la Grecia clásica y la escultura retratística de Roma. El primero, un pueblo mitológico; el otro, obsesivamente histórico. —El sánscrito es una de las lenguas más antiguas de Gea. En su uso y perfección maduró una poderosísima cultura, la india, mucho antes de la aparición del sánscrito escrito. El pueblo hebreo, en cambio, está marcado por la escritura, y ello se debe a que se formó y maduró (no antes del 1250 a. C.) sobre una poderosa tradición escrita; tanto si consideramos la tradición egipcia en Moisés como la civilización sumeria en Abraham.

11, REVOLUCION. En tiempos de Homero, Grecia aún estaba inmersa en una cultura mitológica. Es decir que aquellos griegos no reconocían el pasado concreto ni el futuro diferente. Por ello, hasta el noveno siglo antes de Cristo, no dejaron inscripciones ni grandes obras como en Egipto y en Sumeria. Solo poco después de que Homero completase su famosa recopilación mítico-poética apareció en Grecia la escritura alfabética, traficada por los marineros de Fenicia. La *Ilíada* y la *Odisea* no fueron indiferentes a este arribo. No son pocos los que han visto en estos poemas épicos la espontaneidad del verso oral y la complejidad de la escritura. Poco después (si consideramos que entonces cuatrocientos años no eran esa inmensidad de tiempo histórico que es en nuestro tiempo), se produjo en Grecia una revolución no solo cultural: nació un nuevo espíritu que luego los europeos llamaron *occidental*. Tal vez sea Platón el representante más carismático de este cambio que va de una cultura oral a otra escrita. Casi todos conocen sus ataques a los poetas y su proselitismo en favor de los filósofos como educadores de Grecia. Pero entre Platón y Homero están los "primeros filósofos"; Zenón es un adelanto de Sócrates, y si no fuese anterior diría que es su caricatura; Sócrates mismo no fue un filósofo escritor, pero participó en la nueva cultura en mayor medida que Parménides, que sí dejó pensamiento escrito. Sócrates liquidó toda simplificación arquetípica; porque la dialéctica busca lo nuevo, la verdad aún desconocida por quien la usa. Por el contrario, el mito no es un camino *hacia* una verdad aún incompleta; es la expresión de esa verdad oculta. Para sostener que una flecha lanzada por el aire no se mueve, como lo hicieron Parménides y Zenón, es necesario estar dispuesto a contradecir toda nuestra intuición de la realidad. Diferente, el mito solo puede sostener aquello que es intuible. La intuición podrá mostrarnos, sin intermedios, un caballo con alas tirando por los cielos un carro de fuego. Pero nunca podrá lanzar una flecha que no se mueve.

12, IRRETORNABLE. Con la escritura comienza a incubarse el germen de una espiritualidad histórica y dialéctica. El dios bíblico es un dios histórico, más allá de que participe de elementos mitológicos. Yahvé se diferencia de los dioses arcaicos por lo que tiene de histórico, no por compartir mitos antiguos con los infieles.

Desde el *Génesis* o desde la creación del mundo, dejó en claro que el tiempo es lineal, con un principio y un final; no redondo como una rueda hindú. Por el contrario, los dioses orientales son víctimas de la rueda que los contiene y los hace girar, eternamente. La jerarquía de los dioses hindúes es defectuosa o está atenuada por una especie de triunvirato o colegiado parlamentarista. Pero, sobre todo, están sometidos a una especie de Supernaturaleza que los desmerece. Creaturas y dioses se disuelven en el remolino de los ciclos, porque ni siquiera el *Brahman* es definitivo. La memoria insobornable del signo sobre el papel hace casi imposible la confusión del pasado con el presente. Si cada acontecimiento es único y cada uno tiene un antes y un después, entonces el tiempo perdido es irrecuperable. No es una rueda sino el trazo terrible de un dios —y conduce hacia alguna parte.

14, EVENTO. Para la mente mitológica todo era circular y el deber de las creaturas era conservar ese Orden. No podía haber nada nuevo en el mundo y si lo había no podía haber mundo. Lo único nuevo en los Ciclos es el fin de los Ciclos. Pero como el tiempo *es* los Ciclos (no los contiene), lo nuevo y el Fin están en todas partes y en ninguna. Diferentes, los pueblos históricos están formados en el hábito de la escritura. La escritura fija un pasado concreto y de esta percepción nace la conciencia de la novedad. Lo nuevo es lo que no está escrito. El tiempo lineal está hecho de novedades y de obsesiones de novedades. El pueblo romano fue un pueblo histórico por excelencia, según Eliade, y vivió obsesionado con el "fin de Roma". Para la mente histórica, el Fin no es la única novedad que puede ser en el mundo, paro es la única inevitable. En el Occidente cristiano, el Fin solo puede ser remediado con un presente eterno; no por la repetición Oriental. Porque nunca nada se repite y *lo que está escrito* será leído una sola vez.

III: Mente y espíritu

15, MENTE. Para Homero, la creatura era un campo de batalla donde confluían fuerzas exteriores de origen divino y contradictorio. Más tarde, Platón inventó la mente y sus divisiones modernas. Ordenó que la razón debía dominar a las pasiones; porque una estaba sobre la otra en rango de virtud y este orden significaba salud y equilibrio. Siglos más tarde, cuando Pedro Abelardo reflexionó sobre ética, no recurrió exclusivamente a los demonios para explicar y justificar a la creatura; heredero cautivo de los griegos, como casi todos, el escolástico prefirió involucrar a la *naturaleza* también. Esta vez referida a la mente humana. No hace mucho, Freud retomó el modelo platónico de la *psiche* para desarrollar su filosofía positivista. Solo que ahora el orden de los factores se había invertido y el famoso equilibrio era otro: la salud consiste en liberar al inconsciente de la antigua condena racionalista. Eso sí, con cierta mesura —con una mesura platónica.

16, MENTALIDADES. En tiempos arcaicos, todo fenómeno mental pertenecía a la naturaleza exterior: ríos, hombres, fantasmas. Anaxágoras y Heráclito imaginaron una especie de mente universal que llamaron

Nous y *Logos*. (La palabra "logos" también podía significar "discurso" o "pensamiento".) Cuando Platón inventó la mente humana la hizo depositaria de alguno de esos fenómenos. Hasta que llegó Bérkeley y puso *todo* en ella. Por entonces, para el obispo y para sus seguidores, no sólo los demonios y los fantasmas eran fenómenos mentales; también los árboles y las piedras. Es decir, la física era una rama de la metasicología humana.

17, ESTRUCTURA. Para nuestros contemporáneos, todas las sociedades en todos los tiempos han creado mitos, en apariencia diferentes pero semejantes en el fondo. La obsesión de los investigadores modernos ha sido encontrar los elementos comunes que componen esa estructura platónica. Y lo han hecho con éxito o por lo menos con elegancia. Pero como esa estructura no podía ser de origen divino (premisa científica), no le quedaba otra que ser la *expresión* de la mente humana. Según esta prestigiosa visión del mundo, Hércules y Sansón son al encéfalo lo que la bilis es al hígado. Así, destilando mitos, advirtiendo lo similar en lo diverso, se dibujó el esqueleto psicológico. —El mito de la Creación y el mito del Diluvio se repiten en África negra, en la antigua Mesopotamia y en la Polinesia. Pepe Rodríguez, académico español y exitoso vendedor de libros, escribió en 1997: "Dios, por

poner un par de ejemplos más, tampoco estuvo muy
acertado cuando adjudicó a Moisés la misma historia
mítica que ya se había escrito cientos de años antes referida al gran gobernante sumerio Sargón de Akkad
(c.2334-2279 a. C.) que, entre otras lindezas, nada más
nacer fue depositado en una canasta de juncos y aban-
donado a su suerte en las aguas del río Eufrates hasta
que fue rescatado por un aguador que le adoptó y crió.
Este tipo de leyenda, conocida bajo el modelo de 'salvados de las aguas', es universal y, al margen de Sargón
y Moisés, figura en el currículum de Krisna, Rómulo y
Remo, Perceo, Ciro, etc. ¿Sabía Dios que estaba pla-
giando una historia pagana?". Este tipo de observaciones es clásico en la literatura antropológica del siglo
XX, aunque no siempre es tan soberbia. En otro tiempo,
las mismas verificaciones hubiesen testimoniado a favor Dios; ahora sirven para refutarlo, vaya a saber por
qué.

18, SEMEJANZAS. La creatura moderna está tan
condicionada por su memoria que los antropólogos,
siempre a la procura de la estructura inmanente, deben
ir a sociedades más primitivas para simplificar o puri-
ficar el problema. Durante todo el siglo XX, cada vez
que algún antropólogo procuraba comprender la locura
europea, invariablemente se trasladaba a Nueva Guinea
o algún sitio semejante. Allá, entre los papúas, se

imponía la tarea de estudiar en vida a nuestros supues-
tos antepasados. (No hace mucho me he tropezado con
dos o tres antropólogos en África. Excelentes europeos,
dicho sea de paso.) La antropología es una ciencia que
pretende estudiar a la creatura humana, física y moral-
mente. Pero a ninguno de estos estudiosos se le ocurriría quedarse en París estudiando a los parisinos, que
todavía son humanos; no, en semejante enredo ¿cómo
distinguirían los elementos fundamentales? Aquello
que se repite entre los papúas es más fácil de observar,
es más fácil de imaginarlo verdadero, auténtico. Y no
cuesta nada importarlo al inconsciente del francés más
racionalista. —En las ciencias de facto, la metodología
recurrente consiste en "buscar las semejanzas". El estudio de la mente y el cuerpo recurre especialmente a
los elementos comunes que intervienen en diferentes
individuos. Y de esta actividad surgen la medicina, la
psicología y la charlatanería.

19, SIGNIFICADOS. Los antropólogos estudian
decenas de culturas con el fin de descubrir elementos
comunes. Es decir que la antropología es la ciencia que
estudia las culturas con el fin de anular el significado
de cultura. Cuanto más común es un elemento, más verdadero y profundo debe ser; tanto para un papúa como
para un japonés. Luego de aislado dicho elemento se lo
atribuye a la prehistoria. Como la prehistoria parece

bastante uniforme (gracias a nuestra erudita ignorancia), se supone que las creaturas repitieron las mismas costumbres por cientos de miles de años. Se deduce, entonces, que lo que allí se formó en la mente humana debe pesarle ahora a cada creatura por igual. Así comienzan las tentadoras comparaciones: —a. Las sociedades nómades de la prehistoria salían a la caza y la recolección; así también, después de la revolución industrial se sale a la caza del dinero y los alimentos fuera del hogar. —b. Los chimpancés machos cambian comida por sexo, como lo hacían los cavernícolas; así también un ejecutivo que invita a cenar a una mujer la está cortejando y es probable que terminen en la cama. —c. El fútbol es una repetición de la práctica de la caza. —d. Mientras las mujeres hablan (y hablan) cara a cara, los hombres lo hacen de costado, casi siempre atendiendo a un juego u otra actividad; así como lo hacían cuando salían a cazar juntos. Cada uno puede agregar otros ejemplos. Por ejemplo, los Estados modernos representaron la autoridad concentrada del rey o del faraón, mientras que las sociedades actuales representan un regreso a las épocas tribales, ya que el poder está repartido entre los dueños de las grandes empresas privadas; y, como entre los jefes de aquellos clanes, sus intereses son contrapuestos. —Todas estas observaciones pueden ser válidas. Pero ¿es justo extraer de ellas predicciones sociales, morales y psicológicas? Justo o no, eso es lo que se hace. Bien, consideremos que todas esas tendencias o impulsos conforman gran parte de nuestro esqueleto psicológico; pero veamos que el acto que impulsan ha cambiado de significado (que es lo que realmente debería importar). Esa estructura no determina más nuestro comportamiento social que nuestra cultura; solo es la vieja estructura de un edificio reconstruido. Pensemos que la antigua cárcel de Punta Carretas de Montevideo hoy es un shopping center, y que ninguno de sus visitantes lo notaría si careciera de esa información antropológica previa. Sacarse el sombrero e inclinarse ante una persona alguna vez significó sumisión absoluta a un soberano; ¿cuándo significa lo mismo en nuestro tiempo? Ha quedado la práctica del acto, la costumbre o el reflejo, pero el significado ha cambiado del todo. —Lo mismo podríamos decir de los ritos religiosos. Muchos, o casi todos, significaron en algún tiempo sacrificio o sumisión temerosa; todo lo que no impide que luego hayan pasado a significar Iluminación o amor místico. Y ese proceso espiritual debe ser significante; es decir, no ha de ser un cambio azaroso o arbitrario, sino necesario o, por lo menos, histórico.

20, COMPLEJIDAD. En primera instancia, el conocimiento concreto consiste en el reconocimiento de las diferencias. En una etapa posterior, el conocimiento abstracto significó lo contrario. El reconocimiento de lo común en la diversidad fue un progreso intelectual. Sábato observó que "El intercambio comercial tiene siempre un germen de abstracción, ya que es una especie de ejercicio metafórico que tiende a la identificación de entes distintos mediante el despojo de sus atributos concretos. El hombre que cambia una oveja por un saco de harina realiza un ejercicio sumamente abstracto". Años después, le hace decir a uno de sus personajes: "Un genio es alguien que descubre identidades entre hechos contradictorios. [...] Alguien que descubre que la piedra que cae y la Luna que no cae son el mismo fenómeno". —Pero hay complejidades y complejidades. El prestigioso método hipotético deductivo necesita de las menos variables posibles. Por algo comenzó por brillar en astronomía primero y en física después. Hasta que encontró un verdadero problema en la conducta humana. El psicoanálisis, por ejemplo, necesita (y de hecho posee) más de dos mil hipótesis de partida, particularidad que no lo refuta pero lo excluye de la simplicidad del rigor. Y no hablemos de la sociología, la cual debe lidiar en el diverso y multimilenario campo de las culturas.

21, ESPIRITU. La sola mención de la palabra "espíritu" pone nerviosos a los reduccionistas que tienen todo traducido a aminoácidos y complejos de Edipo.

¿Quién, a esta altura de la Civilización, puede creer en el alma? Claro, el alma no se puede pesar ni medir. Tampoco es deducible. La refutación por la impotencia de la ignorancia no es novedosa. Antes, a todo lo desconocido se le atribuía la existencia de algún dios o demonio. Ahora, como los dioses y los demonios tomaron la costumbre de huir del lugar de los hechos, se deduce que adonde no alcanza la luz del Método se encuentra vacío. ¿Cómo, entonces existe el alma o algo llamado espíritu? Bueno, pensemos (como en el siglo XIX) que los sueños son fenómenos fisiológicos, y que esa verificación no descarta que *además* sean un fenómeno psicológico. Entonces, si verificamos que son un fenómeno psicológico, ¿descartaría eso que *además* fuese una manifestación del alma? De igual forma, el hecho de que la Caaba sea un meteorito no excluye que haya sido enviada por Alá. Es perfectamente válido estudiar los mitos y la metafísica a partir de una perspectiva psicológica, igual que estudiar los sueños con instrumentos electrónicos. Pero eso no debe significar un reduccionismo. El intelecto sin neuronas no funciona, pero el cristianismo, Sartre o el teorema de Lagrange son algo más que un simple orden neuronal.

IV: Ante la muerte

22, EXPERIENCIA. Debo reconocer que no sé qué es la muerte; apenas se me ha permitido descubrir su máscara y no sin las emociones que perjudican el entendimiento. Pero si fuese inmortal no tendría ninguna autoridad para hablar de ella; y si bien no tengo ninguna experiencia en morirme, sí la tengo en convivir con la conciencia de ese futuro inexorable.

23, SOCIOS. Uno vive rodeado de personas y animales y en ellos va depositando sentimientos; se asocia emocionalmente con ellos para espantar la irremediable soledad cósmica a la que fuimos condenados. Pero luego esos seres van desapareciendo, uno a uno. Porque los que se mueren son siempre los otros. Entonces la sociedad se disuelve, los antiguos pilares que sostenían al mundo se derrumban y caemos al vacío donde los recuerdos son inútiles espejismos de agua para el que agoniza en el desierto. Luego traemos hijos al mundo con la esperanza de que los nuevos pilares nos sobrevivan. Porque el destino de la creatura metafísica no es del todo terrible.

24, FRACASO. Es en la infancia el único momento en que la creatura es capaz de vivir plenamente el *presente*. Más tarde, en la madurez, ya no podrá hacerlo, porque el *futuro* irrumpirá siempre sin una forma definida. Hasta que sea hecho y, entonces, en la vejez, será el *pasado* el que reclame su derecho: completar la obra del tiempo; que la creatura nunca muera satisfecha. — Se podría decir que muchas creaturas sólo se preocuparon por el presente, como Omar Khayyam. Pero no fueron esta clase de creaturas las responsables de casi toda nuestra historia metafísica y material. Para bien o para mal, toda la acción de la creatura tiene su motivación en el futuro. En ese tiempo está depositado todo "porque", todo sentido, material o metafísico. La muerte no solamente significa, en principio, la negación de todo futuro; también es la negación de todo pasado, porque con ella todo logro anterior se opaca y se derrumba. Un poema del siglo XII lo expresa así:

Dónde está tu gloria, Babilonia? dónde el terrible Nabucodonosor, y el poderoso Darío, y el famoso Ciro?

Dónde está Régulo, dónde Rómulo, dónde Remo?

La antigua rosa es sólo un nombre, solo nombres nos quedan.

¿Cómo no entender, entonces, la respuesta religiosa? La exploración metafísica es lo único que puede levantar a la creatura vencida por su propia conciencia, por el poderoso poder interrogativo de su memoria. Definitivamente, su grandeza no está en la tierra sino en el cielo. Pero ¿todo eso significa que la creatura inventó a Dios para llenar sus carencias o que, simplemente, lo descubrió al transitar por la experiencia de su destino metafísico? De igual forma, ¿inventó las matemáticas para comprender el mundo o las descubrió después de una experiencia milenaria?

25, ATEOS. Supongo que ente la muerte ni Demócrito ni Lucreciano debieron experimentar angustia alguna. Por lógica, cerebros como los suyos (casi digo "espíritus") deberían registrar este *suceso* como uno más: con la muerte de un hermano un nuevo orden molecular se ha establecido en el Cosmos, semejante a una piedra que se parte o un árbol que se incendia. Y sin embargo...

26, NEOMITOLOGÍA. La muerte de una persona célebre o simplemente famosa, conocida como un familiar pero sin serlo, replantea en la creatura el misterio de la desaparición, de la partida, del abandono. Pero sin el dolor irreflexivo que acompaña la muerte de un amigo o de un familiar. Por ello es vivida por el pueblo como una tragedia griega.

27, RESPUESTAS. Pero ¿acaso hay respuestas
para la incomprensible muerte? Es decir, ¿acaso hay
respuestas para el misterio de la vida? Bien, si alguna
respuesta hay, demos por seguro de que las creaturas ya
las han explorado después de enfrentarse durante milenios a la misma experiencia. Porque, vaya casualidad,
estos seres se vienen muriendo desde hace mucho
tiempo, y desde hace casi tanto que se angustian por
ello. —Esas instituciones contestatarias son, sin duda,
las religiones. Respuestas imprecisas, es cierto. Pero
qué más se puede esperar de unos seres precarios e imperfectos que son deglutidos cada día por el insondable
abismo? El cuerpo nunca puede negar la muerte; el espíritu, en cambio, aunque equivocado, es el único capaz
de semejante osadía. Y es allí donde radica su grandeza.
La creatura, ante la vida y la muerte, es un ser dubita-
tivo. Por lo menos en comparación a un tigre o a un
rinoceronte. Qué hacer, qué sentir? Cuando uno de esos
pobres seres deciden ser guiados por un determinado
credo religioso, delega la responsabilidad de equivocarse a un líder; o, mejor aún, a todo un pueblo y a toda
una tradición milenaria. Aun advirtiendo que otros millones de creaturas se guían por credos diferentes y
hasta opuestos, al individuo ya no le angustia la idea de
equivocarse en soledad. Si Buda, Cristo o Mahoma lo
dijeron, qué Juez los condenaría?

28, TRAUMAS. El espíritu moderno no olvidó las tradiciones y los tabúes sino todo lo contrario. Pero los violó. Porque su épica fue "desvelar" y subvertir el orden antiguo, olvidando que esas tradiciones y esos tabúes no estaban allí por casualidad. Los antiguos no inventaron sus mitos fundadores porque entonces no había televisión. Los mitos, como los tabúes y el resto de las tradiciones espirituales, respondieron a estrictas necesidades: significaron protección psicológica al tiempo que respuestas metafísicas. Desde hace miles de años, las creaturas se vienen enfrentando a las mismas experiencias de sexo, vida y muerte. Nada de eso ha cambiado, pero entonces lo hacían con alguna *protección* y ahora se encuentran totalmente desnudos. —La pretensión de verdad irrestricta (que siempre es una ilusión) conduce habitualmente a un exceso de exposición psicológica. Y los más expuestos son, como siempre, los niños. Ante el sexo, la vida y la muerte, los niños de hoy hacen las mismas preguntas que hacían en tiempos de Hammurabi o del rey Arturo. Solo que ahora se les explica la realidad "tal cual es", porque no es bueno engañarlos con historias fantasiosas (por algo mito y tabú significan engaño y censura represiva). No hace falta ser Jean Piaget para darse cuenta que la mente de un niño no es como la de un adulto. Difícilmente una experiencia terrible altere de forma permanente la psicología de un adulto, pero sabemos que cualquier experiencia puede marcar la futura personalidad de un niño. En casos "marca" puede significar "trauma". Difícilmente una ficción, una historia fantástica, provocará algún trauma en un individuo; hasta ahora los traumas han sido provocados todos por la realidad. Entonces, si el mayor problema está en la "realidad", ¿qué tiene de perverso encararla con alguna defensa? ¿No son, acaso, los propios sueños los primeros que comprendieron esa necesidad al servirse de símbolos para aludir a la realidad? Decir que una historia fantástica, como *Alicia en el país de las maravillas*, puede afectar la salud mental de un niño, es casi como decir que sus sueños pueden afectar su futura personalidad. Decirle a un niño que una persona que muere se va al cielo no puede ser peor que explicarle cómo el alma desaparece y el cuerpo se queda en un ataúd. No solo porque el cielo es más hermoso que el ataúd, sino, sobre todo, porque ni los adultos sabemos para dónde va el alma cuando el cuerpo se queda solo.

29, LIBERACIÓN. Todas las religiones significan un rechazo a la muerte. Todas suponen el dualismo cuerpo-alma. El primero está destinado a la vejez y a la corrupción; eso lo sabemos. Por lo tanto, nada bueno puede esperarse de él a largo plazo. El alma, siempre perfeccionable, puede *llegar* a ser virtuosa, tanto en el cuerpo de un enano como en el cuerpo de un gigante.

—Desde los tiempos en que los hombres escrutaban el silencio y la oscuridad de las cavernas, el alma ha sido *eso* que está presente en un cuerpo vivo pero que no modifica su peso cuando lo abandona. Por lo tanto, es una cualidad sin peso; o pesaba lo que el aire, según el griego. Y como el aire o como todo lo que no tiene peso, su destino es el alto cielo. Pero claro, había algo que no estaba bien: el hecho de que las creaturas continuaran naciendo significaba que, por algún motivo, las almas volvían a *caer*. Porque esa es su naturaleza, según los indianos, o porque ese es su castigo divino, según los otros. De cualquier forma, el alma es "un extraño en la Tierra", y solo puede liberarse o regresar a su estado original a través del *conocimiento* de su condición actual, no por la simple muerte. Según todas las religiones.

V: Sexo y castigo

30, PUDOR. El poder está diversamente relacionado con el sexo. Dominar es monopolizar el objeto de deseo. Pero como el dominio es una pretensión universal, es inevitable el conflicto. Por ello, se debe ocultar el objeto de deseo o caer en el temido desorden. A los niños se les permite caminar desnudos por la calle, pero al resto de la humanidad se la condena por lo mismo. En casi todos los países se encarcela a los exhibicionistas y se penaliza el ejercicio de la cópula en lugares públicos. El ocultamiento del sexo es una práctica milenaria traducida en *pudor*. No conformes con ocultar el sexo, algunos excitados islámicos suprimen también la existencia corporal de sus mujeres y las castigan por mostrar los labios, los brazos o cualquier otra minúscula área del cuerpo que sea capaz de provocar el deseo en el macho. Porque el Caos es el mal y el Orden es de Dios.

31, CONDENA. En las primeras religiones, en los cultos a la diosa Madre y a la tierra fértil, en las sociedades agrícolas y en las primeras ciudades, en Babilonia, la castidad era considerada un pecado. Y la esterilidad una maldición. Luego esas consideraciones cambiaron; es obvio, fueron invertidas. ¿Cuándo y por qué el espíritu religioso comenzó a condenar el sexo con tanta furia? ¿Por qué María era virgen si estaba casada? Todos los líderes espirituales fueron a su tiempo considerados hijos de madres vírgenes, desde Krishna hasta Confucio, desde Buda hasta Jesús. (Algunos blasfemos pretenden explicar este hecho considerando que solo un espíritu santo puede embarazar a una mujer sin penetrarla; y que éste era el recurrido argumento de las adúlteras. Pero veamos que hay otras historias, tan vulgares como ésta, que nunca ingresaron en la celebridad mitológica.) Las santas se suponen vírgenes, los santos deben ser castos, *and so on*. Ejemplos concretos sobran y algunos de ellos son caricaturescos. Algunos han atribuido la austeridad sexual del cristianismo a su reacción original contra la cultura pagana de Roma. Otros han apuntado motivos económicos para la imposición de medidas castradoras como el celibato. Por ejemplo, los sacerdotes solteros son más económicos, ya que una familia implicaría un presupuesto mayor para la Iglesia o, de lo contrario, la distracción del sacerdote en la producción civil. Por otro lado, por lo menos en tiempos más religiosos, los sacerdotes podían heredar bienes de sus familias pero al morir debían donarlos a las arcas del Papa, ya que no tenían descendencia. —Sin embargo, podemos decir que la austeridad cristiana es común a *casi* todas las religiones, si cometiésemos la

imprecisión de llamar religión al tantra. El espíritu religioso antes que nada es *renunciante,* y pocas renuncias hay más valiosas y significativas que la renuncia al
sexo. La renuncia al sexo posee un doble significado,
uno religioso y el otro social: la renuncia del presente
en favor del devenir, y la renuncia de la promiscuidad
a favor del orden. Ambas suponen una victoria sobre
los instintos más básicos. Un divorcio ya irreversible de
la creatura con el resto del reino animal. Si el hombre
primitivo renunció a *una* mujer en el sacrificio ritual
porque era el símbolo preciado de la vida, el hombre
religioso renunció a la mujer, símbolo despreciado de
la vida precaria, como tributo a una cantidad mayor de
lo que se renunciaba: la vida eterna. Pero como es una
renuncia demasiado cara para una creatura que fue animal, el renunciante debe protegerse de la tentación.
Unos se defienden de los demonios, otros se autoflage-
lan. Otros, como el monje Pedro Abelardo, recurren a
una especie de alter ego: la razón. Con ella el escolástico justifica el condenable deseo hacia las mujeres.
"Pongamos el caso de un religioso —escribió— atado
con cadenas y obligado a yacer entre mujeres. La blan-
dura del lecho y el contacto con las mujeres que le rodean lo arrastran a la delectación, no al consentimiento.
¿Se atrevería alguien de calificar de culpa esta delectación nacida de la naturaleza?" —La historia de las religiones enlista no solo ascetas y mártires voluntarios;

también creaturas con la costumbre de arrancarse cosas: ojos, lenguas, testículos. Orígenes de Alejandría, por ejemplo, no conforme con el ascetismo que practicaba, se castró a sí mismo como forma de interpretar correctamente los Evangelios.

32, DESAFÍO. ¿Acaso es necesario ser ateo o blasfemo para reconocer el carácter neurótico de la renuncia religiosa? ¿No será que al hacerlo estamos dando un paso hacia una espiritualidad más auténtica? ¿No es ese *paso* el paso más importante en la evolución humana? ¿No es la *evolución espiritual* la única con algún sentido? ¿No es ese, acaso, el mayor objetivo de un Dios que aún se preocupa por sus creaturas?

33, OFRENDA. ¿Por qué los sacrificios eran realizados preferentemente con mujeres vírgenes? Está claro que no se las mataba porque se las despreciara, sino *todo lo contrario*. Las vírgenes son aquellas mujeres que aún no le han robado a la vida su cuota de placer. El progreso que lleva del sacrificio del mejor buey al sacrificio de una joven pura es el progreso de una neurosis colectiva. La economía de los dioses comienza a sufrir inflación y, como siempre, la solución es oprimir al pueblo con tributos más altos. Y lo más que podían ofrecer los hombres sin ofrecerlo todo era una de aquellas partes que simbolizaban lo más deseado: el placer del sexo. Como observó Bronislaw Malinowsky, en la memoria humana el testimonio de un caso positivo siempre hace sombra sobre el caso negativo. (Por lo menos en la mente supersticiosa, porque la ansiedad moderna refutó esta ley con las de Murphy.) Sin embargo, los frecuentes casos negativos de la ineficiencia mágica debieron conducir a un escepticismo solapado, el cual se refleja en la inflación de las ofrendas. Consumado el sacrificio, los dioses agradecidos debían responder con beneficios terrenales: buenas cosechas, caza abundante, lluvias —seguridad, sobrevivencia del grupo.

34, OSADÍA. En el placer excesivo no hay renuncia y por ello sólo el espíritu estético puede celebrarlo sin remordimientos. El sexo es la consumación del mayor deseo del hombre primitivo —y, en casos, del moderno también. Pero luego de obtenido y consumado se recae en la vida común, la cual es *siempre* menos placentera y, con frecuencia, dolorosa. Aún el más próspero agricultor estaba amenazado por un futuro temible e imprevisible: la mala cosecha, la vejez, las enfermedades y la insoslayable muerte. El exceso de placer era una osadía contra la realidad, siempre amenazante e imprevisible, frente a la cual se debía pagar tributos en "dolores". El sacrificio de las vírgenes posee un inequívoco significado mágico-religioso: petición del

bienestar en la tierra a través de un acto simbólico (mágico), pero a los dioses del cielo (religioso). ¿Y por qué
mujeres y no hombres vírgenes? —Bueno, casi todas
las culturas son las expresiones de los temores y deseos
del macho, tierno y brutal tirano desde hace miles de
años. De la misma forma que los enemigos vencidos
servían para el ritual fatal, dentro de la misma comunidad las más vulnerables eran las mujeres. Por otra parte,
la mujer genérica representa para el hombre el misterio
de la vida, de la fertilidad para las sociedades agrícolas.
Por lo que era simbólicamente más poderosa en el ritual. Si el sacrificio significaba renuncia, la mujer era
la renuncia más valiosa. Por esta razón, la veneración
del cuerpo femenino en el paleolítico y su posterior sacrificio posee una misma dirección y sentido. —Resu-
miendo: el sexo humano, o su represión, posee un doble
significado, moral y metafísico, social y religioso. El
pudor y los tabúes familiares procuran controlar su ex-
cesiva energía en beneficio del orden social. La abolición del placer procura la abolición del dolor en Gea y
el logro de la verdadera felicidad, el placer eterno, más
allá.

35, EXPERIMENTACIÓN. El fetichismo feme-
nino de la televisión es la traducción comercial de esa
relación flechada, asimétrica: el dominio del macho.
Aunque ahora ya no se la condena; se la obliga a bailar,

otra vez. Es el espíritu estético el que se expresa en el ejercicio de lo sensual. Su única "renuncia" consiste en no ir mucho más rápido que los cambios éticos que siempre se están operando, a su favor o a favor de su opuesto, el espíritu religioso. Así, se salva del caos para prolongar su ejercicio. Mientras tanto, el espíritu religioso, renunciante por naturaleza, lo condena. Y el mercado se sirve de él y de sus mujeres.

36, SENSIBILIDAD. En nuestra cultura occidental las relaciones sexuales están pseudoliberadas. El coito está rodeado de traumas, complejos, juicios y prejuicios, pudores y derechos rigurosos, reglas que lo regulan, lo protegen y lo castran. En culturas menos reprimidas, como las africanas, simplemente se lo practica.

VI: Los últimos mandamientos

37, AMENAZA. Ya Darwin había observado que la lucha por la sobrevivencia es más intensa entre los individuos de una misma especie. La creatura no podía ser una excepción y vivió este problema como individuo, familia, clan, tribu, raza y, finalmente, como nación. En toda la historia civilizada, y desde mucho antes, la creatura se ha enfrentado, con obsesión, a una única amenaza exterior: las otras creaturas.

38, INCESTO. Existe una innegable relación entre la prohibición del incesto y la formación de las sociedades humanas. Generalmente se acepta la idea de que semejante prohibición disparó el gatillo de la cultura y la civilización en Gea. Pero no ha de ser menos cierta la relación inversa: la necesidad de sociedades más grandes que la familia exigió la exogamia, como pacto o signo de familiaridad. —Durante cientos de miles de años, las creaturas fueron animales cazadores y recolectores. Tomaban de la naturaleza aquello que la naturaleza les ofrecía y por ello debían desplazarse de un lugar hacia el otro en grupos no mucho mayores al número familiar. De esa forma se evitaba, en lo posible, la competencia. Por entonces, no debieron ser infrecuentes los asaltos de machos vecinos en búsqueda de nuevas hembras o de más poder. El incesto debió ser la práctica común y la exogamia el delito ya que, a la inversa de lo que se cree, el incesto es lo normal en la naturaleza y su prohibición una anormalidad fundamental de las creaturas metafísicas. (Algo semejante ocurre con la homosexualidad. No se puede decir que esta condición humana sea "contra natura", porque, para la naturaleza, la homosexualidad no es más desviación que el ponerse ropas o prohibir el incesto.) Un clan más o menos cerrado por la necesidad de sobrevivencia y conflictivo por el desarrollo sexual de sus miembros menores, debió imponerse reglas sexuales, es decir, tabúes. Luego, las creaturas ensayaron sociedades convenientes pero inestables; se asociaron a mayor escala para la defensa o para la caza. Hasta que, no hace mucho, sobrevino la más grande de las revoluciones que cambiaría un millón de años de prehistoria: la agricultura. Entonces las creaturas debieron aceptar al vecino, el otrora enemigo. El antiguo celo endogámico ya no fue solo un factor de conflictos familiares; se transformó en el primer elemento antisocial, una amenaza para la unidad de la comunidad. La exogamia, en cambio, pasó a ser una institución de vital importancia para la sociedad; y el incesto, un recuerdo oscuro. — Desde entonces, la cooperación entre las creaturas fue más importante que la competencia; la familia o el clan se expandió en tribu, aldea y ciudad. No sin paradoja, se puede decir que el primer paso hacia la civilización, hacia el *zōon politikón* (animal cívico), fue la agricultura. Porque no solo aglomeró creaturas sino que las obligó a organizarse, moral y legislativamente; y también posibilitó la división del trabajo y el comercio gracias a la sobreproducción.

39, MOISÉS. Según el Antiguo Testamento, Moisés escribió el Decálogo en el monte Sinaí; probablemente 1450 años antes de Cristo. Con la Ley se realizó para los hebreos el frustrado esfuerzo de Amenofis IV: el monoteísmo. Sin embargo, los últimos cinco mandamientos (no asesines, no cometas adulterio, no robes, no mientas, no codicies) son anteriores a los primeros y anteriores al faraón hereje. Los mismos ya eran conocidos entre los hindúes como "Deberes de orden general". También el budismo posee cinco preceptos, cuatro de los cuales coinciden con los últimos de Moisés. No hace mucho, el teólogo alemán Hans Küng escribió que mucho antes de lo que en la Biblia se anuncia como Mandamiento de Dios ya estaba escrito en el código de Hammurabi (siglo XVIII a. C.). —Se las mire por donde se las mire, salta a la vista que la Primer tabla y la Segunda poseen orígenes y significados diferentes. Seguramente, si abandonásemos a una pareja de niños en un planeta distante y semejante a Gea, con el tiempo las nuevas generaciones de creaturas repetirían todos nuestros mitos, fundarían religiones semejantes a las nuestras, ideologías y muertes de ideologías. Pero antes que nada volverían a comenzar por el dictado de los últimos cinco Mandamientos. En la actualidad, no son pocas las autoridades religiosas que reconocen que una creatura sin religión puede vivir según una "ética humana", y en ellas están concentradas las esperanzas de un fin de las "guerras santas".

40, PROHIBICIÓN. La insistente preposición *no* indica la preexistencia de su contrario. Porque, como decía Freud refiriéndose al tabú, "no vemos qué necesidad habría de prohibir algo que nadie desea realizar; aquello que se haya prohibido tiene que ser objeto de un deseo". Exactamente lo mismo dice Lévi-Strauss en *Las estructuras elementales del parentesco*: "No habría razón alguna para prohibir lo que, sin prohibición, no correría el riesgo de ejecutarse". El origen de la prohibición (dice) debe buscarse en la existencia de un peligro que amenaza al grupo. "...Aún debemos descubrir las razones por la cual el incesto implica un perjuicio para el orden social". Precisamente, el psicoanálisis nos dice que este tipo de prohibiciones se hayan interiorizadas en forma de horror al acto que se prohíbe. Pensamos que en las profundidades de la prehistoria las creaturas vivían en permanente conflicto con la naturaleza y consigo mismas —aún en tiempos de paz, la seguridad y el conflicto debieron estar presentes como preocupación. Como aún lo hacen el resto de los animales y algunas creaturas, los machos luchaban entre sí respondiendo a los instintos más básicos y por respeto a las leyes de Darwin. El macho vencedor asesinaba (6) al vencido, fornicaba (7) con sus hembras y tomaba (8) lo que dejaba su adversario o su vecino. Más tarde, las creaturas más evolucionadas e inteligentes se valieron para esto mismo de instrumentos más sutiles: codiciaron (10) y mintieron (9) en beneficio propio. — Queda otra cuestión: ¿por qué la prohibición más universal de todas (según los etnólogos), el incesto, no aparece referida de forma explícita en el Decálogo? Ni en el Decálogo ni en ninguna otra Ley extranjera. *¿Tal vez porque lo está de forma implícita?*

39, GRIEGOS. En *La república* de Platón se expone la tesis, conocida de la época, según la cual la naturaleza es injusta *por naturaleza* y la justicia es producto de un contrato social, algo así como un pacto de no-agresión. Glaucón argumenta ante Sócrates: "...cuando los hombres comenzaron a cometer y sufrir injusticias, y a comprobar la consecuencia de estos actos, decidieron los que no tenían poder para evitar los perjuicios ni para lograr las ventajas, que lo mejor era establecer mutuos convenios con el fin de no cometer ni padecer injusticias. Y de ahí en adelante comenzaron a dictar leyes, y llamaron legal y justo a lo que la ley prescribe". (Estas palabras del griego no están lejos de la afirmación freudiana según la cual la justicia nace del sentimiento de impotencia, propio de la infancia). Después, cuando Sócrates responde a Glaucón, lo que hace es argumentar a favor de la justicia como poder superior a la injusticia. Sin embargo, la intuición griega había hecho una observación antropológica que Sócrates deja de lado y no refuta. Por su parte, Glaucón ve este contrato más como un papel escrito que como una exigencia interiorizada, y por ello subestima (como Trasímaco) la perseverancia de la creatura justa ante la hipotética abolición de las "leyes". Esta abolición ya no es un problema legal o político sino psicológico, y para hacerla efectiva no es necesario un dictador anarquista sino un lavado de cerebro. Lo cual no es imposible y la historia registra muchos de ellos.

40, PRECIO. La máxima confuciana "no hagas a los demás lo que no quieres hagan contigo", formula el principio básico de la tolerancia. Jesús la confirmó luego a su manera o a la manera del Padre. Los pitagóricos prescribieron lo mismo; Sexto lo formuló así: "Todo lo que quieras que tu prójimo sea para ti, se tú para tu prójimo". Si no existiera en lo más profundo de las creaturas la propensión a obviarla y el temor a que la obvien los demás, estas recomendaciones nunca se hubiesen perpetuado de la forma que lo hicieron. (Los tres hombres dijeron lo mismo: el individuo y el grupo son uno. Si el individuo está enfermo la sociedad lo está también. Y sobre todo lo inverso: ningún individuo está totalmente sano en una sociedad enferma.) Estas fórmulas que podríamos llamar *éticas,* poseen traducciones legislativas; entre las más célebres y antiguas están el Código de Hammurabi y la *Torah*: "Ojo por ojo y diente por diente". Ambas obligaciones, unas interiores a las creaturas y otras interiores al papel, son determinantes en el funcionamiento de una sociedad.

41, CASTIGO. En una sociedad con alta consciencia ética los reos son escasos. También son menos en aquellas sociedades en donde la ley castiga con mayor rigor. Cuando después de la guerra Mozambique cayó en una ola de delincuencia, ésta fue contrarrestada con ajusticiamientos públicos de extrema crueldad. A un simple ladrón o a un inocente se lo podía quemar vivo en medio de la excitación popular, y la memoria de este espectáculo terminó por desalentar a un conjunto numeroso de futuros delincuentes. Un ejemplo inverso lo encontramos en un país vecino y más *civilizado.* El fin de un régimen injusto y riguroso y la mayor permisividad del nuevo gobierno, convirtieron a Johannesburgo en la ciudad más violenta y peligrosa del mundo. Y para

darse cuenta de ello no es necesario caminar por
George Street.

42, RENUNCIA. La renuncia al beneficio propio
siembre es bien vista por las creaturas de Gea, y no
tiene más límites que la propia resistencia del renunciante. Las sociedades aplauden y veneran a los mártires que se sacrifican en beneficio de un grupo, o
simplemente por otra persona. A eso las creaturas llaman *altruismo* o Che Guevara. Por el contrario, el
egoísta significa una amenaza para el grupo, por efecto
o por mal ejemplo. —En todas las sociedades, uno de
los elementos más apreciados es el orden que la mantiene con vida. Cuando uno anda en un país desconocido, la primer palabra que se procura aprender es la
que significa agradecimiento, a pesar de no tener una
utilidad inmediata; la segunda, para dar los buenos días
o para saludar. Ambas representan la voluntad de no-
agresión. También los llamados "buenos modales" reflejan ese pacto secreto. No hablar en secreto en una
reunión, no usar un idioma extraño al grupo no es solo
un problema de forma o de "mala educación"; también
significan una renuncia a favor del otro.

43, ESPÍRITU. Con todo, las creaturas de Gea no
se reducen a las simples leyes que las ayudaron a surgir
de su estado más primitivo. También su espíritu es un

logro, y está formado no solamente en su relación con el otro sino también *consigo-misma*. Las creaturas de Gea no sólo son la consecuencia de una más elevada complejidad ética, sino también de una metafísica variable y a veces contradictoria. Karl Jaspers lo resumió así: "El primer paso para la represión de los meros instintos es la violencia exterior, que produce terror y angustia. Luego viene la violencia, ya indirecta, del *tabú*; después la adecuada superación de la creencia del hombre que se domina a sí mismo mediante el sentido de su hacer emanado en la creencia". —Los últimos cinco Mandamientos se refieren a la supervivencia por la convivencia; los cinco primeros pertenecen a un nivel metafísico; son posteriores a los últimos cinco y la base primera de las tres grandes religiones monoteístas —la verdadera contribución de Moisés a la historia y a las creaturas de Gea.

44, TIEMPOS. La tesis de un origen común o restringido de la humanidad se afirma o se confirma con el peso de dogmas religiosos y de indicios científicos: Adán y Eva, la naturaleza monogenética de los seres humanos, la convergencia retrospectiva de las lenguas y de los mitos, los hábitos intelectuales en su búsqueda de la verdad. Veamos que algo semejante ocurre con lo que entendemos por ética y moral. Existen principios morales, escasos y comunes a todas o casi todas las creaturas, y están resumidos, con alguna omisión, en la segunda Tabla: el incesto, el homicidio, el adulterio, el robo. Las éticas, en cambio, son mucho más diversas y complejas, como lo son las culturas y las lenguas: la ética culinaria de India, la ética protestante, la ética socialista, la ética militar, si la hay. Se podría decir que los principios morales son prehistóricos, inconscientes y más estables; mientras que las éticas se formaron dentro de la complejidad cultural de la historia interior, están afectados de cierta racionalidad, son más recientes y vulnerables. De los primeros, de los tabúes y prohibiciones, se ocupó la antropología; de los segundos, la ciencia o la filosofía sociológica.

VII: La conciencia de la especie

45, CONSERVACIÓN. Según los más antiguos fósiles, la vida en Gea surgió, por lo menos, hace 3500 millones de años. Durante gran parte de este tiempo, los habitantes de Gea fueron organismos unicelulares, semejantes a las bacterias. Como las bacterias actuales, aquellos organismos eran muy simples (en comparación con los animales superiores) por lo que no podríamos hablar que existía en ellos algo parecido al "instinto de conservación". Sin embargo, estas misteriosas unidades celulares luchaban contra la muerte como lo hace ahora un tigre o Amnistía Internacional. Las bacterias actuales poseen un miembro casi insignificante que, por un movimiento de rotación, les permite acercarse a un medio favorable o huir de uno peligroso. Es decir que el impulso de conservación no es exclusivo de los animales superiores, dotados de una compleja red de neuronas. La lucha por la sobrevivencia es un dato informático que nació con la vida misma. La vida es una lucha a favor de sí misma; de otra forma nunca hubiese sido, o habría retornado inmediatamente a su origen mineral o inorgánico. —Los impulsos de conservación y destrucción forman parte de la naturaleza animal; pero la predominancia del impulso de conservación de la vida es siempre mayoritaria a su opuesto y ello se demuestra con nuestra propia existencia. Casi la totalidad de las creaturas en Gea se mueren sin quererlo. —La moral y las religiones, de formas diferentes, niegan la muerte. Una se resiste a la muerte física; la otra se resiste a la muerte verdadera. Las religiones, que en un principio son independientes de la moral, responden a un mismo impulso *vital,* casi siempre negándolo. Un ejemplo extremo y paradójico predica el budismo: en su intento de negar la muerte niega la vida también. Pero ya no sólo esta vida; la otra también. Por su parte, las morales son las expresiones culturales de ese impulso común de supervivencia y han existido, diversamente, antes y después de los preceptos religiosos. Los últimos Mandamientos mosaicos son anteriores y posteriores a Moisés y la base de casi todas las éticas que pululan por Gea. —Bueno, entre las creaturas existen muchas y diferentes definiciones de *ética,* lo que me resulta casi imposible precisar una definición consensuada. Pero la precisión y el consenso no han de ser las principales virtudes de este informe ni una característica de las creaturas de Gea. Yo, por lo menos, entiendo la ética como un código de deberes y conductas que, a diferencia de la moral, consiste en un discurso racional. O, por lo menos, pretende serlo. Ética y moral deben conformar, de esa forma, un solo cuerpo, jerárquico y coherente en su discurso interno.

Los últimos cinco Mandamientos son los elementos apriorísticos de todo discurso ético, el cual procurará confirmarlo desde los niveles más bajos hasta los más complejos. Y es tal vez por esa misma complejidad del discurso que, con frecuencia, las creaturas llegan a éticas diferentes y hasta contradictorias. Y se matan por ello.

46, ANIMALES. Las prescripciones morales consisten en hacer inefectivas las leyes de Darwin entre las creaturas metafísicas. Lo que es bueno en el reino natural es malo entre los animales productores de cultura. Las guerras, el dominio del más fuerte y la supresión de los débiles son repudiadas cuando se practican entre los hombres y admiradas cuando los protagonistas son dos renos. En las reservas ecológicas de todo el mundo, las creaturas han reimpuesto la *Ley de la selva*. Para ello prescribieron que los animales se maten unos a otros, según la medida que los vencedores impongan. Y para que este antiguo e inocente mecanismo de conservación funcione, las creaturas humanas se declararon a sí mismas fuera de competencia, dado su alto profesionalismo en materia de poder y exterminio. Claro que el genocidio se sigue practicando entre las creaturas al mismo tiempo que se lo repudia. Pero ello sucede porque si bien son animales culturales no dejan de ser animales simplemente.

47, RESPUESTAS. Está claro que la mayor fuerza de la creatura metafísica reside en su propia debilidad. Por ella desarrolló no solo toda su cultura material, que la sobrepuso a las dificultades del medio; también toda su cultura ética y metafísica, que la sobrepuso a los conflictos sociales y a los conflictos existenciales consigo misma. Cuando una creatura se desplaza por Gea hacia un medio inhóspito, o éste viene hacia ella, no perece ni se adapta según las leyes de Darwin: se protege con ropas y modifica su entorno según las leyes de la inteligencia y la cultura. Con las religiones respondió a los enigmas existenciales; y con los preceptos morales organizó sociedades más vastas y más complejas que las primitivas hordas.

48, AUTORIDAD. A medida que el discurso ético asciende desde los Mandamientos básicos, aumenta su complejidad y la unanimidad se va diluyendo. Obviamente, las discusiones surgen por los corolarios y suelen ser discursos intelectuales, religiosos o políticos en procura de *justificar* un determinado código de conducta. Todos estamos de acuerdo en que robar y matar es malo, pero sobre la explotación del obrero y la pena de muerte existen discusiones. Muchas veces la conducta correcta a seguir no le resulta clara al individuo, por lo que recurre a una autoridad o líder, no siempre

de forma inconsciente. La autoridad intelectual o el líder religioso se encargarán entonces de dictar la conducta "correcta", no siempre a pedido del interesado. Si
bien el axioma que prohíbe el asesinato es universal, no
es menos universal la costumbre de obviarlo en nombre
de una determinada ética. Según una especie de revolucionario moderno matar es malo, pero cuando se lo
hace como medio para alcanzar un fin más justo
(muerte del burgués explotador) entonces es bueno.
Para este tipo de racionalidad, existen crímenes éticos
y crímenes inmorales.

49, EQUILIBRIO. La conciencia moral repudia el
desequilibrio de las fuerzas. Por ello repudia el poder
concentrado en grupos o individuos. Claro que la discusión surge cuando se trata de identificar esos grupos
o individuos. Incluso, las dictaduras y los tiranos acaban por ser justificados por esta misma racionalidad, en
estos casos paradójica. Salvo "inmoralistas" como
Nietzsche, los moralistas siempre estarán de lado de los
más débiles. La sensibilidad grupal no es diferente. Las
discriminaciones, por ejemplo, son ferozmente repudiadas cuando provienen de grupos que tienen el poder.
Las muy frecuentes expresiones racistas de un negro
pobre en África nunca tienen el mismo efecto que las
de un inglés o las de un americano blanco. A los primeros se los suele tomar con una sonrisa; a los segundos,

con profundo o superficial desprecio. Por otra parte, recordemos cómo se acepta o se tolera el feminismo al tiempo que se repudia cualquier expresión machista.

50, ANTIRRACISMO. También la ética y la moral se basan en prejuicios. Lo que debemos esperar es que sean siempre prejuicios saludables. No matarás, no robarás, son prejuicios básicos porque no dependen de ningún discurso que los justifique. El antirracismo también. Una vez comenté a unos amigos las investigaciones de Charles Murray y Herrnstein sobre *"ethnic differences in cognitive ability",* y otras estudios estadísticos hechos en Canadá que mostraban gráficas de coeficientes intelectuales claramente favorables a la raza blanca. De forma automática, mis amigos reaccionaron exaltados, insultando a Murray, Herrnstein, el racismo norteamericano y la Coca Cola. Reconozco que las conclusiones de aquellos profesores de Harvard me produjeron el mismo rechazo. Pero ¿acaso era un rechazo científico? ¿Qué argumentos teníamos mis amigos y yo para refutar unas investigaciones que desconocíamos completamente? —Arthur Schopenhauer una vez escribió: "El que los negros hayan caído de preferencia y en grande en la esclavitud, es evidentemente una consecuencia de tener menos inteligencia que las demás razas humanas, lo cual no justifica, sin embargo, el hecho". Bueno, nadie puede negarle

inteligencia al filósofo alemán; pero tampoco imprecisión. Porque el hecho de que haya razas o pueblos que
fueron más veces sometidos no significa que sean más
o menos inteligentes. En cualquier caso significaría que
tienen menos inteligencia *esclavista*. Eso sería como
decir que los asaltantes de bancos son los intelectos más
brillantes de una sociedad. Todo lo cual es posible, pero
el razonamiento no deja de ser una *imprecisión*. Y a un
filósofo profesional se le puede perdonar que se equi-
voque de cabo a rabo; menos que sea impreciso. En
otros casos no es la precisión lo que falta: por ejemplo
en el *Diccionario de psiquiatría* de Antoine Porot (tercera edición española, 1977). Allí se define una enfermedad como "psicopatología de los negros", y se
refiere a las incapacidades intelectuales de los indíge-
nas de África. Después de enumerar diferentes síndro-
mes, que yo imaginaba cualidades culturales (como el
onirismo), "soma-psicosomáticos" (como la depresión,
el alcoholismo) y económicos (como el parasitismo in-
testinal y la sífilis), el especialista recomienda la repa-
triación de los negros enfermos, no sin un número
crecido de escoltas, dada su peligrosidad. —Ahora, supongamos que un día se demuestre que hay razas menos inteligentes (y que se defina exactamente lo que
quiere decir eso de "inteligencia", sin recaer en una explicación escolar o zoológica). En ese caso, las creaturas deberán estar mejor preparadas para la verdad. Esto

quiere decir que debemos esperar que las razas se traten entre sí como si no estuviesen unas por encima de otras sino en la misma superficie redonda de Gea. Es decir, que no se traten como ahora se tratan suponiendo una inteligencia racial uniforme.

51, INTELIGENCIA. Durante los tiempos más salvajes, la fuerza física fue determinante en la selección de los padres, pero después de lograda las sociedades y la civilización el factor determinante del éxito pasó a ser la inteligencia. Desde el neolítico hasta no hace mucho, la descendencia numerosa era una aspiración de toda creatura en Gea porque, entre otros motivos, esa era la única forma de Previsión Social. Si consideramos la teoría evolucionista, estaremos de acuerdo que primero se reprodujeron los más fuertes y luego los más inteligentes. Esto también nos está sugiriendo algo más: los pueblos de culturas más antiguas deberían ser los pueblos más "inteligentes"; es decir, serían aquellos pueblos que han invertido más tiempo en la selección de sus miembros por su inteligencia y no por su fuerza. (Sabemos que la inteligencia es una característica heredable. Una creatura con un alto coeficiente intelectual generalmente es miembro de una familia con un promedio de inteligencia superior al resto.) Bien, pero no olvidemos que la inteligencia humana no nació al mismo tiempo que sus ciudades y sus culturas. El cerebro de la creatura viene desarrollándose desde hace cientos de miles de años, mientras la civilización y las culturas más antiguas no tienen más de diez mil años. Es decir, que en todo caso estuvimos más tiempo desarrollando la inteligencia salvaje que la inteligencia culta o civilizada. Por lo tanto deberemos pensar que, si bien la antigüedad de un pueblo puede reflejarse en la inteligencia promedio de sus miembros esta diferencia no ha de ser muy importante entre distintos pueblos o razas.

52, PENES. No son pocos los especialistas que han repetido la misma observación: en la autoestima del hombre, el pene y su inteligencia son los dos elementos más importantes. Yo estoy de acuerdo, y además sospecho que en el racismo blanco estos dos elementos juegan un papel especialmente importante: como no se sospecha la inferioridad sexual de los negros, se opta por insistir sobre sus deficiencias intelectuales. A veces, cuando veo en un informativo que en alguno de esos países ricos un blanco arrastró a un desconocido con su camioneta hasta desangrarlo, sólo porque era negro, no puedo evitar pensar que el impulso que provoca ese acto de ira es el mismo que mueve a un marido que descubre a su mujer con un amante en la cama.

53, CONCIENCIA. Un perro descubre un hueso del otro lado de un cerco metálico. Acto seguido comienza a escarbar debajo del cerco, pero pronto da con un impenetrable suelo de piedra. Su objetivo está cerca, pero la piedra le impide pasar por allí. Cansado, el perro decide bordear el cerco, alejándose en principio de su objetivo, hasta que descubre una entrada y finalmente logra tomar el hueso. —Esta es una definición simple de inteligencia. Ahora, lo que nos importa es su análisis. En seguida advertimos la existencia de una renuncia; y el proceso que la contiene se ordena así: Inteligencia—Renuncia—Conciencia. El perro que estuvimos observando aún no demuestra conciencia. Pero veamos que, sometido varios días después a una situación semejante, nuestro perro renuncia al primer intento de escarbar (autonegación) y comienza a buscar una entrada. Es en este momento en que podemos comenzar a pensar en algún principio de conciencia. —El mero desarrollo de la inteligencia en la creatura metafísica no explicaría el surgimiento de la conciencia si no se recurre al intermedio de la renuncia. Es en la autonegación que los procesos del mundo exterior comienzan a realizarse y madurar *dentro* del individuo. Y a esto yo le llamo *conciencia*.

54, RENUNCIA. La moral significa una renuncia del individuo en favor del grupo. La religión, una renuncia del mundo en favor del individuo. El acto que liga la moral a la metafísica religiosa es la *renuncia*.

55, CONCIENTE. El científico británico, James Lovelock, piensa que las cosas vivas tienen una particular capacidad para asociarse. Un órgano de un cuerpo animal, por ejemplo, alimentado artificialmente, puede vivir aislado; pero junto a otros conforman una unidad. "Las entidades transformadoras de energía que actúan en las células animales (las mitocondrias) y las células de las plantas (mitocondrias y cloroplastos), fueron otrora bacterias viviendo de modo independiente". Y luego, Lovelock resume: *"La vida es algo social".* — Pero no confundamos una sociedad de órganos con una sociedad de conciencias, aunque ambas signifiquen un mismo proceso. En el mundo animal existen sociedades de órganos que se confunden con sociedades de individuos. Por ejemplo, pensemos que los hormigueros y las abejas no son "sociedades" de individuos; son *individuos,* porque ambos funcionan como un organismo único. ¿Por qué, en ocasiones, las hormigas se transforman en un ejército criminal, para atacar, robar, asesinar y esclavizar a otro hormiguero, sin motivos aparentes? ¿Actúan realmente como un ejército de voluntades o como un único guerrero? (Los ejércitos humanos, ¿no poseen la voluntad artificiosa de actuar como un único individuo, donde se espera que una sola cabeza piense y el resto actúe sin hacerlo?) Entre las abejas, las obreras no tienen actividad sexual, pero la colmena y el hormiguero sí: la cabeza y el sexo en ambos es la reina. Matar a la reina es cortarle la cabeza al individuo, y es de la misma carencia de sexos individuales en la colmena de donde deriva su buena organización. De otra forma, existirían terribles y permanentes conflictos internos que los amenazarían como unidad. Conflictos como los que ha tenido que superar, aunque solo sea en parte, la creatura metafísica, exuberante animalito que se encuentra en celo durante todo el año y durante casi toda su vida. —Un pájaro que vuela al sur y una colmena son dos animales. Ni en un hormiguero ni en una colmena sus integrantes ejercitan algún tipo de renuncia. Una gorila que protege a su cría o a una cría ajena está moviéndose por un sentimiento positivo: el amor. En ello no hay ninguna renuncia. Diferentes, las sociedades de humanos no funcionan como un organismo; no son un cuerpo sino una *conciencia*. Cada integrante bien podría no renunciar a muchos de sus deseos, pero comúnmente lo hace en beneficio del grupo. Porque la moral radica en acciones negativas de la creatura en beneficio de un grupo o de la especie; no es un sentimiento original sino una *conciencia*. Y la conciencia, conjeturo, nació del conflicto psicológico provocado por la autonegación, por la renuncia de la creatura a ciertos impulsos instintivos (pensemos en el más trascendente de los tabúes: el incesto). A ese *consciente colectivo* yo le llamo ética y moral.

56, SOCIOBIOLOGÍA. La teoría de la lucha salvaje por la sobrevivencia del más apto fue objetada por otras teorías que se habían formado en la observación de cierta cooperación entre los animales. El ruso Kropotkin, tal vez, fue uno de los primeros en observar la importancia de la cooperación entre los individuos de una misma especie para la defensa de un enemigo en común (*Mutual Aid*, 1906) Pero ¿de qué tipo de asociación estamos hablando? Cuando un grupo de hienas se asocian para la caza, cada una da al grupo lo que el grupo le da a cada una, y el acto de dar-y-recibir se resuelve de forma inmediata. Un caso aún no resuelto es el de aquellos animales que emiten sonidos de alarma al advertir a un depredador, salvando a sus camaradas y perdiéndose a sí mismo. ("a chicken is an egg's way of making other eggs"). Yo creo que para explicar este carácter humano de la víctima no es necesario recurrir al humanismo de los animales; basta con considerar solo el instinto. El surgimiento del instinto de cooperación entre los animales aún se puede explicar con la teoría de Darwin: los "cooperantes" sobrevivieron más veces que los "egoístas" en un régimen de dar-y-recibir de efecto inmediato, y así sus características se fueron transmitiendo con preferencia a las de aquellos que se quedaban solos. De esa forma, el animal que da la vida alertando a sus compañeros de un peligro cercano, no lo hace por altruismo (renuncia) sino porque *no puede evitarlo*, así como algunos peces no pueden evitar suicidarse en la costa para desovar y asegurar así la conservación de la especie. En algunos otros mamíferos superiores, como los chimpancés, se han observado que son capaces de entregar algo de su alimento en beneficio de otro integrante del grupo; pero esta "renuncia" significa siempre una inversión a corto plazo, cuando el donante no está afectivamente ligado al receptor; o es un acto instintivo de amor, cuando se trata de un familiar cercano o de una hembra a la que se está cortejando. Incluso, en situaciones especiales de cautiverio (y cuando el alimento no es escaso) se han observado que algunos monos dan algo de su comida sólo a aquellos compañeros que acostumbran devolver el favor en la misma cantidad. Pero, si bien la observación es por demás interesante, el entusiasmo suele pasar por alto otra observación más común: este comercio es casi inexistente en estado natural, donde se sigue cumpliendo con preferencia la ley del más fuerte y el "egoísmo" es abrumadoramente superior al altruismo socialista. En los humanos, el egoísmo y el altruismo existen, pero la moral reprime a uno y prescribe el otro hasta convertirlo en la regla y no en la excepción, como en los chimpancés. Esto nos hace pensar que la máxima

de Confucio y de tantos otros "no hagas a los demás lo
que no quieres que los demás hagan contigo" es cientos
de veces milenaria y forma parte de ese "Camino gnós-
tico-evolutivo". En las creaturas metafísicas, la moral
ha dilatado este tiempo de dar-y-recibir de forma ilimitada, hasta el extremo de imponerse y exigir la obligación de no esperar recompensa por la renuncia. "La
mejor recompensa de una buena acción —dice un consejo popular— es la acción misma". Esta idea es una
fórmula ética, es decir, es una enseñanza que pretende
confirmar una actitud favorable al grupo desde el nivel
consciente (madurez) al nivel inconsciente (infancia).
Es una renuncia y no es un instinto porque el individuo
puede quebrantar la ley si se lo propone. (Aquí deriva-
mos sobre el valor teológico de la libertad: de la elección antinatural, de la renuncia a los instintos, depende
la salvación o el caos). Y, sobre todo, porque para que
funcione se la debe predicar. No es una observación; es
un consejo. Es decir, que la cultura (ética) tomó de la
naturaleza una excepción (la solidaridad democrática)
y la contradijo convirtiéndola en regla. Por lo que sería
absurdo decir que la moral es un producto de la naturaleza y no de la renuncia de esa naturaleza: aún las creaturas metafísicas estamos inclinadas a hacer aquello
que el inconsciente prescribe y la conciencia (moral e
individual) prohíbe. Y por lo común no lo hacemos. —
Pero todavía queda una dimensión de terrible

importancia. La etología más reciente ha demostrado que las relaciones entre animales no se basa exclusivamente en la fuerza y la competencia a muerte, como en el capitalismo, sino que incluye un repertorio de sentimientos muy semejante al de los humanos: clemencia, solidaridad, amistad. Pero aun así estas conductas responden a una razón de "simpatía" y no *aún* de renuncia, tal como la definimos en la creatura metafísica. Una responde a un impulso positivo y la otra a uno negativo. También la creatura metafísica responde por simpatía (rescate de un niño en peligro, etc.) pero no vemos los indicios para pensar que otro animal superior es capaz de renunciar a alguno de sus impulsos sin una coacción más o menos próxima y exterior (sacrificio ritual de ese mismo niño). La sociobiología estudia la moral desde la etología con excelentes observaciones sobre algunas especies de animales superiores y de ahí extrae sus conclusiones sobre la ética humana ya que, inevitablemente, subscribe al evolucionismo. Pero, aun recorriendo el camino de la evolución humana, olvida una dimensión importante para la ética y la moral: la metafísica; su relación con el sexo, la vida y la muerte. Y eso no se estudia observando los monos.

57, PROGRESO. El progreso material de la creatura no radica únicamente en su inteligencia. Muchos otros animales poseen algo de lo mismo y nada de progreso material o espiritual. El poder de la creatura fue posible porque pudo *canalizar* esa inteligencia construyendo una historia exterior: su cultura. Pero toda esa construcción, movida por instintos de poder, de amor y destrucción, nunca hubiese sido posible sin una conciencia colectiva, sin una sociedad de conciencias, sin algún tipo de moral; es decir, sin la *renuncia* de lo bajo en beneficio de lo alto. Porque la creatura metafísica es el único animal que renuncia; y la humanidad la única conciencia de Gea.

58, CASTIGOS. El control social, que en un principio estuvo ejercido por el jefe de la horda, rey o faraón, terminó por aceptar una naturaleza intangible y menos precaria, personificada en los dioses o en Dios. En un principio, todos los dioses premiaban o castigaban las acciones humanas allí mismo en Gea. Pero, ante los aparentes fracasos de las justicias divinas, los mismos dioses terminaron por aplazar sus fallos para el *más allá*. De esa forma los fallos se hicieron inapelables. Y, por lo tanto, más eficaces. De esa forma, la conservación de la vida (moral) y la negación de la muerte (religión) fueron unificadas en un solo cuerpo; Dios y la Conciencia de la especie se hicieron Uno.

59, INDEPENDIENTES. Si de la conducta de cada individuo (moral) dependía el bienestar y la felicidad del pueblo, también de ella debía depender su suerte en el más allá. Desde el antiguo Egipto a Sumeria, la vida en los Infiernos dependía de la vida en Gea. Pero moral y religión vienen juntas porque se juntaron. No porque sean una y la misma cosa. Para darse cuenta de eso basta con observar que las creaturas metafísicas suelen tener el primer componente y carecer del segundo. *Y lo inverso también.* No son pocas las doctrinas "inmoralistas" que cada tanto surgen en Gea y no por ello dejan de ser religiosas. Carpócrates, por ejemplo, en el siglo II enseñó una sabiduría o superstición muy semejante al budismo. La diferencia estaba en los medios y no en los fines. Según esta secta cristiana, el alma podía alcanzar el conocimiento y la liberación no por el ascetismo sino por la comisión de todos los actos inmorales que una creatura pudiese cometer. Para Carpócrates, como para el más lejano Heráclito, el bien y el mal eran meras cuestiones de opinión. —Por otra parte, recordemos que para el budismo es preferible realizar una acción buena a una mala, porque en el peor de los casos una creatura bondadosa recibe en premio un mejor renacimiento. Pero aún mejor que una acción buena o una mala es ninguna. Y en esta elección radica el mayor logro budista: el abandono definitivo del *kamma* y de la pesadillesca serie de renacimientos —la liberación. Bien, todas las religiones tienen implicaciones morales, pero el Sentido de cada una no nace ni se agota en esas medidas provisorias. Moral y religión se confunden en el pensamiento de Pedro Abelardo, pero sin perder su orden jerárquico. Cuando el monje medieval reflexiona sobre el pecado no condena el deseo (interior) sino el consentimiento a ejecutarlo (efecto exterior sobre el prójimo). Pero antes subraya el valor de agradar a Dios como la mayor virtud. Porque a esa altura de la edad Media aún se seguía poniendo la Primer tabla sobre la Segunda.

60, RACIONALIDAD. La ética es a los últimos Mandamientos como la teología es a los primeros. Ambos, ética y teología, son reflexiones que procuran confirmar, con cierta racionalidad, preceptos a priori incuestionables.

61, SOCIOS. Antes de Platón, los más sensatos consideraban una virtud hacer mal al enemigo. No se puede decir que esta idea haya sido suprimida en Gea, pero desde entonces ha sido célebremente refutada. Confucio y más tarde Jesús, pasaron de una ética de tribus aisladas a otra de *tribus convivientes*. La máxima confuciana de no abusar del otro salió de la aldea para universalizarse. O por lo menos eso se pretendía. El enigma de la vida y la muerte conducen a la aceptación de Dios; el impulso de vivir y convivir, a la aceptación del otro. El sacrificio intrascendente del otro no sólo

afecta la estabilidad del grupo; también representa
nuestro propio destino: la muerte. Doble razón entonces, ética y metafísica, para solidarizarnos con él. Porque el otro es nuestro socio, en la vida y en la muerte.

62, BARBARIE. Ante la amenaza del desorden, las
prescripciones religiosas han sido diferentes: castigo a
los culpables (Ley del Talión, doctrina de Lutero) o pa-
sividad ante la injusticia (el desinterés del Buda, la otra
mejilla de Cristo). Ambas actitudes o recomendaciones
procuran evitar el regreso de la barbarie, el imperio de
los sentidos; el orden darwiniano o el caos de las temibles creaturas.

63, EQUILIBRIO. Existen dos metas básicas en
toda sociedad: seguridad y libertad. La moral limita,
controla y potencia la libertad, porque en sus orígenes
la libertad se opone a la seguridad. Es en la libertad incondicional donde se expresan culturalmente los instintos sexuales y de poder. Si la creatura renunciara a *todo*
moriría, como un buen jainista; y si no renunciara a una
parte también. Es decir, el problema sanitario de una
sociedad se concentra en el equilibrio entre la renuncia
y la libertad.

64, TRADUCCIONES. En los primeros tiempos
bíblicos y coránicos, la relación fundamental que unía

a las creaturas de Gea con Dios era el temor. Una creatura fiel, antes que nada, era una creatura temerosa del
Padre. Y esa era su mayor virtud posible. Fue Cristo el
que puso el acento en el *amor*. Y aquí hay que distinguir lo que es amor a Dios y lo que es amor al prójimo.
Ambos amores son traducciones al positivo de la Primer tabla y de la Segunda. En el Nuevo Testamento se
lee que una vez preguntado Jesús sobre cuál mandamiento era más importante, respondió (Mateo 22-37):
"Ama al Señor, tu Dios con todo tu corazón, con toda
tu alma y con toda tu mente. Éste es el más importante
y el primero de los mandamientos. El segundo es parecido: dice, ama a tu prójimo como a ti mismo. Estos dos
mandamientos son la base de toda la Ley de Moisés y
de las enseñanzas de los profetas". El antiguo Temor a
Dios se traduce en Amor, y las prescripciones de no
maltratar al prójimo se resume en la obligación de
amarlos. Si no me equivoco, fue San Agustín el que escribió: "todos los demás preceptos se resumen en la fórmula: amarás al prójimo como a ti mismo", consejo
ético que reconoce, indirectamente, que el egoísmo es
más universal y más poderoso que el altruismo. —Sin
traducción es el acto del *bodhisattva* que, habiendo alcanzado el nirvana, es capaz de renunciar a él para co-
municárselo a los demás. Pero representa doblemente
la conciencia de la especie. Pero representa doblemente
la conciencia de la especie.

VIII: La traducción de las emociones

65, EVOLUCIÓN. Si somos optimistas, tal vez sí podamos decir cómo o de dónde surgió tal o cual característica de la creatura metafísica. Pero esa característica será, en todo caso, consecuencia de innumerables e insospechadas progresiones que terminan por hacerla irreconocible con el supuesto origen. Tan irreconocible como lo es la civilización al tabú del incesto. —Para aceptar la idea de que las creaturas metafísicas son el resultado de una evolución, no es necesario negar la existencia de algo llamado espíritu o sucumbir a la doctrina materialista. Es cierto de que en un australopitecos no estaba la concepción de Dios ni alguna idea sobre la justicia. Pero tampoco estaban el cálculo infinitesimal o la teoría del Caos. Advertir que la mariposa surge del gusano no invalida su belleza ni su capacidad para volar. Porque una cosa es buscar el origen de las cosas y otra diferente es reducirlas a su origen.

66, RECUCCIONISMO. Podemos considerar la emergencia de algunos sentimientos humanos a partir de otros que le son anteriores. Conjeturo de que Malinowski tenía una idea parecida cuando apuntó que "el valor moral de la armonía y la buena voluntad se muestra en un plano superior a los tabúes meramente negativos que constriñen los principales instintos humanos". También Erich Fromm hacía derivar el sentimiento de justicia del sentimiento infantil de impotencia. Ahora, ¿son válidos estos "reduccionismos"? Sólo una mentalidad materialista del mundo puede reducirse al reduccionismo como método principal. Sin embargo, reducir unos fenómenos a otros puede ser fructífero en varios aspectos. Con mucha claridad, Claude Lévi-Strauss observó, en *El pensamiento salvaje,* que una reducción sólo puede ser legítima cuando no empobrece los fenómenos sometidos a reducción. "No podemos clasificar los niveles de reducción en superiores e inferiores. Por el contrario, hay que esperar que el nivel considerado superior comunique retroactivamente algo de su riqueza al nivel inferior al cual lo hemos reducido. [...] La explicación científica no consiste en el paso de la complejidad a la simplicidad, sino en la sustitución de una complejidad menos inteligible por otra más inteligible".

67, INCESTO. Ningún antropólogo explica el rechazo al incesto como irreductible. También el psicoanálisis acostumbra partir de una prohibición implicando un deseo previo. Y está bien. Sin embargo, la experiencia emocional en sí del individuo excluye todo lo anterior. El horror al incesto bien puede tener un origen social en la infancia del género humano (el primer *no* del hombre a la naturaleza y origen de todas las instituciones, según Octavio Paz; la institución más universal, según Lévi-Strauss y casi todos los etnólogos). Pero, para el individuo, el valor emotivo se refiere a sí mismo y todo lo anterior de nada importa. "Yo he visto y percibido —escribió Malinowski— cómo los salvajes se abstenían de una acción ilícita con el mismo horror y asco con los que el cristiano ferviente retrocede ante lo que él considera pecado. Pues bien, esta actitud mental en parte se debe a la influencia de la sociedad en cuanto que la particular prohibición viene estigmatizada por la tradición como repugnante y horrible. Sin embargo, funciona en el individuo y mediante fuerzas de la mente del individuo. De esto se deduce que no es exclusivamente social ni exclusivamente individual, sino una mezcla de ambas". Sartre, el cristalino Sartre, observó que el psicoanálisis había sido el primero en advertir de que todo estado de conciencia vale por algo que no es él, y que para la conciencia un deseo prohibido nunca se haya implicado en su realización simbólica. Y como era existencialista usó un ejemplo existencialista: Las presencias humanas no se hayan contenidas en las cenizas de una hoguera; están ligadas a ellas por una relación de causalidad, pero esos vestigios son lo que son —cenizas, eso es todo.

68, SENTIMIENTOS. Dicen los psicoanalistas que lo opuesto al amor no es el odio sino la indiferencia. Pero supongo que semejante valoración la extrajeron de esas musas inspiradoras que son sus pacientes. Porque es ontología de locos. —Para mí existen por lo menos cuatro sentimientos básicos. Amor y Odio, Seguridad y Temor. Dos pares de opuestos que pueden considerarse como los puntos de partida y de llegada de las normas comunitarias (moral) y de las religiones (metafísica). La moral puede prescribir el amor al prójimo o la obligación de no odiarlo, pero no es el origen de ninguno de ellos. Ambos ya venían incluidos en las creaturas de Gea. Recordemos, por ejemplo, que el saludo con la mano alguna vez significó no-agresión. El hombre que da la mano, como el que la alza abierta, pretendía demostrar que no iba armado. Ahora los mismos gestos significan amistad. Y lo mismo ocurrió con los llamados "buenos modales", como sacarse el sombrero o inclinarse ante una persona que siglos antes fue rey, tirano o Señor.

69, FACULTADES. Nuestros contemporáneos, cuando no pertenecen a alguna secta mística o hindú, tienen tendencia a ubicar las invenciones y los descubrimientos que los caracterizan en tiempos más recientes a los exactos. Todavía muchos se sorprenden de que los antiguos babilonios podían resolver ecuaciones de

segundo grado y otros problemas matemáticos atribui-
dos a los griegos o al renacimiento. Sin embargo, si
consideramos una escala de tiempo mayor, por ejemplo
una que mida en milenios, estaremos de acuerdo de que
entre los hombres de cromañón y el Gandhi hay unas
cuantas diferencias. El biólogo Julian Huxley escribió
que "es perfectamente posible que las facultades llamadas supra normales del hombre actual se hallen en el
mismo caso en que se hallaban sus facultades matemáticas durante la edad glacial [...] Aún operaciones tan
simples como la multiplicación de dos números de tres
cifras habrían parecido completamente mágicas para
aquellos hombres de la edad de piedra". Bueno, estas
palabras las escribió poco antes de la Segunda Guerra.

70, EMOCIONES. Así como consideramos el pensamiento abstracto posterior al pensamiento concreto,
también podemos considerar unos sentimientos posteriores a otros. La caridad, por ejemplo, puede tener una
raíz histórica (ofrenda y petición a los dioses o comercio de la buena voluntad entre las creaturas). Pero su
significado actual bien puede referirse a un carácter que
ha *evolucionado*. Tanto como para merecer un nombre
propio. No se puede decir que los sentimientos de justicia, envidia o solidaridad sean comunes a todos los
animales. Ética y estética son dos facultades humanas,
producto de un aprendizaje tal vez milenario. ¿Por qué

habríamos de suponer que cuerpo e inteligencia son resultado de una evolución, menos sus emociones? Hace
cien mil años los sapiens y pre-sapiens ocupaban
África, Asia y Europa, y se calcula de que no eran más
de un millón y medio. Hace treinta mil años eran seis
millones y ocupaban casi todo el mundo, la milésima
parte de lo que suman hoy las creaturas. Si en la actualidad son seis mil millones y todavía sobreviven es gracias a una nueva conducta que regula una convivencia
harto más compleja. Y si aún ocurren tantas barbaridades que las ofenden como creaturas metafísicas no es a
causa de esos nuevos sentimientos sino en contra de
ellos. Por ello, la urgencia de una ética más humana y
rigurosa se justifica porque ahora las creaturas son más
y poseen más poder de destrucción. Aquellas creaturas
de cromañón que exterminaron a los neandertales son
sus antepasados. Es decir que, tanto para las religiones
como para la antropología, las creaturas metafísicas son
hijas del pecado homicida. Si cualquiera o unas cuantos
de aquellos prehistóricos genocidas hubiesen tomado el
poder en alguna de las potencias mundiales del siglo
XX, seguramente hubiesen procedido como Adolf
Hitler.

71, INVOLUCIÓN. Recordemos que Hitler no era
un primitivo hombre de cromañón, pero su ética darwiniana poseía mucho de los atributos que desprecian la

tolerancia y la compasión por el otro. Entre Hitler y el Gengis Kahn la diferencia es despreciable o es de forma. En el caso alemán o en el caso argentino el resultado es más complejo y apocalíptico. Porque no bastan un par de cavernícolas agresivos; también es necesaria una cultura de la agresión y del exterminio —con el correspondiente apoyo técnico y logístico.

IX: El más allá próximo

72, PREVISOR. Al principio, las creaturas de Gea tomaban de la naturaleza lo que tenían más a mano. Cuando la población creció y las praderas comenzaron el proceso que las olvidó en los desiertos de África y Medio Oriente, se hicieron sedentarios; entonces, de a poco, comenzaron a pensar en el futuro. Cultivaron y acumularon alimentos; construyeron diques, canales y pacientes murallas. Más tarde, por una inteligencia más desarrollada o por su cultura, la creatura levantó la mirada un poco más allá. Y entonces construyó templos, organizó y ordenó deberes más complejos, prohibiciones más sutiles y rigurosas. La creatura metafísica debió operar una doble renuncia al mundo. Entonces inventaron o descubrieron la existencia de los dioses con sus dos significados, uno sociológico y el otro metafísico: los dioses representaron la Ley y canalizaron las interrogantes sin respuestas.

73, SACRIFICIO. El ritual del sacrificio está en el origen de las sociedades agrícolas y de todas las religiones. Tanto Yahvé como los humanizados dioses del Olimpo exigieron este tributo en forma de bueyes y carneros inmolados; en Grecia dio origen a la *tragoidía,* que se refiere al sacrificio de un chivo (el futuro "*bouc émissaire*" o cabeza de turco) en honor de Dioniso. Los mayas y los aztecas fueron un poco más allá ofreciendo la vida de hombres y mujeres; y algo de la sangre genital de sus propios reyes. En la antigua Sumeria y en la no tanto Zimbabue, era práctica común sacrificar periódicamente al miembro más valioso de la sociedad: se devolvía al rey a los planetas celestiales. Incluso en el origen védico del hinduismo, origen de las más famosas doctrinas de no-violencia, existió el sacrificio ritual. Nada de esto es extraño en Gea. El sacrificio de un animal valioso no solo canalizaba la violencia de las creaturas de una forma controlada; sobre todo posee un significado metafísico. —Era común entre los mitos, la idea de que la creación del mundo y de la vida habían sido producto de un sacrificio divino; el dolor y el fin de la inmortalidad, consecuencia de un delito original. La existencia no era otra cosa que el descenso en la imperfección, un estado muy por debajo de las aspiraciones de la creatura. Hay excepciones, claro: los griegos arcaicos y algunos sumerios, imaginaron un más allá gris y pantanoso; algo en todo caso peor que esta vida. Pero la regla general es otra, por lo menos para la creatura histórica. Los árabes y los alejandrinos creyeron que la vida eterna solo podía alcanzarse con dolor; y en el siglo XVI, la célebre Santa Teresa estuvo de acuerdo:

En la cruz está la gloria

Y el honor,
Y en el padecer dolor
Vida y consuelo,
Y el camino más seguro
Para el cielo.

Ni Oriente ni Occidente pudieron ya dejar de culpar a esta existencia por haber desplazado a otra más feliz. Porque, era evidente, la Paz y el Paraíso se habían escapado como un sueño.

74, TRIBUTO. El sacrificio del mejor novillo del rebaño nunca significó un autocastigo gratuito. Ya Lévi-Strauss demostró que el sistema del sacrificio era independiente del sistema de afinidades clánicas, lo que acompaña a estas reflexiones. En el totemismo, ninguna otra especie o fenómeno puede sustituir al epónimo: jamás se toma una bestia por otra. Pero en el caso del sacrificio *ocurre lo contrario*. Con nitidez, el antropólogo francés observó: "El principio fundamental es la sustitución. Una cosa puede sustituir a otra *con tal de que persista la intención*, que es la única que importa". El sacrificio es un proceso irreversible de dar la buena voluntad de la creatura mortal y recibir la gracia divina. A través del rito mágico o religioso, se le indica al dios el camino que debe tomar cuando administra el destino de las creaturas, el cual debe tomar la forma de ruego y sumisión. "El sacrificio sería la conexión entre dos dominios separados", y el esquema sería el siguiente: Creatura —Víctima —Sacrificio {carencia y respuesta} Divinidad. También de esta forma, reconociendo la persistencia del pensamiento mágico en el rito religioso, entendemos por qué la renuncia no se efectuaba con un simple abandono del bien (como sí son los casos del chivo expiatorio hebreo y del *pharmakòs* griego): la única puerta hacia el más allá es el dolor y la muerte. Y si además ese más allá es identificado con las alturas, no queda mejor correo que el holocausto, para enviar el alma con el humo. Ahora bien, la costumbre de sacrificar a un animal ha cambiado con el tiempo. Lo que una vez fue el desprendimiento absoluto de un cordero ofrecido a Dios, ha pasado a ser más relativo a la interioridad del creyente. En el siglo VII los islámicos advirtieron: "Dios no presta atención a su carne y a su sangre, sino a vuestro temor a Él". Y para evitar el despilfarro de esas inmolaciones animales, se prescribió la distribución de las víctimas entre los más necesitados. Una vez más vemos que religión no es metafísica pura, sino una relación dialéctica entre los primeros cinco Mandamientos y los últimos.

75, LIMOSNAS. La prescripción de la limosna (uno de los cinco pilares del Islam y virtud según todas las religiones) tiene antes que un significado social un significado religioso: con la limosna las creaturas se desprenden de una parte para conservar el resto y, si es posible, ganarse la simpatía del Todopoderoso sin que Él y el propio donante se den cuenta de ello.

76, SEGURO. Como sus creaturas, los dioses griegos formaban una sociedad casi democrática. En la antigua Grecia, cada ciudad veneraba con preferencia a una diosa o a un dios. También una creatura podía mostrar su preferencia individual para con alguno de estos seres olímpicos y, por lo general, la elección dependía de su oficio. La relación entre los griegos y sus dioses era muy estrecha, casi material. En tiempos de Homero, los enfermos acudían a los santuarios para ser curados; e incluso podían interrogar a sus dioses a través del oráculo. En los ritos de sacrificio, cada griego ofrecía a sus dioses una parte de lo que deseaba conservar —el futuro siempre fue incierto. De esta forma, el griego se ganaba la gratitud del dios que debía proveerlo de *aquello mismo* en tiempos de escasez. Una especie de póliza de seguros, digamos metafísica. Esta misma relación material de la creatura con sus dioses, la encontramos en Sumeria. Allí el templo era el lugar donde se depositaba el exceso de producción, a la espera de tiempos peores.

76, PROMESAS. La institución de la renuncia es amplísima y posee versiones antiguas, como el sacrificio de un animal o de una mujer; y formas más en boga, como la limosna o la autoinmolación. Pero también posee modestas y hasta ridículas variaciones: si el santo invocado desde el polvo del sótano realiza la obtención del campeonato, el repentino creyente caminará cien metros de rodillas, se arrojará a un estanque con agua o saldrá travestido a la calle si no es travestí. Incluso el sacrificio se puede realizar con la exclusión del supuesto acreedor divino. Como en los actos públicos o en las inauguraciones oficiales donde se cortan cintas y se derrocha champagne, el rito está vaciado de significación trascendente y solo importa la forma que las creaturas heredan por costumbre.

77, CONCIENCIA. Tal vez el devenir no preocuparía tanto a las creaturas metafísicas si nunca hubiesen despertado a la conciencia. —Ya en el paleolítico se advierte la presencia de armas y herramientas en las tumbas. Inequívoco símbolo de que el espíritu del muerto seguía viviendo y que su nueva vida no era muy diferente a la anterior. Sin más interrogantes sobre el más allá, esta sociedad de espíritus comunes conformaban el marco metafísico suficiente para la mente primitiva. Ahora, si esta imagen la repetimos para el más allá del nacimiento, estaremos a un solo paso de la doctrina de las reencarnaciones, que es la única que se ha ocupado algo del resto de los animales y de la metafísica prenatal. Pero por lo general las religiones hacen hincapié en lo que está más allá de la muerte y no más allá del nacimiento, lo que muestra qué importancia ha tenido el *temor al devenir* sobre cualquier otro.

X: MAGIA Y RELIGIÓN

78, EVOLUCIÓN. El pensamiento moderno veía el mundo como la evolución de diferentes etapas. Freud las ordenó de la siguiente forma: animista, religiosa y científica. Antes, en el siglo de Darwin, Augusto Compte pensó que la evolución intelectual de la creatura metafísica provenía de su primitivo ascendente teológico. "El hombre asimiló el mundo físico a sus propios actos —escribió—, que son los únicos capaces de comprender. Así pobló la naturaleza con voluntades compatibles a la suya". Semejante pero fructífero fue el camino seguido por Max Webber.

79, HUMANIZACIÓN. Desde la prehistoria, las creaturas vieron a la naturaleza con sus propios atributos. Aún la gracia que nos provoca un chimpancé, sus gestos y sus movimientos, se explica por esa propensión que tenemos las creaturas a humanizarlo todo. Lo que nos divierte de un chimpancé no es lo que tiene de mono sino lo que tiene de humano. Porque al fin y al cabo, hace más de un millón de años que las creaturas venimos escrutando, con paciencia y obsesión, rostros humanos. Y aunque la memoria colectiva o mnemónica solo fuese una ilusión, aún nos quedaría nuestra propia experiencia individual, que nunca es poca: las figuras que más nos ocupan tienen forma de seres humanos. Que una familia tomase al zorro como tótem no significaba —imagino— que adoptasen los atributos zorrinos, sino que identificaban en ese animal determinadas características grupales, las que luego eran representadas y confirmadas por los herederos. (Algo semejante ocurrió con algunos apellidos. Fumagalli, por ejemplo, significa "ladrón de gallinas", lo cual pudo haber sido cierto para un señor que vivió en Italia hace quinientos años, pero de ninguna forma lo es para aquellos que trabajan para el FMI.) Identificándose con un animal por alguna escasa similitud, se diferenciaban de sus verdaderos semejantes. (Posteriormente, las guerras intertotémicas posibilitaron la universalización de unos pocos símbolos vencedores, como en el caso de los antiguos egipcios, lo que permitió unir a un pueblo más vasto y diferenciarlo de otros.) Porque si bien las creaturas son tan gregarias como cualquier otro animal, sus relaciones personales y de grupo están ordenadas según las diferencias.

80, INGREDIENTES. Una vez el cosmos fue una comunidad de espíritus. Tanto el mundo físico (truenos, ríos) como el metafísico (dioses, espíritus) poseían atributos humanos. Deformados o no, exaltados o disminuidos. No solo los posteriores dioses del Olimpo poseyeron nuestra psicología; también un dios más abstracto e inefable como Yahvé. Entonces, ¿qué diferencia hay entre la superstición de la hechicería y la creencia de un cristiano? Una vez, en una aldea de África, se me formuló la misma pregunta, no sin ironía. La respuesta es: *muchas*. Porque la magia o la hechicería significan una relación *física* de la creatura con la naturaleza, con las mismas pretensiones que la ciencia y la tecnología. Recordemos que el Renacimiento se caracterizó por un nuevo interés de la creatura por la naturaleza, y que ese interés se tradujo en la proliferación de proto científicos y magos eruditos. Para ambos, importaba la exploración y la experimentación del mundo; no el circo o la trascendencia. —Una religión, en cambio, implica una relación *metafísica* de la creatura (renunciante) con su propio destino. De otra forma ya lo dijo Lévi-Strauss: "La religión consiste en la humanización de las leyes naturales, la magia es una naturalización de las acciones humanas. (Las acciones humanas como si fuesen parte del determinismo físico)". La religión sería, entonces, el resultado del antropomorfismo de la naturaleza, mientras que la magia sería lo inverso —el fisiomorfismo del hombre. Ambos tipos de pensamiento suelen aparecer simultáneamente, según diferentes proporciones. —También deberíamos recordar que ningún momento histórico estuvo desprovisto de magia, ciencia o religión. A un nivel superficial

podemos advertir la persistencia de una especie de totemismo formal en las mascotas de clubes o de torneos
deportivos, en las marcas de productos estandarizados
(escudos, automóviles, ropa deportiva). Todos incluyen
algún felino, alguna ave de rapiña. A otro nivel vemos
cómo las culturas de brujos y hechiceros practican algún tipo de ciencia y las sociedades más tecnificadas
son animistas. Esto último se ejemplifica con el miedo
a las enfermedades psicosomáticas (mucha gente cree
que por pensar en una enfermedad se la termina adqui-
riendo; por lo pronto, lo cierto es que el solo pensamiento es una forma de padecerla). O también, si
retomamos la clasificación tripartita que hacía Freud de
la historia, podremos ver que el *curador* ha pasado por
diversos estadios: el brujo (animista), el sacerdote (religioso) y el psicoanalista (científico). Y cualquiera
puede darse cuenta de que estos tres tipos poseen diferentes cantidades de lo mismo. Tampoco la fe ciega en
el psicoanálisis deja de ser una suerte de superstición
del mismo grado que la hechicería: el paciente se en-
trega a contar toda su infancia en la creencia de que el
diálogo o la simple confesión operará una curación mágica. Porque así se lo exige la autoridad. Si el paciente
no tiene fe en el analista, el milagro no se operará, y el
descreimiento será científicamente definido como un
caso de "resistencia". Actitud erróneamente atribuida a
Jesús, ya que, si se presta atención a los Evangelios, el

Mesías reprochaba a sus colegas curadores de no tener fe, no a sus pacientes.

81, TRASCENDENCIA. En el Egipto predinástico, los muertos eran enterrados junto con alguna de sus pertenencias. Incluso, se acostumbraba sacrificar al perro del amo para que le sirviera de compañía en el más allá. Por una condición mágica de las cosas, los animales de mayor valor como el ganado, las mujeres y otros miembros de la familia, podían ser sustituidos por representaciones de arcilla. En Xi'an, China, el emperador fue acompañado por el ejército más famoso de terracota. Sólo poco después se prefirió el sacrificio de personas para el mismo trabajo. Gordon Childe propuso que la idea de una vida más allá de la muerte en la cuenca del Nilo debió ser inducida por la buena conservación de los cadáveres en las arenas del desierto. Por mi parte, creo que esa particularidad de los cadáveres del desierto solo condujo a otra particularidad de la civilización egipcia: la obsesiva práctica de la momificación. —No puede ser casualidad de que la primera gran civilización de Gea haya nacido bajo la obsesión de la muerte. Lo que diferenció a aquellos egipcios de otros pueblos no fue la idea de una vida más allá, sino la obsesión con la cual fue experimentada esa idea. ¿A qué se debe esta coincidencia? ¿Fue la obsesión de la muerte la que produjo esta gran civilización, o fue el mayor desarrollo espiritual de aquellas nuevas creaturas que las hizo capaces de levantar la mirada un poco más allá? —La idea de la sobrevivencia del alma no fue propiedad de los egipcios. Para darse cuenta de esto hay que echar una mirada a las tumbas de otros pueblos. Porque basta con la persistencia del recuerdo del muerto para impedir la idea de una desaparición definitiva. Los recuerdos son nuestras propias existencias sin sus cuerpos. En cambio, la *nada* es una metafísica, o anti-metafísica, mucho más reciente, producto de un cerebro dialéctico, más desarrollado pero tan impotente como siempre. La costumbre de proveer al espíritu de armas, estatuillas y otros símbolos es propio del pensamiento mágico. Pero éste es sólo un instrumento que primero sirvió para el mundo físico y más tarde para el metafísico —la *otra* realidad. De la misma forma como el arte y la magia primero sirvieron para la caza y la curación, más tarde lo hicieron para actuar sobre el nuevo mundo.

82, DIFERENCIAS. La religión es a la magia como la alquimia es a la química moderna. Solo una mirada muy superficial podría hacer confundir unas con otras. Aún hoy en África la magia es un respetable instrumento para actuar sobre la naturaleza física, sobre la caza y el enemigo. Diferente, la religión surge de la experiencia de la muerte, de la advertencia de las interrogantes existenciales; del Enigma. Cada religión procura ser una Respuesta a lo inexplicable. En África y en América, los ritos mágicos hacia el moribundo son realizados para salvarlo de la muerte. Diferentes, los sacramentos cristianos se ofrecen al moribundo para proveerle una mejor suerte en el más allá. En el primer caso, el enfermo no espera otra cosa que la magia le devuelva la salud; en el segundo, cuando el enfermo escucha los cantos y las oraciones, ya puede ir abandonando cualquier esperanza de quedarse en Gea. Por eso, la magia primitiva no puede considerarse más religión que medicina. Es más una ciencia física que una metafísica.

83, INFALIBILIDAD. O la magia es una pseudociencia o la ciencia es una pseudoamiga. Ambas actúan sobre el mundo físico, sobre las fuerzas de la naturaleza, pero son epistemológicamente irreconciliables. Por ejemplo: basta con un caso negativo para liquidar una prestigiosa teoría científica; y basta con un solo caso positivo para confirmar la fama de un hechicero. El mismo principio vale para la astrología. Pretender probar la cientificidad de la astrología por predicciones "verificadas" es como probar la validez de un teorema matemático por uno o dos aciertos. A nadie se le ocurriría demostrar que $a^2 = b^2 + c^2$ midiendo tres o cuatro triángulos rectángulos. Bien, es cierto que las leyes de

Kepler fueron confirmadas por predicciones observables. Pero las leyes de este señor se consideraron porque podían ser confirmadas *para cualquier caso posible.* No para nueve o diez casos elegidos caprichosamente por los astrónomos. Pierce decía que las ciencias razonan de tres formas diferentes: inductiva, abductiva y deductiva. Ninguna de esas formas está presente en la ciencia adivinatoria. Está bien, la astrología también se basa en una observación científica: los astros influyen sobre la vida en Gea. En parte estoy de acuerdo. Efectivamente, creo que la Luna influye en el nacimiento de un pollo, como decía mi abuela. *Pero no en su destino*, porque eso ya es cosa de las creaturas que se dedican a la avicultura. Y supongo que para Marte o Saturno un pollo y un hombre son la misma cosa. — Recuerdo que una vez un adivino me predijo que viviría muchos años y otro que mi vida sería muy corta. Una gitana me aseguró que tendría dos hijos, otra uno y la última me dijo que no tendría ninguno. Estoy seguro de que no todos eran buenos, y que el mejor de ellos pudo adivinar mi futuro, lo que pronto quedará demostrado para orgullo de la ciencia adivinatoria.

XI: Hombres y Mujeres

84, FERTILIDAD. Aún en el paleolítico la creatura era un animal tímido y físicamente débil. Algunos antiguos huesos encontrados en cavernas demuestran que tomaba aquello que las fieras dejaban. Es decir que aún no eran los principales depredadores de Gea. Temerosas, no en sus horas libres se dedicaron a un arte mixturado de magia y religión. La suerte en la caza las preocupaba, y como no se podía acumular caza se procuraba acumular suerte. Dibujar un bisonte herido realizaba la muerte simbólica de la bestia, la que debía preceder a la muerte real. —Otro tema recurrente de la época fueron esas pequeñas esculturas conocidas como *venus paleolíticas*, representaciones de mujeres con senos exuberantes, vientres y glúteos prominentes. Bien, alguien podría pensar que las mujeres de la época eran así. Pero notemos que esas imágenes son todas femeninas y no poseen ni rostros ni pies, dos características impensables para los antiguos habitantes de Gea. El tema que se exalta es claro: el sexo y la fertilidad. Los hombres y alguna mujer expresaron de alguna forma sus mayores deseos y su admiración por la vida física. Hace tiempo y allá muy lejos, la mujer era venerada y respetada. Para aquellas mentes primitivas, la lujuria

aún no era un pecado. Más tarde, hacia el neolítico quizás, predominó una figura femenina más depurada.
Hace siete mil años, en Mesopotamia y en Grecia se
rindió culto a una especie de gran diosa Madre. En
Creta fue la diosa de la reproducción, de la vida y de la
muerte. Un símbolo característico de la antigüedad fue
la *serpiente,* recurrente símbolo femenino ligado al
culto de la Madre Tierra. Porque todo el culto de lo femenino está ligado a la antigua actividad agrícola. Y las
sociedades agrícolas veneraban del universo todo aquello que tenía de fértil y vital.

85, ABSTRACCIÓN. De las machambas se pasó a
los caballos y luego a las ciudades donde se desarrolla-
ron el movimiento, la conquista, el comercio, las primeras formas de contabilidad y de escritura. Se avanza
hacia la abstracción, elemento masculino por excelencia, según Ernesto Sábato. En el neolítico, y después,
las divinidades femeninas fueron reemplazadas por
otras masculinas, las que culminaron luego en el monoteísmo y en otras respuestas más abstractas. Al matriar-
cado sigue el patriarcado, ahora también ideológico. El
elemento masculino será avasallante y la mujer pasará
a ser la representante vitalicia del pecado, la culpable
de todos los males de este mundo (la condena del
cuerpo y el obstáculo para la iluminación). —El hecho
de que casi todos los mitos tengan a hombres como

protagonistas positivos y a mujeres como agentes negativos revela su origen masculino. Si consideramos a
los mitos como la primer forma de pensamiento no-
práctico, habría que atribuir al hombre la mayor actividad mental. ¿Por qué la hembra, más próxima a los niños, no fue la encargada que crear estos mitos o, al
menos, modificarlos a su favor? Posiblemente porque
existía un factor ideológico, impuesto por la fuerza del
macho. Los mitos podían ser modificados y censurados
cada vez que provenían de la imaginación femenina. O,
más probable, la misma imaginación femenina traba-
jaba a favor de la autoridad del macho. —El relato de
la Creación es verdadero o es machocéntrico. Lo revela
un simple análisis económico: si Dios hubiese creado
primero a la mujer, no hubiese sido necesaria una segunda intervención para explicar la existencia del otro
sexo. Tampoco es casualidad que en el Apocalipsis San
Juan identifique a Babilonia como la Gran Prostituta,
una mujer inmoral vestida de rojo y púrpura. La condena bíblica a Babilonia es la condena del revolucionario espíritu masculino, abstracto y moralizante, al
antiguo reinado femenino, sensual, fértil y vital. —Del
reposo horizontal de la madre tierra se pasa a la inquieta
verticalidad del obelisco erecto. Los ríos sagrados de
Mesopotamia nacían de la matriz de la gran diosa (en
algunas lenguas semíticas, "desembocadura" significaba "vagina de la gran diosa"). Lo horizontal es

femenino y lo vertical masculino; madre tierra, padre sol. Las montañas pasaron a ser los lugares sagrados por excelencia, pero no por lo que tenían de tierra sino por lo que pretendían de cielo. Las montañas sagradas del taoísmo en china, el monte Sinaí, Sión, Jerusalén y La Meca son lugares altos. El *zigurat* mesopotámico, la *stupa* hindú, los *teocalis* aztecas son montañas artificiales y más perfectas; mientras los minaretes de las mezquitas y las catedrales góticas apuntan al cielo. —En el antiguo Egipto, la *llave de la vida* era la configuración de un óvalo sobre una cruz; el primer elemento representa a Isis, diosa de la vida y la reproducción, y el segundo a Osiris, dios de los muertos y del eterno más allá. La vagina y el falo representan al coito, pero la cruz aislada es solo lo masculino, la inquietante conciencia del más allá. No será Osiris, el dios de los muertos, el dios olvidado por la tradición, sino Isis —la diosa de la vida. Porque la mujer representa el mal, el elemento *vida* que ata las almas a la precaria tierra.

86, BRUJAS. No son pocos los mitos cosmogónicos que culpan a la mujer de todo el dolor en Gea. Cuando un mito comienza culpándola, uno ya puede adivinar que terminará proponiendo una visión trascendental de la muerte. Un ejemplo logotípico es el de la cruz esvástica. Casi todos saben que esta cruz perteneció a las más antiguas tradiciones orientales. Ahora no solo sirven para adornar todos los templos de Asia; también escandalizan al correcto turista de Occidente. Porque hay dos versiones cuya diferencia más terrible radica en un detalle demasiado sutil para la vista: la rotación en sentido horario simboliza la energía masculina y la femenina la rotación contraria. Uno de esos giros fue usado tradicionalmente como símbolo de la magia negra y la energía negativa. Como es obvio, ese giro es el que representa a la naturaleza femenina. — Por ser un continente selvático, vital y misterioso, a la mujer se la asoció siempre con las fuerzas de la noche. Ellas eran las sirenas que engañaban a los marineros para hundir los barcos entre las rocas; la terrible Medusa, las Furias o las Harpías. Cuando Dioniso llegó a Grecia desde los populosos cielos de Asia, ya era famoso por su irresponsabilidad, y antes que se dedicara a la bebida en Roma acostumbraba raptarse a las mujeres griegas para que danzaran en su honor. Incluso un pueblo adolescente y desinhibido como el griego mostró en su mitología el temor característico que producía la mujer, o el sexo de la mujer, que para la mitología y para Freud es lo mismo. Para el psicoanálisis, ello se debe al miedo del niño a la madre fálica. Pero eso solo para el psicoanálisis. Recordemos que tanto para los griegos mitológicos como para un pueblo tan diferente como el árabe islámico, el orgasmo femenino y, por lo tanto, el deseo de la mujer es más intenso que el del

hombre (ver mito de Tiresias y la historia de Kamaru-
s-Semán). Lo cual no quiere decir que sea verdad, pero
la idea deriva del mismo acto sexual: la mujer se expresa con menos control. —El hombre, seguramente el
principal productor de mitos, expresó en su cultura su
miedo y su admiración hacia la mujer. Ella represen-
taba el deseo, la competencia a muerte, la fertilidad y la
obligación de su propio rol de macho. En este sentido,
considero que la represión de la mujer y la condena a la
homosexualidad poseen un mismo significado: ambas
son expresiones del temor masculino al orgasmo de su
protegida, a no poder cumplir con su rol de miembro
dominante y reproductor. No puede ser casualidad que
todas las religiones originales hayan reprimido lo femenino y la sodomía. Tampoco ha de ser casualidad que
para los grupos políticos más intolerantes (los cuales
resurgen en tiempos de miedo e inseguridad) ser negro,
judío y homosexual sea la misma cosa, además de repugnante. —Para los hombres de Gea, la mujer es la
representación de lo irracional, lo más deseado y lo más
temido, lo que no tiene control, lo que no puede ser
comprendido ni dominado del todo. En los cielos de
Europa las brujas se hicieron célebres y no los brujos.
En pleno Renacimiento, período histórico identificado
con la razón y el humanismo, se quemaron cientos de
miles de estas temibles creaturas. Incluso, se consideraba la hechicería como un oficio femenino por

excelencia, como el de secretaria o el de telefonista. Como era costumbre, la confesión de los crímenes como causar mal tiempo, era arrancada con la tortura. Los métodos eclesiásticos de martirio eran tan infalibles que para las interrogadas la muerte no solo era tolerable sino además una bendición del cielo. Claro, este tipo de limpieza teológica que se expandió desde el siglo XV hasta el XVII no fue *copyright* de los inquisidores católicos; también los protestantes, desde Alemania hasta Escocia, pasando por los puritanos del Támesis, fueron acérrimos defensores de esta muestra de temor machista.

87, REPRODUCCIÓN. Las sociedades agrícolas celebraban la fertilidad y la reproducción de la vida. Por lo tanto, el erotismo y la sensualidad eran buenos. En cambio, las religiones posteriores lo evitan cuando no lo condenan. El sexo es lujuria, algo así como un mal necesario. Y es la mujer la diosa gobernante de ese mundo. Aun cuando una creatura religiosa hable de la vida y del amor, ambas obligaciones de la segunda Tabla, nunca dudará en considerarlos asuntos secundarios en comparación con el verdadero objetivo: el más allá trascendente. Primero se relega el *más acá,* luego se lo condena por representar una distracción y un obstáculo hacia el *más allá.* Joseph Campbell escribió que "La vida, los actos de la vida, los órganos de la vida, la mujer en particular como gran símbolo de la vida, se vuelven intolerables para la extremada pureza del alma". Desde la más profunda antigüedad, los líderes religiosos pusieron resistencia a la otra mitad de la humanidad. No solo porque todas las grandes religiones fueron fundadas o dirigidas por hombres, sino porque el paso al estado religioso supone una abstracción y una renuncia al mundo. Ambas condiciones difíciles para un ser como la mujer que se aferra a la vida. Incluso Salomón, el más sabio de los reyes según Eclesiástico 47-19, tuvo un momento de *estupidez* cuando se entregó a las mujeres y les dio "dominio sobre su cuerpo". Fue entonces que el reino se dividió en dos y comenzó la decadencia hebrea. Más al oriente, Buda y Jina Mahavira se negaron por mucho tiempo a aceptar a budistas o jainistas mujeres. Porque Buda aspiraba a alcanzar la Iluminación, logro que implica la concentración en un objetivo abstracto —el inefable *silencio*. El paso previo de toda la serie que lleva al nirvana es la aniquilación de los deseos y la renuncia al mundo sensible. El amor estropea la vista y para un budista también estropea el resto. El espíritu que se enamora recaerá (lo sabemos) en lo que hindúes y gnósticos llaman la cárcel: el cuerpo. Finalmente Buda aceptó mujeres entre sus discípulos, pero fue por presión e indiferencia y no por agrado. Al fin y al cabo era un budista. Pero aun así, una tradición afirmaba que toda mujer debía reencarnarse en hombre antes de alcanzar la iluminación. Es decir, que antes debía ascender desde su lamentable estado. —También el Antiguo y Nuevo Testamento son predominantemente masculinos. O por lo menos patriarcales. Los judíos que escribieron los Evangelios dieron a la mujer mucho menos importancia de lo que ésta obtuvo más tarde en Europa. Según Richard Tarnas, el culto a la virgen María proviene de la sensibilidad pagana del antiguo Imperio romano, ya que en las Escrituras solo fue una figura pasiva y secundaria. Sabemos que el cristianismo no se funda exclusivamente en los Evangelios; además es el resultado de una mixtura cultural que considera influencias judías, helénicas y romanas. El protagonismo de la virgen María marca la gran diferencia con los otros dos monoteísmos. Al decir de Erich Fromm, "catholicism signified the disguised return to the religion of Great Mother who has been defeated by Yahweh". Pero nada de eso impidió que el espíritu religioso (o su patología) volviera contra la mujer. Recordemos que Dorneus, en 1602, logró demostrar *teológicamente* que el *binario* representa al mal (pérdida de la unidad) y a la mujer. Por lo que le pareció evidente la relación simbólica y carnal de la mujer con el Demonio. —Por estos tiempos, los católicos encabezados por el Papa también se resisten a la ordenación de mujeres sacerdotes argumentando de que Jesús no tuvo discípulos pertene-

cientes a ese sexo. Bueno, Jesús no tuvo tantas cosas...
Pero si vamos a usar ese tipo de racionalización teológica podíamos comenzar por preguntarnos: si María tenía marido ¿por qué las monjas no se casan? Sin entrar
a considerar otros hechos y dichos del Maestro que se
acostumbra pasar por alto. (Sabemos que en Gea la ortodoxia es la doctrina más coherente dentro de cada religión. Y la menos práctica también.) —El rechazo a las
mujeres sacerdotes responde a una tradición, pero su
raíz está en la amenazante naturaleza femenina. Y si
bien los anglicanos fueron capaces de ordenar mujeres
en lugar de hombres, no se debe a un impulso religioso
sino a la ética predominante de Occidente: permisiva,
como la antigua griega. Por la misma digresión heleni-
zante de la Iglesia, Lutero y sus protestantes fundaron
una religión más libre e intolerante.

88, RENUNCIA. El famoso teólogo y filósofo danés Søren Kierkegaard estuvo enamorado de una joven
hermosa y vital llamada Regina. Luego de un primer
compromiso y otras vacilaciones, el danés decidió
abandonarla a su pesar, porque a Regina le interesaba
demasiado *esta* vida. Regina "no había superado la
etapa estética en su ascenso espiritual". Y era incapaz
de seguirlo. Al renunciar a Regina renuncia a este
mundo precario y no se deja engañar por la felicidad.
Opuesto al renunciante, el espíritu estético elige

desafiar a la existencia, opta por la experiencia de *ser*. Y por eso le llamo también espíritu *primavera*. No debería sorprendernos, entonces, de que en todas las artes el amor y la mujer sean los temas más recurrentes. Se podría decir que en Gea muchas mujeres han sido figuras importantes para las religiones más populares; pero en comparación con los hombres, más bien han tenido papeles secundarios o de reparto. Por el contrario, en las artes ocuparon un puesto central, ya desde el paleolítico.

XII: La emergencia del Enigma

89, SOSPECHA. En secreto, pero sin treguas, la dinámica existencial se caracteriza por plantear Interrogantes. Las interrogantes secretas sobre el enigma de la
existencia constituyen toda la base donde se asienta
cualquier metafísica en Gea. Pero las creaturas no pueden vivir sobre una naturaleza semejante así como no
construyen edificios sobre el agua sin antes tantear puntos de apoyo. La creatura no sería lo que es si no hubiese reconocido el Enigma de su existencia. Y
tampoco sería lo que es si se hubiese resignado a su
propia impotencia para enfrentarlo. La creatura necesita pensar y creer en una verdad, en una respuesta. O
necesita pensar, sentir que puede llegar a ella. La Respuesta es inalcanzable (eso ya lo sabemos), pero la
creatura vive y actúa como si ya fuese dueña de ella. La
posición filosófica del ateo materialista, la aspiración
del religioso, la acción del político, del revolucionario,
del servidor público, la convicción del científico son las
formas institucionales que van tomando las respuestas
al Enigma. De la política nunca surge alguna verdad incuestionable sino verdades convenientes, es decir, po-
siciones contradictorias. También así las religiones y el
resto de las instituciones "contestatarias". Ni siquiera la

ciencia puede jactarse de ser el instrumento de alguna verdad absoluta. —La creatura entrevé Algo eterno a lo que aspira siempre. Pero jamás llega a saber *qué* es; solo vive como si lo supiera.

90, CONCIENCIA. Aún más misterioso que el ahora famoso inconsciente es la conciencia. Al inconsciente todavía lo podemos considerar como un cuerpo aparte del nuestro. El inconsciente puede cometer crímenes de todo tipo mientras el Yo se lava las manos; puede ser formulado con leyes psicológicas que en apariencia no nos involucran directamente. Pero la conciencia, *eso* que somos sin intermediarios, *eso* que percibe el mundo y se percibe a sí mismo como los ojos en un espejo, *eso* que formula las respuestas y los enigmas no se explica sin su propia intervención. Es más, *no se explica*.

90, CAMINOS. La Tradición del pensamiento griego liquidó las posibilidades de nuevos profetas. Si casi mil años después de Aristóteles pudo surgir Mahoma como el último gran profeta, eso fue por la poca influencia que tenían los griegos sobre la inteligencia de los nómades de Arabia. Y si en la actualidad surge de vez en cuando algún pequeño profeta, eso se debe a la escasa inteligencia, simplemente. Porque entre las celebridades el puesto de profeta fue ocupado

por los reformadores, y su principal instrumento ya no
fue la revelación sino el comentario y la especulación.
La teología es una especie híbrida, producto del cruza-
miento de la fe semita y la racionalidad griega: San
Agustín, Tomás de Aquino, Lutero, Kierkegaard. Ya
Filo de Alejandría, quizá el primer teólogo de la historia, ejercitó esta fértil mixtura. Un siglo antes de Cristo
había procurado integrar el *logos* platónico y el Dios
judío. Por eso, no es raro que haya sido un preferido de
los escolásticos. Desde entonces, la teología ha partido
siempre de una verdad para llegar a ella otra vez después de un largo rodeo; un camino racional pero no necesariamente lógico. Este pensamiento respetará
siempre una tradición, aunque en las sucesivas variaciones acabe por negarla con algún *ismo*. Diferente, el
pensamiento filosófico comenzará por aplazar cualquier tradición intelectual (o por lo menos la dejará en
suspenso). Con frecuencia, y desde Tales, comenzará
por oponerse a ella buscando nuevas respuestas a las
antiguas interrogantes. Pero también esa búsqueda estará condenada desde el inicio a simples variaciones sobre antiguas proposiciones; porque difícilmente una
creatura metafísica tenga para decir algo radicalmente
nuevo sobre la condición humana.

91, INTERIORIDAD. Para toda filosofía y para
toda religión lo que importa es el *conocimiento* de la

verdad. En este sentido, y en oposición a la ética laica o posmoderna, no importa tanto lo que haga una creatura de Gea sino lo que piense o sienta. El primer paso hacia la salvación es el re–*conocimiento* de la verdad propuesta, en la mayoría de los casos resumida en la persona de Dios. En el numeral 187 de la segunda sura, el Corán recuerda que "la tentación de la idolatría es peor que la carnicería de la guerra". Y si la ciencia es buena, solo lo es porque tarde o temprano terminará en la Verdad única. Para cualquier credo profundamente religioso vale más un creyente delincuente que un ateo honesto. Está de más decir que la ética contemporánea ha invertido esa preferencia después de siglos de tradición laica. Y si la consideramos superior a la anterior es porque está en uso corriente. Solo por eso

92, EJEMPLO. La falta de fe de una creatura metafísica no condena a otra. Pero la amenaza. Las creaturas temieron siempre todo aquello que subvierta el orden establecido, *aun cuando éste era injusto*. El temor al caos es el temor al fin del mundo en las culturas antiguas y el temor a la locura entre los modernos. Por estos temores las sociedades enfermas se someten a poderes despóticos, los que siempre van acompañados de alguna aura divina o faraónica. La condena a la pérdida de control varía según las condiciones del momento y se extiende a todo aquello que amenace el equilibrio a través del mal ejemplo. Por esta razón se condena el suicidio y la homosexualidad. Cuando el poeta colombiano José Asunción Silva se suicidó en 1896, la sociedad y hasta sus propios amigos reaccionaron escandalizados. El poeta fue enterrado en campo "no sagrado" después de echársele cal viva sobre el rostro. Pero ¿por qué? Un suicida no es un asesino y sin embargo es común que provoque un temor semejante o peor. Por eso, la sociedad deberá condenar todo aquello que pueda cundir como mal ejemplo. Y lo hará con más virulencia en aquellos momento en que las concepciones religiosas del mundo predominen sobre las estéticas. La condena al "mal ejemplo" está referida, en segunda instancia, a la preservación de un orden social; pero, en una instancia anterior, se refiere a un nivel metafísico. Ambos rehúsan el caos. El miedo al suicidio y la perdida de la Verdad salvadora están íntimamente unidos. Al poeta suicida no le echaron cal sobre el rostro simplemente (acto simbólico por demás), sino sobre los temores propios aunque irreconocibles. Echaron cal sobre las temibles interrogantes que siempre presionan desde adentro como el deseo en el puritano.

93, TRADICIONES. Mito y religión se conocen desde hace tiempo, pero no se confunden. Ambos significan una repuesta al enigma de la existencia. El mito lo es de forma espontánea y sin implicaciones posteriores; la religión ofrece una respuesta pero, además (y sobre todo), una obligación: *exige la obligación de no dudar*, de no cuestionar en ningún momento la verdad revelada. —El cuarto símbolo atribuido a Pitágoras dice: "No dudes nada relativo a los dioses o concerniente a los dogmas divinos". Bastan esta palabras para darnos cuenta de que Pitágoras, más que filósofo y mucho más que matemático era una creatura religiosa. Como Moisés y tantos otros, Pitágoras de Samos comenzó pidiendo respeto irrestricto hacia los dioses y luego se demoró en una larga lista de prohibiciones.

94, ESTABILIDAD. La primera condición de una creatura religiosa es la aceptación de la verdad propuesta, revelación o conocimiento iniciático. Una creatura religiosa debe mantener su fe a cualquier precio y nunca dudar sobre la resolución del Enigma. Por lo tanto, la figura ejemplar será el mártir y su principal adversario aquel que no acepta o cuestiona la Resolución. Todo lo que tiene de amistad entre un creyente y un ateo no lo tiene de religioso. Los miembros de sectas y religiones siempre procuran casarse entre ellos; y si bien no siempre lo logran, ello se debe a un simple problema práctico. Lo que nos recuerda que la ortodoxia existe porque la ortopraxia fue sacrificada en su beneficio. La teología que justifique una relación tolerante entre credos diferentes estará priorizando los últimos cinco Mandamientos, los cuales nunca fueron más importantes que los primeros cinco para la religión original. Recordemos que Servet fue quemado por sostener que bastaba con ser un hombre de bien para ganarse el cielo. Tampoco la bondad fue suficiente para las religiones indianas, de las cuales surgieron las doctrinas de no-violencia más radicales del mundo. Y tampoco las matanzas bíblicas dejan dudas: en nombre de la primer Tabla se pueden obviar las prohibiciones de la segunda.

95, PRIORIDAD. En el Decálogo hebreo, dictado por Yahvé a Moisés, se enumeran siete prohibiciones y tres prescripciones. Su orden está de acuerdo con las prioridades de la religión. Las dos primeras obligaciones se refieren a la creencia en el Supremo, y lo que hoy un laico consideraría prioritario (no matarás, no robarás) es relegado a un sexto y octavo puesto en la clasificación. La versión católica lo modifica levemente al suprimir la prohibición de hacer ídolos, tal vez porque después de la caída de Roma los judíos fueron la mayor preocupación y no se podía prohibir lo que se predicaba. Lo mismo observamos en los *Cinco pilares* del Islam. —Además, recordemos que no solo un musulmán entra en el Paraíso por caer en un campo de batalla contra el infiel. *Yihad* no solo significa "guerra santa". La idea de una guerra santa es original del mundo cristiano, y fue oficializada por el papa Urbano II para estimular las sangrientas cruzadas de 1095. Por su parte, Bhaktivedanta Swami Prabhupada recuerda que hay dos clases de creaturas capaces de alcanzar el cielo: como casi todos saben, uno es el renunciante; el otro es el *ksatriya* que muere en el campo de batalla luchando bajo las órdenes de Krishna. Frente al campo de batalla, el héroe Arjuna se lamenta ante el Señor de que no podrá ser feliz si ve morir a sus enemigos que también son sus parientes. Y por esta muestra de debilidad, impropia en un ario, es reprendido por Dios. El Bhagvad-Gita, libro sagrado para cientos de millones de personas en el mundo, dice (II–31): "Considerando tu deber como ksatriya debes saber que no hay mayor ocupación para ti que la de pelear en base a los principios religiosos. Por lo tanto, no tienes por qué dudar. (II–32) Oh, Partha!, dichosos los ksatriyas a quienes se le presentan semejantes oportunidades de pelea sin buscarlas, abriéndoles las puertas de los planetas celestiales". Prioridad: confirmar, a cualquier precio, la Verdad propuesta. En todas sus versiones, esta respuesta niega la muerte, la duda y el caos. Un segundo cuerpo constitutivo procurará la organización de la religión para que dicha verdad pueda perpetuarse. Y para esto es necesario algún tipo de orden social, normas —no matarás, no robarás, no fornicarás, no codiciarás.

96, CONOCIMIENTO. Para ninguna religión hay salvación en estado de ignorancia. Para ninguna la bondad fue alguna vez despreciable, pero de nada podía servirle a un hombre si no recibía o alcanzaba el conocimiento. El dios hindú nos dice (17–28): "Todo lo que se haga a modo de sacrificio, caridad o penitencia, oh, hijo de Partha!, no es permanente. Ello se denomina 'asat', y es inútil tanto en esta vida como en la otra". Se puede alcanzar la conciencia en Krishna en un instante y todo lo demás será borrado. Se dice que Khatvanga Maharaya alcanzó este conocimiento minutos antes de morir; confesión que debió desalentar a los aspirantes menos célebres. Incluso Buda, que solo pudo indicar el camino hacia lo inefable, alcanzó la liberación al mismo tiempo que el conocimiento o la Iluminación, luego de lo cual se permitió licencias de todo tipo. (Cuenta la tradición que el famoso asceta murió de una indigestión. Pero sus discípulos no se avergüenzan de esta aparente falta de ortopraxia.) Por su parte, la antigua doctrina de las reencarnaciones supone que un alma es castigada cuando se reencarna en un ser inferior, como una garza o un tigre. Aunque no hay motivos aparentes para suponer que una garza o un tigre sean más desgraciados que cualquier creatura metafísica. Para hindúes y budistas, la vida es dolor ya que no puede ser eterna felicidad. La diferencia entre un tigre y un hombre consiste en que le hombre *puede llegar a saberlo.* Y es en esa sabiduría (en el *samsara*) donde comienza la liberación. El tigre, en cambio, solo podrá conformarse con ser algo más feliz que los hombres.

97, MOTOR. Las emociones son el principal motor que impulsa a las creaturas a la reflexión. Si la creatura careciera de sentimientos, no solo no habría producido un solo verso; tampoco habría procurado explicar el Universo, lo que quiere decir que ni siquiera gran parte de la tecnología se hubiese desarrollado; comenzando por la astrología y la alquimia y terminando en los viajes interplanetarios.

98, PANTALLA. Alguna vez el Abismo fue infierno y fue paraíso; alguna vez estuvo habitado por dioses y por demonios. Alguna vez el Abismo fue ser y fue no-ser. Y aun así fue *Algo.* Pero un día, en alguna parte, todo se derrumbó y donde había Algo la mirada de la creatura se perdió en una profundidad oscura e inefable. Un verdadero abismo, insondable. Y fue quizá por eso mismo, por terror, que luego levantaron delante suyo enormes pantallas, telones escenográficos, realidades virtuales que impidieran la mirada hacia el abominado más allá. La Gran Pantalla ocupó y preocupó todo el tiempo los ojos divertidos que una vez fueron ojos metafísicos. Y aunque las creaturas conservaron la obsesión de juzgar sus propios actos, ya nunca nadie pudo demostrar que eso era bueno o era malo.

99, IMPOTENCIA. Si el desierto de nuestra Ignorancia es infinitamente más extenso que nuestro pequeño oasis de conocimiento, ¿por qué habríamos de pensar que la Realidad se reduce a esa excepción rodeada de palmeras?

100, IGNORANCIA. La cuestión más importante de la creatura metafísica será siempre la posibilidad de que su existencia posea sentido o no, que haya una realidad trascendente o no, que la historia del individuo y la historia de la humanidad posean un significado y un destino o no. Cualquier respuesta, afirmativa o negativa, dependerá exclusivamente de la creatura y, en ambos casos, será una respuesta metafísica y arbitraria. Y ello se debe a que la creatura está dotada de una inteligencia que aún no está a la altura de su poderoso espíritu. —Las creaturas de casi todos los tiempos se han sentido orgullosas de su propia generación, porque siempre se tiene más noticia de la ignorancia del pasado que de la futura sabiduría. O porque, mientras están ocupadas de su propio tiempo, nunca alcanzan a recuperar toda la poca sabiduría que se produce y se va perdiendo por el camino. La historia del espíritu humano es la expresión de un conflicto inacabable: la búsqueda

eterna de la verdad y su incapacidad para alcanzarla definitivamente. Mitos, religiones, ciencia, pensamiento.
La humanidad no es tanto producto de su sabiduría
como de su Ignorancia, a la cual nunca se resignará. Y
por eso hay que admirarla.

XIII: Obsesiones de la Verdad

101, ESTRUCTURAS. Una vez tuve la oportunidad de cenar con N., el hijo de un famoso revolucionario africano. ([1]) N. había estudiado en Europa y por
entonces estaba dirigiendo operaciones militares en el
norte de su país. Nuestra conversación de esa noche
giró en torno a ciertas historias de espíritus animales
que habían invadido una aldea. Considerando su origen
capitalino y su formación europea, le pregunté si creía
en la magia de los hechiceros. N. frunció la frente y la
boca como alguien que no se anima a reconocer que
cree en Dios en medio de una reunión de ateos. Pero
finalmente respondió que sí con una historia. Cuando
más joven, una bruja había predicho que él o su hermano iba a morir pronto. Antes del mes, N. cayó enfermo y poco después su hermano tuvo un accidente
automovilístico. Y murió. Cuando terminó su historia,
N. me miró como un profesor que acaba de demostrar

---

[1] Se refiere a Nteuane Samora Machel, hijo del libertador y
primer presidente mozambicano Samora Machel, muerto en
accidente en 1986. Actualmente hijastro de Nelson Man-
dela. N. del E.

un teorema y mira a su alumno tratando de ver si ha comprendido. Con mi expresión más occidental, dije: "Bueno, ¿y dónde está la prueba?". Alguien que estaba a mi lado suspiró molesto; no era posible que alguien tuviese tantas dificultades para entender una prueba *irrefutable*. "Yo no veo la prueba —insistí—; lo único que veo es un crimen inducido". Creo que mis amigos optaron por cambiar de tema cuando notaron que los puntos de vistas se habían radicalizado demasiado. Pero veámoslo desde un punto de vista psicológico, que si no es el mejor tampoco ha de ser peor que la interpretación mágica. Consideremos que, después de la revelación, tanto N. como su hermano debieron quedar muy perturbados; sobre todo porque ambos eran africanos de pura ley y muy susceptibles a las palabras de una adivina con fama. La enfermedad de N. debió golpear directamente a su hermano, ya que eso indicaba quién sería el mortal aludido. ¿No es éste el mejor estado psicológico para que se produzca un accidente, real o involuntario? —Reconozco que estoy siendo algo injusto al exponer un razonamiento que es propio de nuestra mentalidad occidental a lectores que seguramente serán occidentales. No estoy afirmado que ésta sea la verdad, sino que ninguna de las dos realidades puede ser probada absolutamente. Las creaturas proyectamos sobre toda la realidad una determinada visión del mundo que ha sido sugerida o verificada *por una parte mínima de esa realidad.* Porque la Realidad es infinita y nuestras facultades intelectuales son limitadas; porque no podemos evitar generalizar una comprensión; porque no podemos ver el mundo a través de dos verdades diferentes. —Solo podemos decir que una proposición es verdadera cuando se integra a aquellas verdades básicas que no estamos dispuestos a modificar. Este compromiso es simple cuando relaciona axiomas y corolarios matemáticos, pero se vuelve harto complejo cuando escapa a esa ciencia tautológica.

102, INSTRUMENTOS. En 1748, Hume hablaba de relaciones de ideas y *matters of fact.* La fórmula de Pitágoras solo expresa una relación entre los lados de un triángulo rectángulo cualquiera y es independiente de lo que ocurra fuera del intelecto. "Que el sol saldrá mañana —decía Hume— no es una proposición menos inteligible ni implica mayor contradicción que la afirmación no saldrá mañana. En vano intentaríamos demostrar su falsedad". Para Hume, había dos tipos de proposiciones posibles: una basada en los sentidos y otra en el intelecto puro. La primera es un conocimiento de lo concreto y se refiere a las contingencias del mundo; la segunda es un conocimiento formal y tautológico y posee una existencia independiente del mundo (juicio sintético y juicio analítico; física y matemática). Por eso, la razón no puede extraer ninguna verdad

definitiva de la realidad concreta, es decir, de la realidad concreta no es posible extraer alguna ley universal
y necesaria. —La misma historia de las ciencias nos
muestra que distintas realidades fueron traducidas a números y leyes matemáticas, las que después debieron
ser desplazadas por otras con las mismas pretensiones.
Usando ingeniosamente la geometría, Ptolomeo pudo
explicar los movimientos irregulares de los planetas,
defecto cósmico que había angustiado a los platónicos.
Y lo hizo sin renunciar a un prejuicio antropocéntrico
de la época: Gea como centro del Universo. Durante
mucho tiempo se dejó de lado la disparatada idea (con-
cebida o repetida por Aristarco de Samos) de que Gea
giraba alrededor del Sol. Hasta que un excéntrico po-
laco llamado Copérnico la volvió a proponer y más
tarde Kepler la confirmó con unas simples y elegantes
fórmulas matemáticas sobre elipses. Claro que esto fue
posible gracias a otro prejuicio. Sabemos que los neoplatónicos humanistas de la época veneraban al Sol
como manifestación directa de Dios. Esa creencia creó
un ambiente favorable para el nacimiento del paradigma copernicano (heliocéntrico) con sus relaciones
numéricas propias del misticismo pitagórico. Muy
bien, solo que ahora las creaturas de Gea saben, o creen
saber, que en realidad todo movimiento es relativo a un
sistema de referencia. Entonces, como dice Gregorio
Klimovsky, "desde la Tierra observamos girar el Sol,

pero desde éste observamos girar a la Tierra. Si nos instalásemos en el centro de masa del sistema solar veríamos a ambos girar alrededor de nosotros. De hecho, la semántica de los términos científicos parece tener una fuerte influencia para saber de qué estamos hablando cuando enunciamos las hipótesis de una teoría". —Recordemos el caso de Newton; sus leyes siguen siendo muy útiles aunque el universo que representan ya no existe. Aquellas optimistas fórmulas que explicaban cómo funcionaba el mundo ahora son una mala traducción de la realidad.

103, LOCURA. Si un uruguayo o un francés ve un fantasma seguramente atribuirá el fenómeno a un desarreglo psicológico (aunque nadie ha demostrado aún la inexistencia de esos seres). Un macúa o un maconde dirá lo contrario. Cada uno se apoya en la estructura cognoscitiva más sólida que posee. Esta estructura está dada por la cultura a la que se pertenece y nadie carece de ella, por pobre que sea. Quizá sean los locos los que han destruido en parte esos cimientos. No se puede afirmar que son incapaces de ver la realidad *como es,* pero sí que han perdido contacto con la realidad anterior, aquella que compartían con el resto del grupo. Un loco es, sobre todo, aquel que ha subvertido las reglas comunes que un grupo tiene para concebir y vivir el mundo. Loco era aquel maconde que predicaba marxismo en su aldea, mientras afuera los espíritus de los muertos rugían en cuerpos de leones. Un loco sería Platón en un monasterio del siglo VII, Picasso en el taller de Bruneleschi, Homero en el Liceo de Aristóteles, Moisés en Egipto, Cristo en Jerusalén, Galileo en Roma. Cada estructura epistemológica procura siempre la *cohesión*. Huye del caos, de lo múltiple y de lo diverso, y tiende al orden y a la unidad. Cuando una proposición nueva contradice el paradigma del grupo se elimina la proposición. Son los llamados "posmodernos" los que se acostumbraron a lo inverso: a cuestionar el paradigma primero; a veces, hasta el extremo de quedarse sin ninguno. —Si no me equivoco, algo parecido pensaba Jean Piaget. Según el suizo, conocer es construir una estructura adaptada al mundo. Cada "objeto" novedoso deberá ser asimilado por una estructura preexistente. O la estructura deberá acomodarse cuando los objetos no puedan ser adaptados (aprehendidos). Y lo mismo afirmó el teólogo uruguayo Juan Luis Segundo: "Explicar es unificar" —Asimilación, adaptación, integración: diferentes voluntades del intelecto que procura la sobrevivencia del cuerpo y del espíritu en la unidad.

104. NO-CONTRADICCIÓN. Bertrand Russell decía que la investigación de leyes causales constituía la esencia de la ciencia, y que el científico siempre

debía postular el determinismo como hipótesis de trabajo. Más reciente, el epistemólogo G. Klimovsky
apuntó: "Es muy importante advertir que el conocimiento científico puede jerarquizarse en el sentido de
que gran parte de nuestro conocimiento se obtiene a
partir de algunos otros que son más fundamentales o,
por lo menos, que han sido ya obtenidos y admitidos.
El esquema lógico jerárquico que hace depender ciertas
verdades de otras es lo que transforma a las ciencias o,
por lo menos, a la teoría científica, en un sistema". Con
el tiempo, los epistemólogos se han ido poniendo blan-
dos. Ahora son más cuidadosos y modestos. De las discusiones aristotélicas sobre lógica se ha pasado a una
especie de psicología conductista de las ciencias. Como
la epistemología de T.S. Kuhn. La sola palabra "determinismo" ha perdido mucho prestigio después de que
Einstein ya no estuvo para defenderla. No se sabe bien
en qué consiste eso que las creaturas llaman *ciencia*,
pero podríamos decir que hasta ahora su principio fundamental ha sido el principio de *no-contradicción*.
Principio que no pretende otra cosa que mantener la
cohesión y la unidad del conocimiento. La verdad que
proviene de la razón o de la experiencia se ordena según ciertas reglas para formar un solo cuerpo. Lo que
diga la biología no debe contradecir a la química y lo
que diga el teorema de Lagrange no debe contradecir
las leyes de la psicología. En principio, porque aún no

se sabe qué relación puede unir una diferencial con un crimen pasional.

105, MATEMÁTICAS. Una paradoja es una tautología inversa. Mientras la paradoja dice A ≠ A, la tautología dice A = A. Como es fácil observar, la primera proposición es harto más interesante y misteriosa que la segunda. Sin embargo, ninguna ciencia se basa en el principio de contradicción, pero hay una que por axioma principal tiene la tautología: la matemática. No es posible la contradicción en matemática porque, por definición, es el desarrollo de la proposición A = A.

106, UNIDAD. La palabra *cosmos* es de origen griego (cuando no) y significa "orden" (los antiguos egipcios pronunciaban *maat*, y además de orden significaba ley o justicia). En numerosos mitos cosmogónicos el universo surge del caos, incluso en aquellos que presupone la intervención de un Creador. Otros sustituyeron ese caos por una nada más abstracta. El primer caso alude a la creación a partir de lo múltiple, indiferenciado; en el segundo se trata de lo opuesto: lo múltiple, aunque no caótico, surgió de la *unidad* (Dios). Ambos son aludidos por la cosmogonía científica del siglo XX: el Universo surgió de un punto desordenado. Es decir, todo ese punto (el futuro espacio o la *res extensa* sin extensión) explotó sin leyes físicas. El universo sería, para el mito y para la ciencia, un estado intermedio entre el caos y la unidad. Ambos, respectivamente, son identificados con el Mal y el Bien, con la vida ordinaria y la liberación. Según cada creencia, el pecado nos ha separado del Ser primero, nos ha atrapado en el *samsara*, en la materia diversa y dolorosa. Por el contrario, la virtud deberá devolvernos a la Unidad, al Brahma, al Nirvana o a la liberación definitiva de lo individual. Para los antiguos chinos, el Universo surgió del caos (*hundun*). Según el Tao (en *Dao De Jing*, 25), el caos original era una esfera donde cabría todo el Universo de forma indiferenciada. Aquí, multiplicidad y unidad se confunden en una sola imagen cosmogónica. Nuestra diversidad es un estado intermedio porque comparte lo múltiple y también la unidad: porque la diversidad existe, pero está controlada por cierto orden o ley. Este orden, que en gran medida es físico, sobre todo es psicológico. Mircea Eliade observó que toda celebración de año nuevo significa la re-creación del cosmos a partir del caos (fiesta-orgía); de esa forma se renueva el orden natural. En el ceremonial *akitu* de la época acadia, se actualiza el combate de Marduk con el monstruo Tiamat. El triunfo de Marduk puso fin al caos original creando el cosmos con el cuerpo despedazado de Tiamat. (También los hititas poseían un relato semejante, pero los protagonistas eran Teshup e Illuyankash.) En este mito cosmogónico, el cosmos —

nuestro orden intermedio— surge del triunfo sobre el
Caos. Pero, al mismo tiempo, participa de su naturaleza
diversa: su propio cuerpo, lo material. (El relato acadio
se vuelve doblemente significativo cuando descubri-
mos que Tiamat no solo era un monstruo marino; también era la personificación femenina del abismo
original.) La misma preocupación ontológica la encontramos más al oriente. Según las más antiguas *Upa-
nishad* , más allá de lo múltiple se encuentra la unidad.
Para los hindúes, el mundo está compuesto por parejas
de opuestos, los cuales deberán unificarse un día en un
estado superior, en el Brahman. También para el
taoísmo. Entre los chinos, el símbolo del *yin-yang,* especie de pelota de tenis, describe el mundo como la *acción* de un par de opuestos. Pero, al mismo tiempo,
unidos forman una esfera, la unidad original, el equilibrio al que se aspira. La misma idea fue la base ideológica de la alquimia: la realidad compuesta por pares de
fuerzas opuestas, el macho y la hembra. El objetivo del
conocimiento era la *re*-unión de los opuestos, por lo
que las figuras andróginas o hermafroditas eran recurrentes entre sus símbolos tradicionales. También entre
los antiguos filósofos griegos era común la idea de que
el mundo estaba formado por pares de fuerzas opuestas.
Coherente con las equivalencia simbólicas ya anotadas,
encontramos a Empédocles, para el cual la multiplicidad surge de la unidad mediante el odio, mientras el

amor tiende a re-unir. Por su parte, Heráclito sostuvo
que esta diversidad de opuestos era, en niveles superiores, una unidad. Pero solo podía ser advertida con la
razón y no con los sentidos. Los sentidos (decía) solo
pueden identificar lo múltiple y lo diverso. La unidad,
en cambio, solo puede ser conocida de forma indirecta
"porque la verdadera naturaleza gusta de ocultarse".
Esta idea de Heráclito es un precepto común en todo el
pensamiento teológico y científico por un lado, y místico por el otro. Para los primeros, el camino es la razón; para los segundos, la iluminación o el
conocimiento iniciático. Para ninguno los sentidos,
porque éstos solo pueden advertir lo *diverso* del mundo.

107, INTEGRACIÓN. Sistematizar el conocimiento es una empresa obsesiva del *homo-ratio*, porque
la sistematización huye de lo diverso y tiende a la unidad. El conocimiento "disperso" es mitológico, mágico
y animista, tres actitudes condenadas por la ciencia y la
teología. Ya para Plotinio y para los neoplatónicos la
unidad significaba el bien y la multiplicidad de la materia el mal. Desde Anaxágoras los griegos procuraron
asimilar la materia dispersa en elementos primarios primero, y en el Intelecto ordenador (*nous*) después. Ese
intelecto luego fue la razón, si alguna vez fueron dos
cosas distintas. La misma obsesión integradora se ha
mantenido hasta nuestros días. Recordemos que en

tiempos de Newton se conocían diferentes leyes físicas para diferentes fenómenos (el movimiento elíptico de los planetas de Kepler, el concepto de inercia de Galileo, la atracción solar de Descartes que resuelve la integración de los dos anteriores, etcétera). Con sus proposiciones (inspiradas en sus estudios alquímicos) se pudo explicar lo mismo, pero a partir de una sola teoría. Consideremos, además, que Isaac Newton realizó la más trascendente de las unificaciones intelectuales de la historia: por primera vez, logró explicar los fenómenos celestes con las mismas leyes que explicaba los fenómenos terrenales; los divinos planetas y la caída de una manzana (el darse cuenta que "una piedra que cae y la Luna que no cae son el mismo fenómeno"). Más tarde, cuando se descubre que la luz se manifiesta como onda unas veces y como corpúsculo otras, los científicos se impusieron una tarea clara y concreta: eliminar una de las dos. Porque la realidad no puede ser dual o indefinida (La idea del comportamiento "indefinido" de la luz es absolutamente novedosa. Según Niels Bohr, nunca será posible eliminar esta dualidad.) En el siglo XX, cuando los resultados de las físicas cuánticas y relativistas aparecieron como cuerpos independientes, los físicos se afanaron en la búsqueda de una teoría que debía unificarlas en una sola expresión. Actualmente los científicos viven y sufren en un espacio ilusorio o newtoniano, tratando de unir el microcosmos con el resto del Universo.

108, EINSTEIN. En toda la *Teoría de la relatividad* existe una obsesiva voluntad de *unificación*. La teoría *especial* unió espacio y tiempo y la posterior teoría *general* hizo lo mismo con la materia y la geometría del espacio. Pero la realidad a veces es rebelde y produce paradojas (lógicas paradojas según diría Hume): la misma *teoría general* dividió la realidad en dos. Arriba quedó un macro-universo geometrizado y abajo un micro-universo no geométrico. Esta herejía dualista fue la mayor preocupación de la comunidad científica en el siglo XX. Y sobre todo la de Einstein que siempre partía del principio metafísico de que la realidad era una unidad rigurosamente coherente. Por ello imaginó y propuso una *teoría del campo unificado,* la que debería estar basada en la geometría y no en las estadísticas. Detrás o al costado aparecieron innumerables teorías matemáticas que pretendían lo mismo. Pero ninguna salió de sus propias abstracciones y más bien produjo escepticismos como el de Max Born. Como todos saben, Einstein era acérrimo partidario del método hipotético deductivo y se opuso a las estadísticas de la nueva física cuántica y a cualquier principio de "indeterminación". Supongo que esa reacción se debe al hecho de que las estadísticas representan el umbral que separa el caos de las matemáticas, la realidad última de la idea primera.

109, AGUAS. El agua en cantidades controlables significa el Bien, pero agrupadas en cantidades marinas (insondables) representan el Mal. Esta observación que en principio es de origen psicológico posee derivaciones metafísicas. El bautismo se realiza con una pequeña cantidad de agua; en África, lo primero que se ofrece al dios es un poco del vital elemento. En innumerables relatos, los monstruos marinos son las animaciones del caos. Si cualquiera de aquellos avanzados hombres del antiguo Oriente hubiesen presenciado una documental de J.I. Costeau, seguramente hubiesen jurado haber tenido una visión del infierno. —No son pocos los mitos antiguos que hacen surgir el mundo de las aguas; es decir, nuestro orden o semiorden surgido del caos. El Génesis nos dice que en el comienzo "Gea no tenía ninguna forma, todo era un mar profundo cubierto de oscuridad y el Espíritu de Dios se movía sobre el agua". Tiempos después, serán las aguas del Diluvio las que volverán a sumergir al mundo en la destrucción, en el caos. También según textos cuneiformes sumerios de los siglos IV y V a. C., primero estaba el océano original, el que originó a An, padre cielo, y a Ki, madre tierra. El mundo marino era, para aquellas creaturas, un mundo ciego, múltiples en sus productos y siempre desconocido. Ilimitado hacia abajo y hacia los costados. Según la Torah, Leviatán es un monstruo marino, como Tiamat. Un judío que respete la *halajah* (regla primitiva) se abstendrá de comer productos del mar y cualquier pescado sin aletas o sin escamas. Porque, según esta misma regla, el reino marino es impuro. Dice Maurice Ruben-Hayoun: "el rito taslij, del hebreo ('arrojarás') que viene de Miqueas (7,19): 'arrojarás a las profundidades del mar nuestros pecados', consiste en tirar guijarros (que simbolizan los pecados) o migajas de pan (que corresponde más bien a un honor que se le rinde al espíritu maligno) en el mar a fin de que Satanás se alimente. En París se puede ver también a grupos de fieles, guiados por un rabino, que acuden a la orilla del Sena para tirar allí los guijarros que representan las faltas de su comunidad". Tampoco estaban libres de esta idea los matemáticos pitagóricos que consideraban a muchas especies marinas propias del infierno.

110, VISIBILIDAD. En la prehistoria epistemológica no existía la discusión iluminista que separó razón y experiencia. Por entonces, no había alternativa; como para algunos modernos, la verdad era aquello que se podía ver: un búfalo, un cuchillo, el sol, la luna, el espíritu de los antepasados y la magia del brujo. No hace mucho, en la región norte de Mozambique, un macúa me contó, con fanáticos detalles, cómo una mujer había convertido un saco de arena en un saco de azúcar. No solo había visto cambiar de color la arena, de rojo a blanco puro; también había experimentado el nuevo gusto. Al mismo tiempo que reconocía que semejante transformación era imposible, afirmaba que era la pura verdad. *¿Por qué? Porque lo había visto con sus propios ojos y lo había probado con su propia lengua.*

—Dígame, ¿usted sabe qué son los sueños? —le pregunté, no sin desconfianza en mí mismo.

—Sí, yo sueño todas las noches. —contestó el macúa.

—¿Qué fue lo último que soñó?

—Esta noche soñé que iba en un avión, volando entre las nubes.

—¿Viajó alguna vez en avión, entonces?

—No. Solo he visto aviones de lejos, volando.

—Pero usted estaba ahí. El señor vio y escuchó el avión desde adentro, volando entre las nubes.

—Sí.

—Entonces es verdad que estuvo alguna vez en un avión.

—No, no es verdad.

Como se puede ver, entonces yo abusé de las artimañas de la dialéctica. Pero ese es un juego válido solo para los hijos de Grecia, no para los otros. A mi amigo macúa no le produjo ningún efecto la conversación. Tal

vez se quedó con la misma impresión novedosa que me
quedé yo al conocerlos un poco. —Todavía más emo-
cionadas son las historias que se cuentan en las aldeas
del *mato* africano. Para las culturas "salvajes", todo lo
que se ve es real. Para los herederos de Grecia no: la
verdad es lo que se esconde detrás de la apariencia. Se
cuenta que una vez un crítico de Platón le reprochó que
solo había visto caballos singulares, pero nunca había
visto algo como una "caballosidad". A lo que el filósofo respondió: "Eso es porque usted, señor, tiene ojos
pero no inteligencia". Ya antes de Platón *inteligencia*
significaba algo así como el poder de ver lo invisible.
Es decir, el fuego de Heráclito, la inercia de Galileo, la
gravedad de Newton, la *voluntad* de Schopenhauer, la
lucha de clases de Marx, la libido de Freud. En la negación de la experiencia nació el racionalismo griego
(por lo cual no se puede hablar de "ciencia griega" en
el mismo sentido que la entendemos hoy). Algo más
tarde se propuso que esa Invisibilidad también (o solamente) podía ser percibida con otra facultad humana: la
fe; y en ese conflictivo romance invirtieron años los escolásticos. Muchas religiones, desde las indianas hasta
el cristianismo primitivo, concluyeron que todo lo visible era engañoso y, por lo tanto, perverso. (*"Omnia
quae visibiliter fiunt in hoc mundo, possunt firei per
daemones"*; es decir, "todo lo que ocurre visiblemente
en este mundo puede ser hecho por los demonios").

Para los griegos, detrás de lo aparente estaba la razón; para los cristianos, Dios o el Demonio; para los modernos y para los vulgares detrás de todo está el sexo. — Bien, pero tanto a los hechizados africanos como a los que solo tienen ojos para ver caballos hay que recordarles que no es verdad todo lo que se ve ni se ve todo lo que es verdad.

111, COHERENCIA. El pensamiento que relaciona y deriva una verdad de otra ya era conocida entre los sacerdotes del antiguo Egipto y solo mucho tiempo después se llamó *deductivo*. Atribuido a Tales, no sería raro que el griego lo haya tomado de su viaje al Nilo. Cuando los escolásticos advirtieron que ciertos fenómenos físicos estaban sometidos a leyes racionales o pitagóricas, debieron suponer que ese camino de verdades menores pero irrefutables debía conducir a la Verdad última. La razón debía conducir a Dios, porque la Creación no podía ser contradictoria. Alguien, no recuerdo quién, propuso la metáfora de la rueda: partiendo de cualquiera de sus rayos se llega al centro. Lo mismo habían sostenido los islámicos siglos antes: el estudio de las ciencias siempre es bueno (decían), porque aunque comience sin tener a Dios por objetivo, tarde o temprano se llegará a Él. Porque todo es una armoniosa o terrible unidad.

112, SIMULTANEIDAD. El Intelecto humano (occidental) tiende a analizar el mundo en *pares de opuestos*, transformándolo en un espectro de grises intermedios, lo que resulta finalmente en una *unificación*. A su vez, la relación dinámica de los elementos involucrados tiende a ser una relación casi exclusiva de *causa-efecto*. A la creatura metafísica le resulta por lo menos imposible concebir un cambio producido por la acción de factores *simultáneos*, por la convergencia alquímica de elementos diferentes y opuestos. Incluso, cuando múltiples factores son considerados como los responsables de un acontecimiento se procura ordenarlos en el tiempo. De otra forma, son vistos como una oscuridad del análisis. (Es la misma dificultad que considera la atmósfera de Gea como la causa de la vida y no como la *causa y consecuencia*; la misma dificultad, si no exagero, que ve al tabú del incesto como la causa de la civilización, y no como la *causa y consecuencia*.) ¿Es que aún no estamos preparados para pensar en simultaneidades? Existe una imagen muy popular que se refiere a la imposibilidad de saber qué estuvo primero: si el huevo o la gallina. Ello se debe a la imposibilidad de ver lo simultáneo en una formación; y mucho más en un hecho instantáneo. Es como si la mente moderna fuese incapaz de escuchar una sinfonía (caos) y, por el contrario, prefiriese el orden sonoro de una cajita de música (serie). La creatura tiende a verlo todo en relación de causa-efecto; lo que, de forma indirecta, deriva en el reduccionismo científico, en la estética de la novela policial y en la diversión del ajedrez. —Es posible que esta dificultad no se le pueda reprochar a los místicos o a los antiguos chinos, para los cuales la realidad no sólo era una unidad, sino que funcionaba, en cada momento, como el resultado de todos los momentos. Creo que para el *I-Ching*, la caída de un árbol no era causada por un único evento que la precedía, sino por todos. Pero eso ya es más difícil de concebir por nosotros.

113, DICOTOMÍAS. Las dicotomías son célebres en la *historia* del pensamiento, lo que significa (creo que ya lo dijo Lévi-Strauss) que son una característica de su *naturaleza*. Dividir a la creatura y al mundo en pares de opuestos siempre será más verosímil que dividirlos en tres. (Una probabilidad más prometedora sería un denominador varias veces mayor, ya que la variante de la unidad es lo múltiple, y ambos conforman una dicotomía.) La milenaria división zoroástrica del Bien y el Mal es la más universal de todas, y desde la antigua Grecia casi no se la ha cuestionado. La trinidad cristiana, en cambio, es un concepto más complejo, motivo de casi todos los dolores de cabeza entre misioneros y nativos colonizados, y no se refiere al mundo sino a lo Inconmensurable. En la calificación dicotómica cabe

siempre un espectro: el Universo; en la relación trian-
gular uno de los vértices puede ser más o menos fuerte
que los otros dos, o puede en algún momento estar excluido. Las dicotomías son famosas: Bien y Mal, fe y
razón, apolíneo y dionisíaco, izquierda y derecha, interior y exterior, forma y contenido, consciente e inconsciente, cultura y naturaleza, mito e historia, inmanente
y adquirido, *yin* y *yang,* Oriente y Occidente, macho y
hembra, cielo y tierra, luz y oscuridad, ser y no ser. Si
se me permite, agregaré otro par que seguramente no
será novedoso: estético y renunciante. —Las triangula-
ciones, en cambio, son menos contundentes. Pero existen: por ejemplo, arte-ciencia-religión, ya que ninguno
es punto intermedio entre los otros dos.

114, JERÁRQUICO. Tanto la razón lógica como el
monoteísmo son estructuras jerárquicas. El monoteísmo y las religiones primitivas no se diferencian por
la cantidad de seres sobrenaturales. Incluso en el judaísmo y en el Islam existen ángeles y demonios (por
lo que deberían llamarse "monolatrías"), pero éstos no
son seres independientes como sí lo eran en Egipto o en
la Grecia arcaica o en el África negra. Lo que distingue
al monoteísmo de las demás religiones es su ordenamiento vertical. Su correspondiente imagen en Gea es
la Iglesia o el Ejército; no la democracia. Fuera de esos
sistemas nada bueno puede existir. Para el racionalismo

esa periferia contradictoria, imperio de los sentidos, se llamó *arte*. Para las religiones, corresponde al dominio de lo demoníaco, el engaño de los sentidos, la pluralidad homérica que repudiaron los primeros filósofos griegos en nombre de la razón. Salida de una etapa en donde lo múltiple y contradictorio era aceptado, la condición básica de toda verdad propuesta será la unidad jerárquica. En la antigua Babilonia, la alquimia era más bien un rito mágico que relacionaba causas y efectos por una ley de mimesis que podría resumirse así: todo lo semejante posee efectos semejantes. Así, cada piedra, cada metal respondía, de forma independiente, a su color o a su comportamiento. La multiplicidad dio un giro radical con la propuesta gnóstica de la *mónada*. Otros monoteístas, los musulmanes, efectuaron el último cambio en la práctica alquímica. Coherentes con la concepción unitaria de la Creación, inventaron la química; es decir, algo parecido a lo que ahora es esa ciencia. La identificación de la alquimia con una especie de protoquímica proviene de la semejanza pictórica e instrumental que podría existir entre el templo del alquimista y el laboratorio de un químico primitivo. Sin embargo, la alquimia primitiva no tenía nada de científica y sí mucho de magia y religión. En un principio, los alquimistas obviaron todas las observaciones de los fenómenos químicos en sí, simplemente porque no les interesaba. No buscaban la riqueza del oro sino los secretos del espíritu y del cosmos. Fueron los árabes, aquellos monoteístas, los primeros en concentrarse en los fenómenos propiamente químicos. Y eso fue posible porque el Islam, religión austera y vertical, estaba libre de las complicaciones de los antiguos alquimistas griegos y babilonios, herederos de las complejidades mágicas del mundo antiguo. Semejante a la alquimia en sus formas aparentes, la química responde a una concepción del mundo radicalmente diferente. No es un saber sobre efectos anárquicos e independientes sino un cuerpo que procura por principio la unidad y la jerarquía.

115, AD-HOC. Desde Platón, la explicación del curso errático de los planetas fue una obsesión de los astrónomos. Por principio, esta explicación debía ser numérica y lo más simple posible. Ptolomeo cumplió con la primera parte, pero la observación de variaciones imprevistas fue complicando el presupuesto geocéntrico con elementos *ad hoc.* Con la revolución heliocéntrica de Copérnico no se simplificó radicalmente esta situación: el presupuesto de órbitas circulares también necesitaba de *ad hoc* correctivos. Después de milenios, Kepler resolvió el problema con un sistema de órbitas elípticas tomadas de la antigua matemática griega. Fue solo entonces que el prejuicio metafísico de Platón quedó satisfecho y descansó en paz. Tanto la

resolución copernicana como la más antigua de Ptolomeo subscribían el precepto pitagórico de una naturaleza numérica del cosmos. La diferencia entre unas y
otra consiste en que la teoría de Kepler era harto más
simple, *y no poseía elementos ad hoc.* También Newton
recibió el primer golpe cuando recurrió a un *ah hoc* para
resolver o justificar algunos errores mínimos de su teoría; pero el suyo era un *ad hoc* con un defecto doble,
para la ciencia, porque se refería a Dios. —La base de
la simplicidad platónica de las ciencias consiste en la
eliminación de todos los *ad hoc* que disgregan la *unidad* con adiciones independientes. Y su hipótesis de
partida es la exclusión de Dios en el funcionamiento de
su propia Obra. —Una vez, en la ciudad africana de
Pemba, ordené a unos obreros macúas que colocaran
una cerradura en una puerta. Como eran carpinteros de
profesión, no tuvieron ninguna dificultad para hacerlo.
Pero lo hicieron a su manera: la puerta principal no se
podía abrir desde afuera.

—¿Cuál es el problema? —observó el macúa—. Se
puede entrar por la puerta de atrás y luego abrir ésta por
adentro...

Al obrero macúa le pareció lógico (o por lo menos
natural) su razonamiento. Yo quise decirle que cada
cosa debe cumplir con una función precisa y no sé qué
otras cosas, pero luego renuncié al intento. Entonces

pensé: "ésta es una puerta con un ad hoc, algo inadmisible para nuestra mente occidental o aún moderna".

116, DIMENSIONES. En el siglo XX la realidad física se partió en dos, en un micro y en otro macro universo. Desde entonces, los científicos no han descansado en su esfuerzo por volver a unir lo que la sabiduría separó. Ya desde 1920 se comenzó con la estrategia de sumar dimensiones a las cuatro ya existentes. Pronto los matemáticos encontraron que cinco dimensiones podían unificar el problema electromagnético con el gravitacional. Sucesivamente tuvimos universos de tres, cuatro, cinco, nueve, diez y once dimensiones. Y por último el universo de doce dimensiones (*F-Theory*) del profesor de Harvard, Cumrun Vafa. Duff, otro científico, se quejó de que "it brings all sorts of headaches that we would rather do without". Ahora parece que cada vez que surgen nuevas complicaciones se le agrega a la teoría otra dimensión extra. La teoría ha comenzado a mostrar todo lo que tiene de aparato explicativo (*convenient device*) divorciado de toda ontología. Todo lo que nos recuerda a los ptolemaicos y sus *ad hoc*.

117, ENTRAR. Una vez, en la ciudad africana de Pemba, ordené a unos obreros macúas que colocaran una cerradura en una puerta. Como eran carpinteros de profesión no tuvieron ninguna dificultad para hacerlo. Pero lo hicieron a su manera: la puerta principal no se podía abrir desde afuera.

—¿Cuál es el problema? —observó el macúa— Se puede entrar por la puerta de atrás y luego abrir ésta desde adentro.

Al obrero macúa le pareció lógico (o por lo menos natural) su razonamiento. Yo quise decirle que cada cosa debe cumplir con una función precisa y no sé qué otras cosas, pero luego renuncié al intento. Entonces pensé: "ésta es una puerta con un *ad hoc*, algo inadmisible para nuestra mente occidental o moderna".

118, AZAR. El mayor defecto de un *ad hoc* en una teoría no es solo la pérdida del "monismo"; además interrumpe la cadena de reducciones, es decir, *la verticalidad* de esa unidad, que es una de las condiciones del materialismo. Tomemos un ejemplo cualquiera. ¿Por qué los testículos están en la parte exterior del cuerpo humano y no adentro como los ovarios? Conocida respuesta: porque el semen necesita menor temperatura que el resto del cuerpo. Pero ¿cómo se establece un funcionamiento tan "lógico"? Para explicarlo bien podríamos recurrir al *nous* de Anaxágoras o a la *wille* de Schopenhauer. Pero ambos son *ad hoc* para la estructura materialista, y si optásemos por ellos *ya no podríamos seguir reduciéndolos* a elementos más simples. En

cambio, podemos optar por un tercer elemento, tan omniexplicativo como los anteriores: el *azar*. En este caso
optamos por el azar de los darwinianos. (Prueba y error
mediante, los testículos se fueron ubicando en la posición más favorable a sus condiciones térmicas. La cantidad de soluciones erróneas se pueden contar en
trillones; ese no es el problema.) Al hacerlo, no solo
estamos reduciendo un problema complejo a un factor
originario mucho más simple; también estamos derivando el problema al dominio de nuestra mentalidad
mecanicista. La naturaleza mecánica se expresa en una
relación, aparentemente simple, de causa-efecto. Pero
al final (o al principio) la Causa puede ser una de dos:
el Motor Primero (Dios, *nous* o logos) o el puro azar.
Si elegimos el primero, el problema se complica al cuadrado; si elegimos el segundo, descansaremos en paz,
en una especie de "lógico absurdo", un oxímoron más
accesible a la razón científica que Dios. El azar es la
raíz donde se reducen todos los conocidos (o concebidos) fenómenos evolutivos, físicos o biológicos. Es el
único fenómeno (físico?) al que la ciencia no interroga;
es el fenómeno más fronterizo entre lo complejo y lo
inexplicable, entre la teoría del Caos y la metafísica. Se
pueden estudiar las probabilidades de un juego de dados o del clima, pero nunca se podrá explicar *qué* produce el azar, *qué es*, de dónde viene. No sin recurrir a
diferentes ramas sospechosas de la filosofía. Si el Azar

está al principio de toda deducción (o al final de toda reducción) Dios o una Inteligencia ordenadora está al final. Pero ambos, Dios y Azar, son igualmente irreductibles. Es decir, inexplicables.

119, POE. En "*El crimen de la calle Morgue*", Edgar Allan Poe expone un razonamiento significativo por demás: El narrador caminaba por una calle de París junto su admirado Auguste Dupin; caminaron en silencio por un cuarto de hora porque cada uno iba absorto en sus propios pensamientos. De repente, Dupin dijo: "Es un hombre de poca monta, es verdad, y estaría mejor en el Teatro de Varietés".

"—¿Cómo es posible que usted supiera que yo pensaba en..."

"—En Chantilly.", acertó a contestar su amigo analista.

Pero ¿cómo era posible? Muchas veces en la vida nos ocurre: verificamos que la otra persona estaba pensando la misma cosa que nosotros, sin que mediase otra comunicación además del silencio. Pero ¿cómo lo explica Dupin, un héroe analítico del siglo XIX? Aunque, por economía o por un prejuicio estético, no me gustan las citas demasiado extensas, extraigo una de ese tamaño porque bien vale la pena y casi no tiene desperdicios. "Le explicaré —dijo Dupin—. Para que usted pueda entenderlo, vamos a retroceder el curso de sus pensamientos (...) Los eslabones son: Chantilly, Orión, el doctor Nichols, Epicuro, la estereotomía, las piedras de la calle y el frutero. (...) Hablábamos de caballos, si mal no recuerdo, poco antes de dejar la calle C... Este fue el último tema que tratamos. Al cruzar esta calle, un frutero, con una gran canasta sobre la cabeza, pasó corriendo delante nuestro y lo hizo caer a usted sobre unos adoquines que había allí donde se está arreglando la calle. Usted pisó una de las piedras sueltas, resbaló, se torció algo el tobillo, pareció muy enojado, pronunció algunas palabras, se volvió para mirar el montón de piedras y luego continuó el camino en silencio. Yo no presté mayor atención a lo que hizo, pero de un tiempo a esta parte la observación se ha convertido en una especie de necesidad para mí. —Mantuvo los ojos fijos en el suelo, mirando con expresión malhumorada a los pozos y surcos del pavimento, por lo que comprendí que continuaba pensando en las piedras, hasta que llegamos a la calle Lamartine, la que fue pavimentada, a modo de ensayo, con adoquines superpuestos. Aquí se iluminó su rostro y al ver que sus labios se movían no dudé que murmuraban la palabra 'estereotomía', palabra aplicada pedantemente a esa clase de adoquinado. Yo sabía que usted no podía pensar en esa palabra sin asociarla con los átomos y pasar así a las teorías de Epicuro; como no hace mucho hablamos sobre ese tema, recuerdo haberle dicho con qué poca notoriedad las vagas conjeturas del sabio griego se habían confirmado en las cosmografías de las nebulosas; vi que dirigía los ojos hacia arriba y que los fijaba en la gran nebulosa de Orión, cosa que yo suponía de antemano. En la punzante crítica sobre Chantilly que apareció en el *Musee* de ayer, el autor, haciendo ingratas alusiones sobre el cambio de nombre del remendón al dedicarse a la tragedia, citó un verso latino sobre el que muchas veces hemos conversado. Me refiero a : *'Perdidit antiquum litera prima sonum'.* —Yo ya le había dicho que se refería a Orion, palabra que anteriormente se escribía Urión, y por cierta mordacidad referida con esa expresión, sabía que usted no podía olvidar esa línea. Era claro, entonces, que no podía dejar de relacionar a Orión con Chantilly. (...)" —Después, haciendo uso de semejante determinismo, el analítico personaje de Poe resuelve otros misterios lógicos e inventa la novela policial. Me atrevería a decir más: anticipa, por lo menos, el estilo de "*La interpretación de los sueños*", de Freud y demás deudos. El género detectivesco es propio del optimismo positivista, paradigma en el siglo XIX. Su universo es el universo de Newton, no el de Poincaré; su dinámica solo conoce los *sistemas estables* (pequeñas variaciones iniciales producen pequeñas variaciones finales, por lo cual la previsibilidad es posible). Cualquiera sabe que la imagen mono dimensional de Dupin, el personaje de Poe, es posible y exagerada.

Pero una exageración verosímil para un cientificista del siglo XIX y una ficción fantástica para otro del siglo XX. Porque ahora tenemos un nuevo paradigma que nos confirma la exageración de aquel razonamiento: la teoría del Caos. Es decir, en cualquier eslabón de las asociaciones libres, cualquier pequeña desviación provocará caminos distintos, resultados opuestos. Si el cerebro humano funcionara como lo describió Dupin, la mediocridad y la salud mental serían más comunes de lo que son en Gea, porque los psicoanalistas llegarían a la infancia de cualquier creatura con el simple uso de un ordenador. —Para cualquier ciencia, una teoría es superior a otra si puede explicar lo mismo con mayor economía. Podríamos decir que más económica que la proposición de Dupin sería una explicación que recurriera a la telepatía. Pero ésta posee un defecto inadmisible para la ciencia: es un *ad hoc* aún irreductible.

120, INTERACCIÓN. Hasta el siglo XIX, la física estudió el Universo como si fuese un objeto independiente de las creaturas que lo estudiaban. Pero el siglo XX, desde el arranque, metió a la creatura *adentro* del problema. En toda la *Teoría de la Relatividad* el observador tiene la misma importancia que el objeto observado. También en la microfísica ocurrió algo parecido pero con un signo más radical: los instrumentos de medición dejaron de ser elementos neutros e

independientes de los fenómenos observados. Los fenómenos que observa y estudia la física cuántica se producen en el mismo momento de la medición. Esto no
significa que la ciencia produzca hechos artificiales y
arbitrarios; significa que ya no es posible ver la realidad
material como una realidad independiente de la creatura metafísica. Yo escuché, por primera vez de un tío
mío, una idea fascinante: un rayo de luz que viaja por
milenios es un fenómeno indeterminado; solo al entrar
en contacto con la creatura que lo mide se convierte en
onda electromagnética o en fotón. También un flujo de
electrones es un fenómeno indefinido: mientras no se
lo mida es al mismo tiempo onda y fotón, es decir, es y
no es. Un electrón que parte de una fuente F, atraviesa
un plano por dos ranuras diferentes al mismo tiempo y
llega a una placa fotográfica, demuestra un comportamiento ondulatorio en su desplazamiento y un comportamiento corpuscular cuando se lo mide en la placa
fotográfica. Pero el comportamiento ondulatorio de su
desplazamiento cambia cuando se lo ilumina desde una
de las ranuras para sorprenderlo en tránsito. —Esa intervención del "instrumento" sobre el objeto observado
es semejante a lo que pensaba Immanuel Kant sobre el
acto mismo de conocer. En el siglo XVIII, el filósofo
consideró imposible ver a la naturaleza de forma absolutamente objetiva, independiente de preconceptos e independiente de la misma naturaleza del intelecto. Es

más, no sería posible determinar si el conocimiento es una relación de la creatura con la realidad exterior o una relación consigo misma. En los últimos años sesenta, T.S. Kuhn hizo famosa la idea según la cual una verdad científica dependía de su relación con el paradigma. El paradigma sería determinante en todos los movimientos de un laboratorio: desde la elección del objeto hasta la forma de medirlo; desde las hipótesis hasta las conclusiones. Ahora, cuando estudiamos las cosmogonías más antiguas advertimos las similitudes que existen entre ellas —surgimiento del caos-unidad, etcétera. Pero más nos asombramos cuando vemos que en el fondo también son similares a las más modernas cosmogonías científicas y que comparten las mismas obsesiones. Algunos teólogos pretenden rescatar de estas comparaciones virtudes epistemológicas de los mitos más convenientes. Pero también es posible conjeturar que la representación científica del mundo es, precisamente, la *expresión* de esa misma estructura cognoscitiva (*"We see the universe the way it is because we exist"*). —En la actualidad el paradigma de los paradigmas comienza a tomar un tinte psicológico más que epistemológico: el nacimiento de un nuevo paradigma significa la liberación del anterior, la abolición de los límites cognoscitivos. Se ha definido el cambio de los paradigmas como un proceso *arquetípico*; y de esa forma volvemos a la mente humana, a otra de sus viejas obsesiones.

121, VERDAD. Podemos coquetear con la verdad, arrinconarla, sentir su respiración, rodearla con fórmulas físicas o religiosas. Pero, al final, la verdad siempre se nos escapa. —La epistemología sólo puede dar cuenta de la impotencia humana; no es la ciencia que estudia la verdad sino la forma en que ésta es codiciada por la creatura. Y la epistemología es el testigo intelectual de ese fracaso. Sin embargo, aunque impotente, su mirada no ha de ser totalmente en vano. Al fin y al cabo, ¿no estamos diciendo que es un testigo?

XIV: Los secretos de la liberación

122, MATERIALISMO. Demócrito pensaba que el mundo estaba compuesto de partículas materiales llamadas *átomos,* provistos de movimientos mecánicos y desprovistos de *nous* o inteligencia ordenadora. Más allá nada; ni dioses ni realidades. Por lo tanto, el conocimiento era el mero resultado del impacto de la materia sobre los sentidos y la ética y los dioses solo estorbos para las creaturas. Lo mismo o parecido sostuvieron los sofistas y J-P. Sartre: más allá nada o Nada; conocer es *percibir* lo particular.

123, OCULTO. En las grandes religiones monotcístas, el pensamiento gnóstico siempre encontró lugar a pesar de los partidarios de la revelación. En el judaísmo está representado por los cabalistas del siglo XIII; en el cristianismo, por los famosos gnósticos de los primeros siglos; en el Islam, por cierta corriente chiita. Diferente a quienes sostienen la autoridad de las revelaciones, para los gnósticos la verdad se logra después de un largo camino de perfeccionamiento. ¿Por qué el camino hacia la liberación del alma habría de ser más breve y menos complicado que el camino que

conduce al río? (Al menos que no haya camino sino Revelación.) Como todo camino largamente ascendente,
éste está dividido en niveles. En el chiismo, la misma
división se logra usando la metáfora de los velos, porque eran árabes y desconocían la hermenéutica: el Corán posee cuatro niveles a desvelar, cada uno más
profundo y misterioso que el anterior. Para todo pensamiento gnóstico, como para el racionalismo griego, la
verdad no está revelada sino oculta y su descubrimiento
implica un aprendizaje. La diferencia consiste en que la
gnosis científica o racionalista puede ser colectiva,
mientras la gnosis metafísica tiende a ser mística e individual.

124, ORIENTALES. Hay doctrinas antiguas que se
pueden considerar gnósticas en su totalidad: por ejemplo el budismo y el jainismo. Como Buda, Vardhamana
(Jina) fue un aristócrata decepcionado por la realidad.
Por ello renunció al mundo y se dedicó a recorrer los
caminos de la infinita Asia, desnudo. Como era conocido en aquellos espíritus del Ma-Ganga, un férreo ascetismo precedió a la meditación. Como Buda,
Vardhamana recibió la iluminación debajo de un árbol
y más tarde entró al Nirvana, abandonando la dolorosa
experiencia de la existencia. Quiero decir que se murió.
Para sus seguidores, el cosmos es un orden numérico
en el cual están las creaturas, las cosas y los dioses,

todos subordinados a los implacables ciclos. Procedente del hinduismo, también esta doctrina prometió liberar a la creatura del agobio de su existencia. Incluso, con el objetivo de salirse del *samsara* prescribió la muerte por inanición, lo que significa una forma secreta y tradicional de suicidarse. Como en toda religión o doctrina espiritualista, la pobreza y la castidad fueron consideradas virtudes; no ante la Ley de un dios sino por higiene del alma. Ambas virtudes son condiciones previas a toda perfección. Ambas son renuncias. En la actualidad, los jainistas más adelantados poseen un platillo para las limosnas, una escoba para limpiar el camino de insectos y una muselina tapabocas para evitar aspirarlos; no por asco sino por compasión.

125, HERMETISMO. El pensamiento hermético proviene de Hermes Trimegisto (tres veces grande), especie híbrida entre el dios griego Hermes y el dios egipcio Tot, el conductor de las almas al infierno. Los escritos conocidos de esta secta son de los primeros días del cristianismo, pero hacen referencia al tercer siglo antes del Cristo. En la época alejandrina fue el resultado de la conjugación de conocimientos griegos y orientales por parte de los neoplatónicos. Como los antiguos babilonios, los herméticos vieron una correspondencia entre el mundo visible (tierra) y el mundo verdadero (cielo). Y también enseñaron que la creatura metafísica es cuerpo y alma, materia ilusoria y fragmento del Logos creador. Como en el yoga, el conocimiento oculto se logra apartándose del mundo sensible para que solo después de múltiples existencias el alma purificada vuelva a Dios. Ahora, si cambiamos el nombre *Dei* por *Brahma* obtendremos una afirmación hinduista.

126, DESENGAÑO. También en el gnosticismo cristiano se advierte una fuerte influencia proveniente de las orillas del Tigris y del Ganges. Bueno, no podía ser de otra forma; seguramente ese tráfico de influencias se debió a los órficos y a los pitagóricos. Lo revela un ligero seguimiento histórico: Carpócrates, como Pitágoras, repitió la doctrina de las reencarnaciones; Basilídes, con estilo budista, sostuvo que el Dios verdadero solo podía ser nombrado por el *silencio.* Pero si careciéramos de todos esos datos igual podíamos deducirlo de su contenido ideológico o metafísico. Veamos; para aquellos antiguos gnósticos el cuerpo era la cárcel del alma, la imperfección del espíritu. La materia —el mundo sublunar— era la expresión concreta del Mal, obra del Demonio o Demiurgo inventor de la vida y la muerte. Para la liberación del alma, atrapada en ese monstruoso mecanismo, había un solo camino: como en toda doctrina religiosa o metafísica, ese camino consiste en *cierto tipo de conocimiento.* Pero un tipo de conocimiento muy diferente al griego o al hebreo. Para los griegos clásicos, la verdad se alcanzaba mediante la razón, y su instrumento principal era la dialéctica. Para los hebreos, la verdad ya había sido revelada y se encontraba toda en las Escrituras. Para los primeros gnósticos cristianos, también; pero de una forma diferente. Convencidos de que las Escrituras (ya no el mundo) poseían diferentes niveles de revelación, formularon novedosas conclusiones. En los siglos II y III pulularon entre los cristianos diversas sectas que denunciaban la naturaleza demoníaca de Yahvé. Según éstos, solo un dios perverso pudo crear un mundo imperfecto y doloroso —la materia. Por la misma razón podemos comprender, entonces, por qué algunas de estas sectas adoraron la serpiente del Génesis. Como en algunos símbolos modernos, la serpiente representa la voluntad de *conocimiento,* la discriminación del Bien y el Mal, la iluminación que sacaría a la creatura del engaño orquestado por el Demonio.

127, SOLEDAD. Decía Heráclito que la verdad gustaba de ocultarse. Gnósticos y orientales pensaban igual. Pero si los griegos habían definido un método claro y optimista (razón, dialéctica), los orientales carecían de él, y toda la responsabilidad recaía sobre el individuo. Según el Bhagavad-Gita, el conocimiento, supremo y liberador, radica en la conciencia en

Krishna. Para Buda era la Iluminación que permitía el desprendimiento de todo *karma,* pero sobre la cual nada podía decir a sus discípulos sino indicar el camino. En ambos se trata de un conocimiento individual e irracional. El estudio de la Revelación, en cambio, implica cierta racionalidad, aunque no mucha, y por eso puede ser colectiva y proselitista. El racionalismo no procura la liberación del alma, pero el gnosticismo y la palabra revelada sí.

128, HEBREOS. Para el pensamiento oriental, el conocimiento se logra después de un largo entrenamiento espiritual. Y este logro final es lo único que importa. Tan arduo y difícil es este conocimiento, que atormentó a Buda durante años antes de alcanzarlo; otros, menores pero grandes maestros, declararon haberlo obtenido poco antes de la muerte. —La revelación hebrea no implica esta interiorización absoluta. En lugar de la anarquía budista o del colegiado hindú estaba la Autoridad del Padre. Como en sus derivaciones cristiana y musulmana, la virtud del hebreo consistía en la aceptación inmediata de la verdad propuesta. Y en la sumisión a la autoridad, el mayor tiempo posible. La metafísica hebrea, cuyas raíces están en el Egipto faraónico, no desprecia el cuerpo y la materia porque también son obras de Yahvé. —El famoso dualismo alma-cuerpo, atribuido al pensamiento griego, no es

ajeno a ninguna religión. En el libro hebreo más antiguo ya se distinguía el cuerpo del alma, aunque de una
forma más sutil que la oriental: la creatura es de tierra
y su alma aliento del Espíritu. Ni el egipcio ni el hebreo
despreciaron la materia o el cuerpo; el destino en Gea
y en el Cielo está en las manos de la Autoridad, y el
deber del pueblo no es hurgar en lo desconocido sino
aceptar la verdad revelada. El Todopoderoso se encar-
gará del resto.

129, MIXTURA. El pensamiento gnóstico y hermético encontró una excelente caja de resonancia en los
Evangelios. Un libro tan antimaterialista, tan lleno de
dolor y promesas de redención, ¿no es la síntesis de los
espíritus hebreo y oriental? El cristianismo posterior
despreció el cuerpo y la materia (Pablo, San Agustín);
o, en el mejor de los casos, tuvo un cuidado negligente
sobre ellos. Más tarde, en la Edad Media, resurgieron
las ordenes mendicantes. Justificadas en las palabras de
un subversivo crucificado, fueron primos hermanos de
aquellos *sannyasin* que seguían al Ganges en sus medi-
taciones. Con el tiempo, el impulso oriental fue perdiendo fuerza en el mundo cristiano, al mismo tiempo
que renacía el espíritu griego en el seno de la Iglesia:
primero con la teología escolástica, después con la tolerancia y el paganismo del Vaticano. De a poco la

materia dejó de ser el lado perverso de las cosas. Hasta
que un día ya nada era otra cosa.

130, NEOMATERIALISMO. Por fin los modernos
dejaron de maldecir el cuerpo y la materia. Pero todo
proceso espiritual acaba por ser arrastrado por su propia
inercia hasta extremos imprevistos. La felicidad ya no
está fuera de la materia sino en la materia misma. Por
eso, todos los esfuerzos de las creaturas de Gea están
concentrados en su estudio y en su dominio. Con resultados dispares. Los Evangelios, que en los primeros
tiempos de su propia Era sirvieron para condenar el oro,
después de la Reforma fueron comentados para estimular la fiebre que lo conseguía (aunque la riqueza ya es-
tuviera predestinada por Dios o por Calvino). Y el
yoga, que nació en Oriente como una técnica para se-
parar el alma del cuerpo, esa abominable materia, actualmente en Occidente se lo emplea como terapia, para
devolver el alma al venerado cuerpo. (Así como "religión" significa *re-ligare,* "yoga" proviene del sánscrito
yuj, y significa yunta, yugo, *yoke* o ligadura. Pero en
ningún caso significa ligadura con el cuerpo. Siempre
se refiere a una relación con Dios o con el *Brahman*
infinito.)

131, ANTIMATERIA. También la alquimia pro-
cede de Egipto y Mesopotamia. Tanto en sus versiones

babilónica, árabe y europea, buscó el secreto del cosmos a través de la perfección del espíritu y el estudio
de la materia. El hinduismo y sus derivaciones proce-
dieron de forma inversa: si el cuerpo y la materia son la
imperfección y la condena del alma, nada bueno puede
derivarse de su estudio. Así, por el desprecio desme-
dido a este mundo, las sociedades hindúes lograron lo
mismo que sus contemporáneos materialistas: la deshu-
manización de la creatura. Porque si su mecanización
es condenable, también lo es el abandono del cuerpo.

132, ABSURDO. En un atardecer en África, me
quedé observando la muchedumbre que poco a poco se
iba sumergiendo en una oscuridad sin lámparas. Las jóvenes macúas se paseaban con sus capulanas de colores, con sus rostros pintados de blanco en procura de
maridos. Los hombres, con sus miradas perdidas esperaban sentados en las veredas de una ruinosa ciudad
portuguesa, el momento para cenar el magro pan con
té. Y los niños sucios, jugando a empujarse de un lado
para el otro, levantando de vez en cuando algo del piso
para llevárselo a la boca. Entonces pensé (sentí) que
esos niños crecerían, sufrirían como sus padres y mori-
rían sin haber dejado rastros. En realidad, no es muy
otro el destino de casi todas los habitantes de Gea; pero
aquel momento era metafórico o ejemplar. La búsqueda
de marido de las jóvenes confería un sentido a aquellas

apagadas existencias, mientras que lo absurdo estaba
representado por la inocencia de los niños. Tal vez ninguno de ellos llegaría nunca al conocimiento religioso
o material. Claro que todo pueblo tiene algún tipo de
conocimiento; pero no me refiero a la calidad sino a la
conciencia de poseerlo: para ser salvados o para apro-
vecharse de él. Muchos de aquellos niños pasarían; muchos de ellos habrán muerto ya o estarán muriendo en
este preciso instante. Y eso es todo. Solo la conciencia
de poseer un *conocimiento* sobrepone a la creatura metafísica de su propia impotencia ante lo inexplicable.
Según escritos no canónicos, el Señor dijo: *"Cuando tú
sabes qué es lo que haces, bienaventurado eres; pero
condenado eres cuando no lo sabes".*

XV: Verdad contra libertad

133, LIBERTAD. No sólo *musulmán* significa "sometido al Supremo"; todas las demás religiones exigen la renuncia de la creatura a la libertad ilimitada en beneficio de una Autoridad o en beneficio de una Libertad definitiva. Por eso, no es extraño que la filosofía haya nacido en Grecia y después más cultivada en los países protestantes que en los católicos. Aunque autoritario, Martín Lutero no solo liberó al espíritu anglosajón de la autoridad del Papa; también (consecuencia involuntaria y paradójica) minó la autoridad de la Biblia al reivindicar los derechos del individuo. Según Bertrand Russell, "los protestantes transfirieron el asiento de la autoridad en la religión, primero de la Iglesia a la Biblia, y luego al alma individual" Una idea semejante expresó C.G. Jung: "Los pastores protestantes han pasado por el entrenamiento científico de la facultad de Teología, que con su espíritu crítico mina la ingenuidad de la fe". Yo no conozco pastores mejor preparados que cualquier sacerdote católico; es más, no conozco pastores preparados en nada o con algo llamado *espíritu crítico;* aunque eso se debe a mi propia ignorancia y seguramente alguno ha de haber. Pero desde una perspectiva histórica, creo que la influencia subversiva del protestante es clara: del *libre-interpretador* al *libre-pensador* hay un paso. Solo que el librepensador, el filósofo, jamás encontrará lugar en ninguna de las sectas protestantes que pululan por Gea.

134 RELIGIOSO. El espíritu religioso debe cambiar su libertad de cuestionarlo todo y de experimentar el mundo a cambio de la aniquilación de la duda metafísica y la experiencia de los dolores de este mundo (lo que no significa que no sea necesaria la libertad para elegir a Dios). Reprimidos los placeres sensuales y la duda metafísica, el espíritu religioso en estado puro, poseedor de la Verdad, se vuelve fundamentalista e intolerante. En el mejor de los casos, solo epistemológicamente intolerante. En casos peores, sin la experiencia de los placeres, acaba por arrojarse al dolor tan temido.

135, NIETZSCHE. Nietzsche opuso con ferocidad el espíritu griego al cristiano, al cual consideraba fúnebre y decadente. En su pensamiento, los dioses del Olimpo representaban la glorificación de la vida. "Los dioses griegos —le leí decir—, con la perfección que se nos aparecen ya en Homero, no pueden ser concebidos, ciertamente, como frutos de la indigencia y la necesidad; tales seres no los ideó el ánimo estremecido por la angustia: no para apartarse de la vida proyectó una fantasía genial sus imágenes en el azul. En éstas

habla una religión de la vida, no del deber, o de la as-
cética, o de la espiritualidad. Todas estas figuras respi-
ran el triunfo de la existencia, un exuberante
sentimiento de vida acompaña su culto". Los dioses
griegos no son resultado de la angustia o del deber: son
los personajes de una obra de arte; el mundo, el Eterno
Retorno. —En noviembre de 1887, Nietzsche escribió
a Overbeck sobre su deseo de ser recordado por un
poema de Lou van Salomé que se cantaría cien años
después:

Pensar y vivir durante milenios
Arroja plenamente tu contenido
Si ya no te queda ninguna felicidad que darme,
Bien, aún tienes tu —sufrimiento.

Para Zaratustra, los predicadores de la vida eran, en
realidad, los predicadores de la muerte. "Parecen fére-
tros que andan —decía—. Su lema es: la vida es dolor
y por consiguiente lo mejor es morir. El placer es una
cosa llamada pecado". Y en otra parte: "Hay algunos
para quienes la virtud es un espasmo bajo el golpe del
látigo. Muchas veces hemos oído sus gritos. [...] No se
elevan sino rebajando a los demás". Muchas veces hemos sentido eso que debió sentir el alemán: ante uno de
esos personajes orgullosos de su fe, uno siente que esta
vida es una porquería, que lo bueno es vestirse de gris,
arrojar los testículos al Río de la Plata y, de ser posible,

morirse de una buena vez por todas. Opuesto, el espíritu primavera se niega a renunciar.

136, LUTERO. En Martín Lutero se conjugaron las contradicciones que tanto fascinaron a los psicoanalistas y nos intrigan a nosotros: el monje se rebela contra la autoridad porque la ama. Si bien no pensaba provocar un ismo, da un paso al costado de la sombra del Papa León X. Su mayor contribución fue la *legitimación* del naciente espíritu crítico y libertario. Tiende los rieles de la naciente locomotora capitalista y la conduce a la crítica primero y al ateísmo nihilista después. Pero no se lo puede responsabilizar de las consecuencias póstumas. (Algo semejante sería culpar a la madre de Hitler por la Segunda Guerra.) Ahora el espíritu griego se impone otra vez en Occidente y en los países occidentalizados, que son casi el resto. Incluso sobre la Iglesia, antiguo bastión de intolerancia epistemológica; y al mismo tiempo que ese nuevo espíritu crece dentro de una religión, resurgen los integrismos como reacción.

137, LEFEBVRE. A los reformistas del siglo XVI se opusieron los católicos del mismo siglo; con baños de sangre, como ocurría siempre que las opiniones o las verdades eran contemporáneas. No hace mucho, cuando en el Concilio Vaticano II de los años sesenta

Roma reconoció válidas las demás religiones, apareció en escena Monseñor Lefebvre. Más coherente con el dogma y con la historia, Lefebvre espetó que el único camino de salvación era la Iglesia Católica. (*Extra Ecclesiam nula salus*). Y muchos lo siguieron o por lo menos concordaron. "El Vaticano II —dijo entonces— ha dado la impresión de que una verdad podía ser tan buena como otra. De ahí se ha seguido una disolución general de los valores morales". No es incomprensible que este señor haya apoyado la derecha francesa de Le Pen, que prefiriese a Franco y a Pinochet antes que a los gobiernos democráticos, o que rechazara (sin pudor) los "derechos del hombre" en favor de los derechos de Dios. Está de más decir que también rechazó el derecho a la libertad religiosa y el diálogo con judíos y musulmanes. A este señor podemos acusarlo de cualquier cosa menos de incoherencia.

138, CAMBIOS. En los años sesenta la Iglesia reconoce (ha tenido que reconocer tantas cosas...) que fuera de su estructura católica existen "elementos de verdad". Ahora, ¿pensaban lo mismo aquellos católicos que degollaron a moros y judíos y protestantes? En este cambio se advierte otra vez el regreso de un espíritu más liberal y tolerante. Pero como la intolerancia epistemológica es expulsada de las estructuras tradicionales, se refugia y se multiplica en sectas de todo tipo y

color, las que deben convivir en un equilibrio inestable
o ignorarse mutuamente.

XVI: La intolerancia

139, IMPOSICIÓN. Es difícil que una verdad absoluta no venga acompañada de algún tipo de intolerancia. La tolerancia y su negación son productos culturales. Una hiena que le quita una carroña a otra no está ejerciendo ninguna de estas dos facultades; solo está respondiendo al instinto predominante en el momento. También podríamos decir lo mismo de los cromagniones que exterminaron a los neandertales y lo mismo de las hordas del Gengis Kahn que arrasaron Kiev, movidos por el impulso de poder, desbordado en la creatura como lo está su instinto sexual. Aquellos vándalos no pretendían imponer ninguna verdad; sí los inquisidores cristianos, los revolucionarios modernos y los nuevos terroristas islámicos.

140, PASTORES. Las creaturas dc Gca viven en un océano de dudas e interrogantes metafísicas. Esa es una realidad, pero hay espíritus que no la reconocen y otros que no la soportan. Los primeros suelen ser hedonistas o simpáticos; los segundos se aferran con uñas y dientes a una verdad absoluta. Es común que una creatura perturbada por el Enigma levante entorno suyo una muralla de defensa, construida en base a dos elementos

secretamente odiados: la razón y la lógica. Entre estos
terroristas encontramos dos grupos: los que de hecho
asesinan con bombas en nombre de Dios; y los que que-
rrían hacerlo y lo condenan porque aún no lo han hecho.
Hace más de trescientos años, Blaise Pascal decía que
"el hombre nunca comete el mal tan gozosamente como
cuando lo hace por convicción religiosa". —En Occidente, los encargados de ejercer el terrorismo psicológico son los autoproclamados *pastores*. Cuando esta
especie sale a la caza de conversos que le sirvan a su
propia salvación, nunca duda en imprimir miedo y terror en el corazón de sus víctimas. Al fin y al cabo, el
miedo a lo desconocido es siempre más poderoso que
la amabilidad del más acá. El cazador saltará sobre su
presa, sudando y gritando con los ojos cerrados si se
trata de una caza televisiva. —Estos comediantes trágicos deberían entender que una cosa es evangelizar y
otra muy distinta es el *adoctrinamiento*. ¿Nunca han
visto una de estas sesiones de adoctrinamiento? Un
hombre, con un micrófono en una mano y una Biblia
en la otra, con los ojos cerrados y todos los músculos
tensos, repite gritando una frase o una palabra determinada. Su público levanta las manos, repite lo mismo y
tiembla en trace. Es cuando el supuesto vocero de Dios
considera que el mensaje y la iluminación han llegado
a destino. Pero, realmente, ¿querrá Dios un rebaño de
espíritus adoctrinados, es decir, *aturdidos*? Pareciera

que esta gente, de tanto leer la Biblia con fanatismo y rencor, ha olvidado la sensibilidad del Maestro. ¿Cuándo Jesús les gritó a sus discípulos con tanta furia? Se supone que un pastor de barrio debe predicar *amor,* y por eso hablan de ello. Pero, para el que no sea capaz de recibir tanto, la pena mínima incluye el fuego del Infierno. —Claro que esta clase de terrorismo es legal, faltaba más.

141, EXPERIENCIA. Una vez alguien me dijo que yo no podía hablar de religión porque no era un hombre religioso. Me quedé pensando un instante, porque en algo tenía razón: yo soy un espíritu religioso, pero no soy un hombre religioso porque mi mente desconoce la seguridad. Obviamente, se equivocaba en lo demás. "Señor —quise contestar, no sin timidez—, si los sacerdotes católicos desde siempre han dado consejos matrimoniales y ahora hasta dan clase de conducta sexual, por qué no podría un ateo enseñar teología?".

142, SUPERBIA. Los campeones de la renuncia no se conciben pecadores. ¿Nunca han oído a este tipo de gente decir que han salvado sus almas? Y si no lo dicen lo esconden, no con esmero. ¿Nunca han tenido la desgracia de cruzarse con alguien que los contempla desde las alturas del Futuro Paraíso? Es fácil reconocerlos porque, como dije, no se esmeran mucho en ocultar su premio; no solo porque son muchos sino porque, además, se suponen pocos. Cargan con pocos pecados, sí, pero de los buenos. Poseen, por ejemplo, el peor de los pecados: el de la soberbia. Decía Huizinga que en la Edad Media (modelo de religiosos) el principal atributo del Demonio era, precisamente, la soberbia. *"A superbia initium sumpsit omnis perditio"*. La soberbia era considerada un pecado simbólico, un carácter metafísico: el orgullo de Lucifer. En cambio, la avaricia (*cupiditas*), no poseía alguna implicación teológica. Era, simplemente, un pecado de este mundo. Entiendo que debió ser en este mismo sentido que hombres tan lejanos como Carpócrates y Martín Lutero consideraron la auto humillación como una especie de camino o requisito para la salvación. El egipcio recomendó la inmoralidad; el alemán, la humillación propia como base para toda virtud. Y no se puede decir que ni Calvino ni Lutero sabían lo que decían cuando hablaban de soberbia.

143, CULTURA. Los sacerdotes católicos son gente más tolerante que los pastores neo-protestantes. Claro, poseen una larga historia que los debe avergonzar. Los pastores protestantes también tienen de qué avergonzarse, pero no saben tanto de historia como los sacerdotes católicos.

144, VIOLENCIA. Por lo general los filósofos han sido creaturas tolerantes; *pero no sus seguidores.* Para la lucha siempre es necesaria cierta clase de locura, de olvido por lo cual se lucha. Pero, de hecho, las barbaridades en Gea comienzan con una verdad sólidamente justificada por algún discurso. Ya en el siglo XI, el matemático, persa, escéptico y bebedor empedernido Omar Ibn Khayyam, había escrito un consejo que luego fue exitosamente olvidado: "Procura que tu prójimo no tenga que sufrir de tu sabiduría". En todas las guerras, las verdades que las provocan son meras espectadoras de los crímenes que cometen sus partidarios. En los tiempos de la Guerra Fría, por ejemplo, una de las máximas rectoras rezaba: "Los fines justifican los medios". Y los medios de ambos fines eran trágicamente los mismos. Las víctimas de Vietnam o de Praga supieron lo mismo: la persecución, la tortura y la muerte. Ni al soldado ni al guerrillero, en los momentos más intensos de la lucha, le resulta más claro el objetivo ideológico que el propio éxito del combate. Esto, que es razonable en una batalla, en una partida de ajedrez, se vuelve absurdo cuando la confusión tiende a perpetuarse. Entonces, los fines son olvidados en el ejercicio prolongado de los medios. —La epistemología desaconseja el uso de la fuerza para demostrar ideas. La pretensión de imponer ideas por la fuerza es un sentimiento común y su concesión un acto doblemente irresponsable, porque las ideas suelen ser defectuosas o equivocadas, ya que se originan en un organismo programado para fallar sin aviso; y porque la violencia es una experiencia irreversible. Los "principios", en cambio, son más confiables. También por otra razón doble: porque, por definición, son más simples y claros; y porque nacen en un organismo que cuando falla avisa: el corazón.

145, DIFERENCIAS. A las creaturas les resulta más fácil reconocer lo que tienen de diferente varios elementos que lo que tienen en común. Sobre todo cuando esos elementos son ellos mismos. Si se seleccionara un millar de hombres y mujeres por el color del pelo y de sus ojos, por estaturas, tipo de piel, corte de cara y por alguna característica temperamental y se los confinara a una isla, al poco tiempo volveríamos a tener divisiones raciales y de castas. Estas diferencias, que en ocasiones son fructíferas, por lo general son trágicas. También ocurre algo semejante a nivel de las ideas o de la fe. Cuando por una revolución, social o religiosa, una verdad se impone sobre las otras, dentro suyo aparecen nuevas divisiones. Estas divisiones, en apariencia sutiles, con el tiempo son capaces de repetir las sangrientas luchas que provocaron las anteriores diferencias. Si el antiguo enemigo en común no reaparece, las diferencias que en un principio eran sutiles se transformarán en radicales. Sabemos que Ulrico Zuinglio, uno de los fundadores del protestantismo, fue duramente combatido por Lutero. En proporción, fue quemado y descuartizado por el resto de los cristianos católicos de Zúrich. A diferencia de lo que generalmente se cree, Miguel Servet no fue incinerado por su aporte a la medicina (la circulación de la sangre ya había sido descubierta siglos antes por Ibn al-Nafís). Fue condenado por los cristianos por ser uno de ellos, aunque *algo* diferente: respetuoso y creyente en Dios, María y Jesús, tuvo la osadía de negar la ideología trinitaria. Entre quienes lo enviaron a la hoguera estaba Calvino, y lo mismo hubiese hecho con Nicolás Copérnico si el excéntrico astrónomo hubiese publicado su teoría antes de morirse. (De él había dicho el religioso: "Quién se atreve a colocar la autoridad de Copérnico sobre la del Espíritu Santo?"). Para no ser menos, actualmente, en Pakistán, chiitas y sunitas resuelven sus diferencias dentro del Islam —con violencia también. —Veamos más. En la Francia revolucionaria, Jacobinos y Girondinos enviaron a la guillotina al rey Luis XVI y a sus adulones. Eliminada la monarquía absoluta, enemiga de la asamblea y del pueblo, surgieron las luchas internas. El objetivo común se había cumplido, por lo que restaba cumplir con los objetivos particulares. Hébert, uno de los principales jefes de la Comuna, propuso cambiar el rito cristiano por un culto exótico, por entonces, a la diosa Razón. En el otoño de 1795, en Notre-Dame, los hébertistas realizaron este contradictorio rito. Danton y Robespiere reaccionaron enviando a Hébert y a sus razonables seguidores a la guillotina. Pocos meses después lo mismo ocurrió con Danton, por orden de Robespiere, y luego con Robespierre por orden de algún otro. Las Grandes Diferencias fueron resueltas en la guillotina y las pequeñas también. Por entonces, los guillotinados se contaron por docenas de miles, con un promedio de treinta por día, según la verdad de turno. Algunos siglos después, a principios de la revolución rusa, bolcheviques y mencheviques lucharon juntos contra el poder despótico de los zares. En 1918, el zar Nicolás II fue asesinado con toda su familia. Una vez en el poder, los bolcheviques comenzaron el conocido proceso de purificación ideológica. La misma suerte que los Blancos corrieron aquellos que no se pusieron de acuerdo sobre cuál era el mejor Rojo y perdieron en la opinión. Entonces fueron acusados de "rojizos", lo que equivalía a decir "blanco".

146, BIENINTENCIONADOS. La Inquisición asesinó en nombre de Dios; la Revolución Francesa en nombre de la libertad; el marxismo-leninismo en nombre de la igualdad. Durante el pasado siglo XX, Dios, la Libertad y la Igualdad representaron verdades absolutas, caras a espíritus nobles y diversos. Para cada grupo de creaturas, la imposición de su verdad era básica para el destino de la Humanidad. Pero la Libertad moderna se oponía a Dios, según los fundamentalistas; la Igualdad socialista se oponía a la Libertad, según el capitalismo; y la religión y el opio se oponían a la Igualdad del pueblo, según los marxistas. —Durante el pasado siglo XX la sangre corrió siempre en nombre de Dios, la Libertad y la Igualdad. Pensamos que en el próximo siglo la sangre seguirá corriendo, aunque ya no necesitará de tan nobles excusas para hacerlo.

147, VICEVERSAS. En materia de prejuicios, persecuciones políticas, raciales y religiosas, las *viceversas* siempre funcionan. Por favor, no lo olvidemos si queremos tener algo llamado "autocrítica". La crítica siempre es menos efectiva que la autocrítica, porque la primera produce reacciones radicales y la segunda las corrige.

148, POSTEDAD. En este fin de siglo, los sabios no se ponen de acuerdo sobre el nombre que debe llevar nuestro tiempo. Se han ensayado variaciones, no sin una desesperada y orgullosa originalidad que los emparenta con abuelas y comadronas. Todos quieren bautizar al niño: así es que vivimos en una sociedad postmoderna, postindustrial, postradicional (A.

Giddens), posteuropea, posthistórica, postsexual, Post-honor (A. Ahmed), *postscarcity* (Ivan Illich —solo entre los países desarrollados), postmortem. Algunos genios reniegan del prefijo "post" en beneficio de otro que significa lo mismo: "trans". Por el momento lo único que nos queda en claro es que el nuestro es un tiempo "post". —Y como estamos en una era "post", es decir, *de regreso de todo*, nadie piensa que haya algo absoluto por lo cual valga la pena vivir y morir. Ahora, el mayor defecto de la "postedad" es que cualquiera puede opinar lo primero que se le antoje. Y creo que su mayor virtud es que ya no se matan por hacerlo (lo que no quiere decir que ya no se maten).

149, DEMOCRACIA. También la dictadura del proletariado se consideraba "poder del pueblo", que en griego y en soviético se pronunciaba *dêmokratía*. También un sistema electoral es, con frecuencia, el mejor sistema al que puedan aspirar los ricos para legitimar sus imperios financieros. Por lo cual toda democracia suele ser, paradójicamente, una aristo-cracia. Lo que en nuestro tiempo llamamos "democracia" en realidad significa "tolerancia", por lo cual deberíamos llamarla *tolerocracia* o algo parecido.

XVII: Cosmogonía del Mal

150, DOLOR. Sabemos que el dolor es inherente a toda forma de vida. Pero también sospechamos que el mal es propio de las creaturas metafísicas. O la idea del Mal. Porque el Mal es la metafísica del dolor y animales metafísicos solo hay una especie en Gea.

151, ORIGEN. Para muchas mitologías y para el pensamiento científico, el Universo múltiple se originó a partir de la unidad. Es el *huevo cósmico* de los antiguos egipcios, es el *Big-bang* de Alexander Friedmann. Lo múltiple existe porque la unidad original fue perturbada por la dualidad. Todo mito sobre la Creación supone el sacrificio de algún dios, la tensión de un par de fuerzas opuestas. Esta perturbación original es, en sí misma, contradictoria, ya que supone una adición *ex nihilo* a la nada o al Ser primero. Lo cual solo *parece* descabellado. (Algo parecido planteó en 1973 un científico, Edward Tryon, cuando expuso la posibilidad de que el Universo haya surgido de la nada, de una fluctuación del vacío.) —Parménides resolvió esta paradoja negando toda creación. Su frase, "lo que no es no puede llegar a ser" fue traducida más de dos mil años después por Lavoisier: "nada se crea ni se destruye; todo se transforma". Una perspectiva creacionista podría resolver el problema a partir del Uno-creador al que nada se le suma. Sin embargo, suponer una duda, una tensión original entre dos elementos o entre pares de opuestos, acaban por refutar en algún momento la Unidad original. Para explicar la existencia del Mal a partir del Bien (Dios), es necesario que al Creador se le oponga un elemento exterior y novedoso. Un elemento venido de una especie de "nada perversa". Un pensamiento semejante y menos abstracto concibieron aquellos gnósticos del siglo II: el mundo solo puede ser la obra de un espíritu maligno.

152, CONDENA. En un tiempo se amenazó a los infieles con la *nada*. Hasta que se debió advertir que en un mundo doloroso la idea de cesar de existir por completo no era tan terrible. También se debió tener noticia de que muy al Oriente la misma amenaza era, precisamente, una aspiración. Entonces se resolvió un cambio de estrategia evangelizadora y se optó por una menos abstracta pero más efectiva: la nada se llenó con el fuego del Infierno. Ni siquiera fue necesario inventarlo, porque el Vesubio o los griegos ya lo habían hecho, como siempre. —Claro, después sobrevino la cuestión inevitable: ¿entonces es eterno el Infierno? Para que la amenaza sea coherente y, sobre todo, efectiva, se debe responder que sí. Pero si el Infierno es eterno se abren otras dos posibilidades: 1) Dios ha perdido para siempre el dominio de una parte de Su creación; 2) Dios gobierna *también* esa parte, y el Mal sería uno de sus atributos. Alguien, en Birmingham, observó que el panteísmo era incompatible con la doctrina cristiana, porque si la creatura metafísica es parte de Dios, el mal de la creatura también estaría en Él. Ante este *puzle,* creo que el panteísmo solo podría ser resuelto con la negación del mal, como lo hizo Heráclito. —Algo más aquí, en 1974, Borges le comentó a Sábato que a su juicio bastaba con un dolor de muelas para negar la existencia de un Dios todopoderoso. Esta observación sería rigurosamente cierta si suponemos que el Todopoderoso es, al mismo tiempo, Todobondadoso. Si Dios permite que ocurra en el mundo un solo gramo de mal es porque quiere que ocurra o no puede evitarlo. Si de verdad existe una lucha del Bien contra el Mal, entonces Dios aún no domina su propia creación. O es, como dice Isaías (45-6): *"Fuera de mí no hay ningún otro. Yo modelo la luz y creo la tiniebla, Yo creo la dicha y la desgracia. Yo soy Yahve, el que hago todo".* También Pedro Abelardo, después de justificar la traición de Judas con las propias Escrituras, escribió: "¿quién ignora que el mismo diablo no hace más de lo que Dios le permite? [...] El poder lo recibe de Dios; la voluntad, en cambio, le viene de sí mismo". —La idea de un Dios Todopoderoso y desprovisto de un solo gramo de

maldad es imposible para la inteligencia. Lo cual no demuestra Su inexistencia, ya que un ser perfecto debe ser
in-inteligible para las creaturas de Gea. Según una creatura lógica, un dios que sea infinitamente bondadoso no
puede ser infinitamente poderoso (o viceversa), porque,
se mire por donde se mire en Gea, el Mal o el dolor
existen. (En realidad, el Mal sería la consecuencia de
una debilidad infinitésima del Creador; porque si com-
paramos el tamaño de Gea con el resto del Universo,
habría que disimular un error tan mínimo.) —El panteísmo de los místicos es incompatible con el cristianismo que niega el mal en Dios. (Los primeros
cristianos supusieron un infierno provisorio; no eterno
como Dios. Fue el Concilio de Constantinopla, en el
año 543, que abolió el supuesto fin de los tormentos
infernales.) Pero la idea de un Infierno eterno es más
persuasiva y del todo contradictoria: un Dios vencedor
por demolición no dejaría esa provincia del Universo
en manos de su peor enemigo. Tal vez sea esa la razón
por la cual muchos clérigos anglicanos se han negado a
aceptar la idea de un castigo perpetuo. Ya en el siglo II
el alejandrino Origen había advertido que el Infierno no
podía ser absoluto porque un Dios absolutamente bondadoso no podía abandonar a ninguna de sus creaturas.
Claro que esta afirmación es más sentimental que obvia.

153, LEALTAD. Pero si la inteligencia rechaza la idea de un Dios todopoderoso y desprovisto de maldad, la fe lo confirma. Porque ni Dios ni la fe necesitan ser razonables. Y cuanto más ataques reciba Dios de la lógica y del pensamiento, mayores motivos tendrán los fieles para creer en Él. Porque el presupuesto básico de todo creyente es estar a Su lado en los peores momentos, no importa a qué precio. Y si algo tan prestigioso como la lógica o la razón lo niegan, o pretenden negarlo, aún mejor: una prueba semejante solo dejaría en pie a los *verdaderos* creyentes (además, la Lógica nunca condenará a nadie al Infierno, aunque se la insulte). Imagino que fue en este sentido que Tertuliano formuló la famosa frase atribuida a San Agustín: *"Credo quía absurdum* (creo porque es absurdo)*"*. Postura intelectual que resulta más honesta y más inteligente que la de aquellos gritones que pretenden demostrar a Dios, razón mediante. Porque si es tan insoportable un científico que cree superar los problemas religiosos usando los métodos de su oficio, también lo es un teólogo tratando de demostrar sus artículos de fe con pruebas científicas, o metafóricamente científicas.

154, OMNISCIENCIA. Una de las más famosas costumbres que se le atribuyen a Dios es la de poner a prueba la fe de las creaturas. Así lo hizo con Abraham, y la anécdota le sirvió a Kierkegaard para hacerse famoso comentándola con arbitrario rigor. Sin embargo, hay que reconocer que la *necesidad* de poner a prueba a una creatura solo angustia a las otras creaturas. Sobre todo a aquellas que se ganan la vida en comisarías y juzgados. ¿Qué necesidad tiene un Ser omnisciente de poner a prueba su propio conocimiento? ¿Acaso dudaba Dios de lo que haría el patriarca? Otro argumento se refiere a la intención de Dios de montar una *mise en scène* que, como en el teatro griego, sirviera de ejemplo moralizante. Bien, pero eso ya es una digresión sobre la voluntad de probar a la creatura, lo que compromete la omnisciencia anteriormente atribuida al Creador. —Recuerdo un día que, descansando en un restorancito de la ciudad vieja de Jerusalén, se me ocurrió una historia que espero no publicar nunca. El argumento giraba en torno a la aparente contradicción teológica que existe entre libertad y predestinación. El protagonista, repitiendo mis propios pasos, llegaba a Jerusalén desde Jericó. Después de sortear varios inconvenientes fronterizos se dirigió a la ciudad santa. En cierto momento, el camino se abría en otros dos y K debía elegir uno sin saber cuál era el correcto. En la ciudad vieja, K. reflexionó: "Dos principios irreconciliables: 1) Dios es omnisciente, conoce el futuro; 2) la creatura humana posee libre albedrío (por lo que fue castigado y por lo que es capaz de salvarse)". Por entonces, el descubrimiento de K. me pareció terriblemente claro y me produjo esa tristeza que acompaña a los razonamientos que contradicen nuestras mejores esperanzas. Pero la historia no terminó ahí. Enseguida se hizo presente otro de esos seres imaginarios para contestar al primero. Tal vez por el aparente fatalismo del argumento o porque estaba rodeado de árabes, ese nuevo personaje era un musulmán. K. le cuenta cómo había llegado a la ciudad después de dudar sobre el camino a seguir. Luego recordó varias sentencias coránicas que aseguran que el destino de los hombres ya está escrito (Por mi cuenta, verifiqué que en la sura III-148 se dice: *"Aun cuando hubieseis permanecido en vuestras casas, aquellos cuya muerte estaba escrita en lo alto habrían ido a sucumbir a este mismo lugar..."*) Y sin embargo, Amín, el musulmán, el fatalista, insistía en defender la libertad de las creaturas metafísicas.

—Son ellas las que eligen salvarse o perderse para siempre.

—Si estaba escrito que hoy llegaría a la ciudad —razonó K.—, si Dios ya lo sabía, entonces no fui yo el que decidió tomar el camino correcto en el cruce de Jericó.

Pero Amín insistió: —Ahora que me has contado cómo llegaste hasta aquí yo lo sé. Ahora sé que tomaste el camino hacia el Oeste y no el otro que va al Sur. Pero, por conocer tu elección, ¿acaso suprimo algo de la libertad que ejerciste esta tarde?

XVIII: Sobre la teología

155, TEÓLOGOS. Imaginemos que la historia conocida haya sido diferente de lo que fue; que la Segunda Guerra nunca ocurrió y que ningún judío fue asesinado entre 1939 y 1945; que la *Belle epoque* fue solo un movimiento pictórico; que en 1962 una catástrofe nuclear desbastó Cuba y Estados Unidos y que ahora Washington y Moscú son residuos radioactivos; que seis millones de cristianos perecieron entre 1989 y 1994 a manos de un complot sionista o islámico; que una vacuna milagrosa acabó con el hambre en India y Somalia. Imaginemos cualquier variación sobre el destino de las creaturas en Gea. Levantemos estados ideales o sumerjamos naciones enteras en la catástrofe. No importa cómo hayan ocurrido los acontecimientos históricos o individuales. Los teólogos llegarán a donde querían llegar; claro, siempre a través de la realidad y las Revelaciones.

156, TESIS. Ninguna Santa Escritura tiene necesidad de respetar lógica o ciencia alguna. Allí se registran, sobre todo, milagros; y los milagros son, por definición, inexplicables, fenómenos que no se limitan a las leyes experimentales. Cualquier hecho, real o surreal, preferentemente imposible, que conste en alguna Escritura sagrada, puede ser reconocido como verdadero. ¿Por qué? Porque sí, porque es verdadero *todo* lo que se cuenta allí, sin tomar en cuenta ninguna circunstancia, como el hecho de que los Libros sagrados generalmente fueron escritos por muchos hombres y luego seleccionados según el criterio de muchos otros. Ahora, si no es posible demostrar la imposibilidad de que los muros de una ciudad fueron derrumbados por el tronar de unas trompetas, que un gran río o mar se abrió en dos para dejar pasar a un pueblo, que los muertos se levantaron de sus tumbas, entonces, ¿para qué gastar tanto papel tratando de demostrar, científicamente o con sentido común, la verdad contenida en una afirmación canónica. ¿Para qué perder el tiempo tratando de demostrar algo que, por principio sagrado, *no debe* ser cuestionado? ¿No es, acaso, la *intuición metafísica* lo más importante de un texto sagrado? ¿No sería más natural, o justificado, profundizar más en ese conocimiento interior que en esa otra afición, especie de epistemología histórica?

157, EXCUSAS. También Martín Lutero insultó a Copérnico, por supuesto. "Este necio —dijo de él— quiere poner al revés toda la ciencia astronómica; pero las Sagradas Escrituras dicen que Josué mandó detener el sol y no la tierra". Después de un estudio cuidadoso sobre las Escrituras, la Inquisición que acusó a Galileo concluyó de esta forma: "La primera proposición, de que el Sol es el centro y no se mueve alrededor de la Tierra es necia, absurda, falsa en teología y herética, porque es precisamente lo contrario a las Sagradas Escrituras. La segunda proposición, de que la Tierra no es el centro sino que se mueve alrededor del Sol es absurda, falsa en filosofía y opuesta a la verdadera fe desde un punto de vista teológico". Bueno, la teología ha tenido representantes más inteligentes y menos insultantes que los que redactaron este comunicado. Con mayor seriedad y sobre los mismos escritos se refutó a Darwin en el siglo XIX y se lo reconoció cien años después. En 1996 el Papa Juan Pablo II, rendido ante el persuasivo inglés, dijo que "si bien el cuerpo del hombre puede descender del mono, no su *alma espiritual*". Contentos, los darwinianos, después de corregir el Génesis y a un paso de la canonización, ni siquiera se molestaron en sustituir la palabra "mono" por "primate". Si no puedes vencer a tu enemigo (dicen que dicen) únete a él.

158, FIELES. En octubre de 1996, un avión cayó sobre una iglesia en Ecuador y mató a treinta personas. Al igual que otros objetos que no fueron destruidos, tampoco la estatua de la virgen sufrió daños. Así como Voltaire vio la ausencia de Dios en un trágico

terremoto, los fieles ecuatorianos vieron en este accidente un signo milagroso. Con lágrimas en los ojos, una
mujer dijo que de no ser por la virgen el avión hubiese
seguido hasta destruir su casa también. Lo que dicho en
otras palabras sonaría muy feo. —Parece que un acontecimiento histórico, como la ocupación alemana de
París o la caída del Muro de Berlín, puede cambiar un
credo político; pero difícilmente pueda hacer algo con
la fe de una criatura. Los cambios vienen desde adentro
y los acontecimientos solo pueden precipitarlos. Pero la
fe en Dios o en su ausencia no depende de los *hechos*.
En 1989, el teólogo Hans Jonas se preguntaba qué hacía
Dios cuando su pueblo era asesinado en Auschwitz.
Creo que la respuesta es: hacía lo mismo que hubiese
hecho si en Auschwitz no hubiese muerto nadie. Aunque nunca lo sabremos.

159, ORTOPEDIA. Una de las tareas comunes de
la teología consiste en compatibilizar la ética en curso
con los Escritos o la Tradición. Para eso se recurre (ya
lo observó Galileo Galilei) a la interpretación alegórica.
O a la *racionalización*. Môhan Wijayaranta escribió
una vez: "Si el budismo dice que un ser ha nacido pobre
porque sus *kamma* estaban fundados en la avidez y la
avaricia, no es para 'institucionalizar' la pobreza, sino
para ejemplificar cómo pasan las cosas en el *sammsara*:
la pobreza del individuo es el resultado de su propia

avaricia". Lo que equivale a decir que si el derecho dice que una creatura está presa porque cometió homicidio, no es para justificar el sistema carcelario sino, simplemente, para ejemplificar cómo pasan las cosas en el derecho penal: la reclusión del individuo es el resultado de su crimen.

160, SEGUNDO. Un inteligente teólogo uruguayo (casi todos los teólogos son inteligentes), Juan Luis Segundo, escribió una vez: "Cuando, por ejemplo, alguien afirma que es Dios quien ha ordenado que los ricos sean ricos y los pobres, está hablando de un ser totalmente diferente a 'mi' Dios. Pues éste busca liberar a los pobres de su pobreza inhumana. De nada vale decir que ambos hablamos del mismo ser infinito, creador y gobernador del universo. Porque en un caso la afirmación indicaría que todo el universo está regido por un valor y, en el otro, por el opuesto". Si esto no es verdad, por lo menos es lógico (dejando de lado el referido fracaso divino por combatir la pobreza). Con estas palabras se echa por tierra no solo esa costumbre hinduista de identificar todos los dioses y todas las religiones (maestros de la "no-violencia"...); también se golpea el corazón de casi todos los monoteísmos. Sin mencionarlas, don Segundo pasó por encima de la doctrina de la predestinación y por encima de las otras también. El Dios del cristiano Calvino es *otro* dios y no el suyo. Bueno, la conclusión teológica es evidente: si hay por lo menos dos dioses y suponemos la monolatría como obligación, ¿cuál de los dos está adorando al dios equivocado, es decir, al Demonio? También queda claro que un razonamiento honesto como el de Segundo es además peligroso; por lo menos en el corazón de espíritus religiosos, como el de Calvino y el de tantos otros.

161, HEREJÍA. Una advertencia faraónica cierra el último libro de la Biblia: *"A todos los que escuchan el mensaje profético escrito en este libro les advierto esto: Si alguno añade algo a estas cosas, Dios le añadirá a él las calamidades que en este libro se han descrito. Y si alguno quita algo del mensaje profético escrito en este libro, Dios le quitará su parte del árbol de la vida y de la ciudad santa que en este libro se han descrito"*. Claro, queda por saber si "este libro" es el libro original de San Juan o uno corregido por algún hereje. Porque herejes nunca faltaron en la historia de las religiones y, de hecho, los mismos profetas, fundadores y reformadores fueron, en cierto grado, "herejes". —Herejía significa *selección*, y se sabe que en la Edad Media europea, y después, se quemaba a los que se atrevían a seleccionar alguna parte del Dogma o de las Escrituras. Pero si se mira de cerca, desde entonces toda secta o iglesia moderna debe su existencia a la selección de algún párrafo o alguna frase escrita en la Biblia.

Es más, la Iglesia Católica y todas sus derivaciones, son el resultado de una *selección* de cuatro evangelios entre más de sesenta, según el criterio de unos sacerdotes que se reunieron para discutir en Nicea, en el año 325. Los escritos elegidos, que no eran los más famosos de la época ni los más antiguos, pasaron luego a ser Escritos canónicos, mientras los otros, los ahora apócrifos, fueron censurados con creciente fanatismo. —Para evitar similares alteraciones en el Corán, los islámicos, no sin cierta ingenuidad, contaron palabra por palabra el libro sagrado. Pero este cuidadoso trabajo no impidió que surgieran divisiones dentro del Islam. Divisiones a veces trágicas. Porque, como en las demás religiones, las diferencias no están en las Escrituras sino en las lecturas. Si se repasa la historia del cristianismo, casi todas las sectas y los ismos deben su existencia al arte de la interpretación. Y la interpretación ajena es siempre una forma de herejía, ya que altera el significado propio. —También la teología selecciona, pero además está obligara a agregar sus propios comentarios y correcciones. Sabemos que estas dos empresas consisten en negar afirmando; sino las Escrituras por lo menos los comentarios ajenos.

162, INVERSIÓN. Como la ética, la teología es una reflexión sobre principios que no se pretenden cuestionar. Una teología fértil, o por lo menos justificada, debería ocuparse de los corolarios que derivan de su Verdad apriorística. ¿Qué quiere Dios de nosotros? ¿Por qué creó este mundo? ¿Es Gea el centro del sistema Solar, o por lo menos el centro del Universo? ¿Contienen las Escrituras la respuesta a este tipo de preguntas? ¿Es realmente importante o inevitable que existan ese tipo de respuestas en un libro como la Biblia? (En caso afirmativo, ¿cómo se deduce la Teoría de la Relatividad usando la Cábala o algún aparato semejante?) Etcétera. —Pero esa no es la práctica común. Creo que desde el fin de la Edad Media la mayor perversión de la teología ha sido, precisamente, el camino inverso: la pretensión de confirmar la Verdad incuestionable a partir de los nuevos datos de la realidad. Porque también esos nuevos datos (ahora científicos) se presentaron ante los teólogos tan Incuestionables como las Escrituras. Si no más. De ahí que se hayan impuesto una tarea engañosa, obvia, previsible o tautológica: probar algo que a priori es incuestionable.

XIX: Los envases del alma

163, EGIPCIOS. En tiempos de Osiris, la suerte del alma descarnada dependía de sus acciones anteriores, las que luego eran clasificadas como buenas o malas. La vida en Gea era una sola y allí se decidía todo. Cada creatura tenía un tiempo limitado dentro del cual cabían todas las oportunidades de salvación. El pueblo egipcio era un pueblo histórico, rodeado de un pasado concreto y obsesionado con la perpetuación del presente. Podía concebir el futuro y aspiraba a la eternidad; pero a una eternidad no del todo liberada de la materia. Obsesivos conservadores, no construyeron las pirámides y la Esfinge para que las arenas del desierto o las lanzas napoleónicas las borrasen con facilidad. Guardaron sus muertos y sus historias particulares a la espera de una especie de ensayo general del Juicio final.

164, SEMITAS. Según Sigmund Freud y otros contemporáneos, la primitiva religión hebrea nació de una reacción contra la antigua religión egipcia, en Tell-el-Amarna, antigua *Akhetaton*; su verdadero fundador habría sido el faraón Amenofis IV y Moisés uno de sus ministros, su continuador. Esta reacción la habría llevado no solo a un férreo monoteísmo sino también a la negación de una vida más allá de la muerte. Sea porque no pudo resistir a esta última tentación egipcia, o sea porque ninguna religión carece de algún tipo de escatología, los judíos no abandonaron este importante terreno metafísico. —Casi mil quinientos años después, Cristo (contradiciendo algunas sectas judías) volvió a poner el acento en la antigua esperanza de la resurrección y en el no menos antiguo temor al Juicio final. Seiscientos años después, Mahoma, contradiciendo la idolatría y el incontenible espíritu poético de los árabes del desierto, renovó la promesa cristiana de una nueva existencia. Otra vez la eternidad dependía de ese momento confuso y fugaz que es la vida.

165, RESURRECCIÓN. Algunas sectas que afirman la resurrección del cuerpo rechazan la cremación y temen la mutilación de los cadáveres, ya que el cuerpo (dicen) deberá levantarse un día para volver a ser asiento o parte inseparable del alma. A ninguna religión se le puede exigir alguna lógica y menos sentido común; pero tampoco a los otros se nos puede prohibir que ejercitemos esas dos banalidades del intelecto. Por ejemplo, se nos da por pensar, un milagro que devuelva la juventud a un montón de huesos agrupados no necesita mucho más para hacer lo mismo con un montón de huesos dispersos. Tampoco sería un milagro mayor hacer lo mismo con un montón de polvo ya que, según el

Génesis, eso fue lo primero que hizo Dios cuando pensó en un hombre y lo que temen los budistas e hindúes que vuelva a hacer. Deshacer el proceso del fuego no debería ser más milagroso que revertir la lenta y desagradable descomposición del cuerpo. E imaginar obstáculos para la Voluntad Divina es, en cierta forma, una blasfemia o una nueva contradicción.

166, INDIANOS. Diferente a la tradición egipcio-hebrea, los hindúes concibieron el *samsara* y procuraron liberarse de él. Después del triunfo de los caballeros arios, para un hindú la única forma de ascender en la escala social era muriéndose primero. Pero su mayor aspiración consistía en disolverse de una buena vez por todas en una especie de nada virtuosa, *murti* o *nirvana.* Semejante aspiración fue la de Buda que, además, reconoció dos objetivos válidos: ocuparse de los buenos *kamma,* para renacer en el cielo; o renunciar a todo *kamma,* incluso a los buenos, para dejar de renacer. Por supuesto que, según el maestro, esta última elección del budismo nibánico era superior a la primera, porque liquidaba de raíz todo lo que podía ser existencia. Incluso la felicidad. Esta perspectiva, que debió entusiasmar en sus peores momentos a J.L. Borges, es abominable para cualquier religión occidental. Y debió serlo de hecho para aquellos espíritus de la primera Edad Media ya que, por mucho tiempo, la esgrimieron como amenaza.

167, INTERPRETACIONES. Dicen que Buda dijo: "Dondequiera que haya sombra hay luz". Alguien que lo escuchó cruzó la frontera y lo repitió en China, y allí dijeron que ése era el principio con el cual se movía el Universo: el *yin* y el *yang*. En Grecia, un discípulo de Heráclito sólo observó que si no existiera uno no existiría el otro opuesto. En un monasterio de Europa un teólogo escribió que el asiático había querido decir que Dios estaba en todas partes y otro, antes de morir en la hoguera, comentó que la frase significaba que el Mal era proyectado por el Bien a través del hombre, ya que el Bien lo había creado todo. Un científico en Francia razonó igual, aunque no sacó dos partes de una: dijo que la sombra era causada por la luz y que este principio no era recíproco. Pero apenas iniciado el siglo XX los físicos demostraron que se equivocaba: el Buda estaba hablando de la "radiación de los cuerpos negros". Hace unos años, una compañera mía de clase copió la frase con letras de computadora y la colgó de una pared, en sustitución de otra que, según ella, decía lo mismo pero no era tan hermosa: "Siempre que llovió paró". Yo no sé bien qué quiso decir el Buda, pero sospecho que cuando lo dijo le dolía la sombra y culpaba a la luz porque la proyectaba.

168, CONTRADICCIONES. Un buen hindú no debe alimentarse de otro animal. Según los jainistas, ni siquiera debe pisar una hormiga. Aunque el cuerpo es la cárcel del alma y al morir queda vacía, está terminantemente prohibido consumir el envase. Tampoco se debe matar una rata que se arrastra entre la basura, aunque posiblemente con ello se le esté haciendo un favor acelerando el proceso de transmigraciones que la llevará un día a ser un buen hindú. Cuando un tigre alcance el estado de mujer y luego ascienda a hindú, concebirá la existencia de forma que le resulte dificultoso el logro final. Porque justo a un pueblo que aspira liberarse de la vida se le ocurre ser los poseedores de innumerables cuerpos que perpetúan la condena. Menos problemático hubiese sido concebir una metafísica de la nada, como la de Sartre. De esa forma no solo conservarían la tradición de abominar de la existencia sino que además el logro, la desaparición, sería inevitable. Claro, si así hubiese sido, el hinduismo no sería una religión y sí una doctrina filosófica. Y esto nos sugiere algo. La aspiración del individuo ha sido siempre vencer a la muerte; su aspiración ha sido anterior a las religiones. Pero la aspiración de toda religión es siempre posterior a su concepción cosmológica. La percepción de la realidad siempre se plantea como *problema,* el cual la religión pretende resolver.

169, REPRESIÓN. Los pueblos del Ganges poseen uno de los espíritus más vitales y sensuales de los que se tengan noticias en la historia. Para darse cuenta de esto, basta con echar una mirada a su arte plástico, a su mitología y a sus fiestas. Por todos lados aparece lo sensual, lo colorido, el sexo explícito, el *tantra*, el *yoni* y la *linga,* la exuberancia sin freno. Y, por otra parte, el insuperable ascetismo, la condena a la vida del cuerpo como una experiencia eternamente dolorosa. —Pero éstas son solo contradicciones aparentes, ya que la exuberancia sensual y el ascetismo condenatorio suelen retroalimentarse. San Agustín, por ejemplo, antes de dedicarse al ascetismo fue un libertino. "En la lascivia y la prostitución he gastado mis fuerzas", reconoció alguna vez sobre el papel. Algo similar ocurre en el mundo islámico. La "condena" a la mujer posee una raíz histórica de sensualidad. Lo árabes que precedieron a Mahoma no solo eran idólatras; también eran hedonistas, aficionados a la poesía y a las fiestas. Casi no podría entenderse cómo un pueblo que produjo *Las mil y una noches* (uno de los más célebres ejercicios de la imaginación), los harenes de bailarinas y poetas ebrios como Omar Khayyam, produjo también El Corán, los afiebrados talibanes, la condena repetida a cualquier tipo de literatura y la momificación de la mujer. Sobre las mismas arenas donde se veneraba el arte de mover las caderas se condenó la exhibición de los labios y de los brazos. Y si no se les prescribieron lentes negros es porque en el siglo VII aún no existían, ya que ninguna parte del cuerpo humano es tan sensual como los ojos que miran. Y es en este arte de mirar donde las mujeres en Medio Oriente ejercen el erotismo y la osadía de seducir.

170, FANTASMAGORÍA. La costumbre del velatorio no tiene, como se dice, una simple utilidad forense (asegurarse que el sospechoso está realmente muerto antes de enterrarlo). Ninguna costumbre relacionada a los acontecimientos críticos de la vida tiene simples utilidades. En una costumbre tan antigua debe subyacer una finalidad simbólica: ver al muerto y exponerlo a los demás familiares para una confirmación colectiva. Esta previsión mágica confirmará la imposibilidad de un retorno del desaparecido en una forma fantasmagórica. No es independiente el hecho de que hasta las creaturas más ateas clamen por sepultar en rito a sus familiares desaparecidos en circunstancias inexplicables.

171, FUNERALES. Herederos renegados del antiguo Egipto, los fieles y los infieles de los tres monoteísmos continúan guardando los cuerpos de sus muertos. Según O. Spengler, "existe una profunda relación entre la manera de interpretar el pasado histórico y la concepción de la muerte que se manifiesta en las formas funerarias. El egipcio niega la corrupción, el [griego] antiguo la reafirma mediante todo el lenguaje de su cultura". Luego recuerda que la costumbre de quemar a los muertos existía en tiempos de Homero, aunque incluso es anterior. El drama antiguo no tolera temas históricos sino mitológicos. Los helenos se oponían al retrato plástico. El mito niega lo que es el objeto de la historia: la existencia común, y lo hace en beneficio de otra ideal o superior. Y en Oriente, porque el renacimiento se considera castigo, no se conservan los cuerpos de los muertos. El cuerpo es la cárcel y, como todas, debe ser destruida. La práctica funeraria es, por lo tanto, la cremación. Con el fuego el cuerpo sólido se convierte en humo inmaterial, y lo que quede de él deberá ser arrojado a las aguas. Esta práctica, además de conveniente en un país sobrepoblado y pobre, realiza un ritual simbólico probable: lo que no es borrado por el fuego es lavado y disperso por las aguas. Agua y fuego son los agentes de la desaparición. Así, como el espíritu de Brahma, la creatura se disuelve para siempre en el infinito Cosmos.

XX: MATERIA Y ANTIMATERIA

172, DECEPCIONADOS. Para los pueblos del Indo y del Ganges, la existencia es una experiencia dolorosa. El hinduismo no tiene fecha de nacimiento ni fundadores personales; fue el resultado de millones de seres y es muy difícil imaginarse las condiciones psicológicas con las cuales surgió. El budismo y el jainismo, en cambio, poseen nacimientos históricos y fundadores concretos. Ambos, Siddhartha Gautama y Jina Vardhamana eran príncipes o vivían como tales. Como fue costumbre en la época moderna, los revolucionarios pertenecían a la clase alta o eran cultos y dispuestos a movilizar grandes masas de gente. Como ocurrió con otros hombres célebres, la crisis espiritual les sobrevino alrededor de los treinta años. Príncipes o hijos de comerciantes acomodados, Buda y Jina fueron rodeados desde niños por los placeres materiales de la riqueza. Sí, es cierto que cualquiera de aquellos "príncipes" hoy entrarían por la puerta de servicio de cualquier burgués moderno. Pero no es la calidad del confort del que disponían lo importante, sino el simple hecho de que *poseían conciencia de sus privilegios*. Y cuando salieron de sus palacios fueron espectadores de las peores desgracias de este mundo, lo que equivale a decir que

entonces descubrieron la "realidad". Quien haya recorrido esa parte de Asia podrá imaginárselo, dos mil quinientos años después. La conclusión es previsible: *el
mundo es mucho peor de lo que ya parecía*. Por eso, no
es incomprensible de que estos señoritos hayan decidido abandonar sus palacios para dedicarse a la mendicidad y al ascetismo. Siddhartha Gautama no
pertenecía a la casta religiosa de los Brahmanes y tampoco carecía del marco metafísico de lo que ahora es el
hinduismo. El budismo solo podía haber sido fundado
por un hindú de clase alta, libre de las obligaciones y
de la férrea tradición de los brahmanes.

173, NATURALEZA. En Oriente la realidad de la
materia era menos consistente que en Occidente. El espíritu oriental abomina del mundo material. Pero ni los
egipcios ni los hebreos podían despreciar la materia
porque, aunque perecedera, también era obra de Dios.
Moisés, el fundador de la religión judía, entre otros beneficios materiales, prometió a los fieles un trozo de
tierra; no la liberación de la carne o el Paraíso. Será con
Cristo y, sobre todo, con los primeros cristianos en
donde se advertirá aquella tendencia oriental que toma
distancia del mundo material. En los primeros siglos de
esta era, los intelectuales se redujeron a estudiar las Escrituras porque en ellas estaba todo lo que había que
saber. Lo más importante era el Reino celestial, por lo

que se abandonó y se despreció el estudio de la naturaleza y el ejercicio de la razón, dos temas caros al espíritu griego. Fueron los escolásticos del siglo XII los que
volvieron su atención al mundo material, a la práctica
de la razón. (Hugh de Saint Víctor comprendió que
nada en la naturaleza es tan superfluo que no merezca
ser investigado; entender el mundo físico era necesario
para la contemplación mística y religiosa.) Los escolásticos abrieron una caja de Pandora; desencadenaron una
revolución intelectual y espiritual en procura de confirmar una fe hasta entonces incuestionable.

174, ENGAÑO. Herederos de la tradición judeocristiana, los islámicos tampoco despreciaron el mundo
material. Incluso, consideraron su estudio como uno de
los tantos caminos que conducen a Dios. Fue, precisamente, este mismo principio ideológico y dogmático el
que salvó y reprodujo gran parte de la cultura griega;
de la cual no hubiese quedado nada si aquellos islámicos fuesen como los fundamentalistas de ahora. Mil
años después, Lutero y Calvino prepararon sus propias
paradojas espirituales. Creo que está de más repetir las
implicaciones capitalistas del protestantismo, producto
teológico ejercido sobre el libro más anticapitalista de
Occidente. —Diferente trato recibió la materia en
Oriente. Para el hinduismo y sus derivaciones, el
mundo material nunca fue una fuente de verdad sino de

engaño. La verdad se alcanza, precisamente, suprimiendo el vínculo que une al mundo con las creaturas: *los sentidos*. Ésta es la base de la milenaria yoga, de la cual Occidente solo ha conservado el nombre y la mímica. En estas condiciones, es fácil imaginar que en India jamás hubiese tenido lugar algo así como la Revolución Industrial o el marxismo.

175, RECONCILIACIÓN. En Occidente, cuando el mundo dejó de ser imprevisible y se convirtió en un elemento más o menos controlable (si bien no en la práctica por lo menos en la superstición), dejó de ser temible para convertirse en objeto de placer. Ya no era necesario expiar los pecados morales para evitar la caída de un rayo; se podía ser homosexual o incestuoso o criminal si se poseía un buen pararrayos. Y si alguna de estas actividades no es práctica común entre las creaturas de Gea, no es por temor al castigo divino sino porque gran parte de las costumbres morales han sobrevivido a este divorcio. También el dolor físico dejó de ser temible: ya no se amputa piernas con serruchos y medio litro de whisky; ahora existen vacunas y anestesias o, por lo menos, la dulce eutanasia.

176, CUERPOS. Aparte de Egipto e Israel, el otro pilar de la espiritualidad occidental fue Grecia. Recordemos que para los griegos el mundo era cuerpo o no era. El Partenón es una gran escultura. La arquitectura griega solo considera el volumen en positivo, la piedra que está y no la que falta. Se debe esperar hasta la aparición de la arquitectura romana para ver a un pueblo trabajar los volúmenes vacíos, los grandes espacios interiores como el Panteón. También la matemática griega es la expresión del *ser* que niega o ignora el *no-ser*. Su geometría trata de figuras llenas como el círculo; no la circunferencia. En aritmética los griegos desconocieron el cero porque no podían trabajar con algo vacío. Y recordemos, también, que fueron los hindúes los inventores del cero, lo que es por demás significativo. Al cero sólo podía haberlo inventado un pueblo en cuya metafísica ya existía el *no-ser* como obsesión.

177, ONTOLOGÍA. En la Biblia y en el Corán no existen áridas abstracciones acerca del *ser* y el *no-ser*. Incluso las ideas más simples son expresadas por un relato histórico o una metáfora —cuando se expresan ideas y no órdenes. En cambio, las abstracciones de la ontología ya eran ejercitadas con rigor en Oriente; el mismo esfuerzo intelectual que se requiere para comprender a Hegel o a Sartre era también necesario para seguir al Buda o al Ganges.

178, RECAÍDA. Bronislaw Malinowsky, de acuerdo con otros, sostuvo que la fe y el culto surgen de las crisis humanas como el nacimiento, la adolescencia, el matrimonio y la muerte. "Porque has de saber —le dice Céfalo a Sócrates— que cuando un hombre comienza a pensar que va a morir, le entra miedo y preocupación por cosas por las que antes no le entraban, y las fábulas que se cuentan acerca del Hades, sobre la pena que le toca al que ha delinquido, fábulas hasta ahora tomadas a la risa, le transforman el alma con miedo de que sean verdaderas". También a través de la historia el sentimiento religioso disminuye cuando disminuyen las amenazas que vienen del futuro. Desde los escolásticos, la fe incondicional y la autoridad dejaron lugar a la razón primero y a las ciencias después. Con la anestesia o el pararrayos no se demostró la inexistencia de Dios. Solo que ya no Era tan necesario. Hasta que también el optimismo científico entró en crisis y dejó lugar a eso que se llamó *posmodernidad.* Ese tiempo nuestro, atiborrado de sectas, magos, pastores, payasos, talibanes y suicidas cibernéticos.

XXI: El devenir trascendente

179, INFIERNO. Para las sociedades agrícolas de la prehistoria y para las primeras civilizaciones, la vida en Gea importaba más que la otra vida. Lo importante era la salud y el número de descendientes, por lo que se veneraba el sexo y la fertilidad de la tierra y de la mujer. Muchos mitos posteriores hablan de héroes, como Gilgamesh, que procuraron robarle a los dioses el secreto de la juventud eterna. —Cuando el más allá se instaló en la conciencia de la creatura lo hizo con imágenes más bien tenebrosas, sugerida tal vez por el estado de abandono y pudrición de los cuerpos muertos. Para los antiguos sumerios, los espíritus de los muertos debían sobrevivir en un país tenebroso cuyo rey era el dios Nergal y sus ministros algo así como demonios o espíritus perversos. Los pobres espíritus debían errar eternamente, alimentándose de barro y desperdicios. En la Grecia homérica, el destino invariable de los muertos fue el Hades, un país tan sombrío como el de Nergal, donde las almas (o psique o soplo) divagaban como sombras, siempre lamentándose de todo lo perdido. Y lo mismo ocurría para los primeros hebreos del Antiguo Testamento. Todos, virtuosos y pecadores, terminarían un día en el *she'ôl*, (*seol*, *hades* o sepulcro) tierra de sombras y lamentos. Por ello, se podría decir que el Infierno es anterior al Paraíso. En muchos mitos del mundo antiguo, el dios conductor de las almas al más allá era el dios de los infiernos (*infernus*, inferior). El paraíso, en cambio, por mucho tiempo fue un proyecto o una aspiración terrenal. Lo fue para los babilonios y para los israelitas. Pero un proyecto repetidamente fracasado y en evidencia para una creatura más despierta y desconforme; por lo cual debió refugiarse en un tiempo y en un espacio irrefutable por la experiencia: el futuro en el Cielo.

180, PARAÍSO. Tal vez la primera representación del Paraíso tuvo lugar entre los antiguos egipcios. A diferencia de los mesopotámicos, de los primeros hebreos y de los griegos antiguos y de los japoneses, la conducta moral del individuo era determinante para un fallo favorable de Osiris. Y a diferencia de todas las religiones posteriores, no era tan necesario el (re)conocimiento de la Verdad (la Segunda Tabla aún era más importante que la Primera), tal vez porque no era concebible la Ignorancia. El espíritu de cada egipcio debía enfrentarse, tarde o temprano, ante el gran juez, Osiris. En el juicio era acusado de cuarenta y dos pecados, semejante a los que se leen en el *Decálogo*, de los cuales debía defenderse, si el corazón no lo traicionaba, con estas palabras: "He dado pan a los hambrientos, he dado de beber a los que tenían sed, he dado vestido a los que estaban desnudos..." Si el fallo le era favorable, el muerto alcanzaba la felicidad eterna en una tierra fantástica, situada al occidente. —Una doctrina inversa razonó Calvino en el siglo XVI. Para el reformador protestante, ninguna acción buena puede salvar a la creatura; porque, si se analiza en profundidad, toda acción humana es condenable. Lo único que importa, entonces, es el reconocimiento de la Verdad (aunque solo sea accesible al intelecto de los elegidos).

181, MORAL. Sabemos que hubo culturas que no aspiraron al Paraíso; y que en la antigüedad no eran excepciones sino la regla. Sin embargo, ciertas normas morales eran igualmente observadas. La Ley significó orden y prosperidad primero, y favor de los dioses después. Por ello, muchos pueblos pedían a sus dioses felicidad en la tierra, no en el cielo. Más tarde, para aquellas creaturas que pudieron entrever el Paraíso, la moral no fue un camino extraño a los dioses. No matar, no robar, no fornicar no bastan para entrar al Paraíso de las nuevas religiones, como en Egipto. Pero la comisión de cualquiera de esas faltas (además de ignorar la Verdad) podía cerrarles las puertas.

182, TRÁNSITO. Por milenios, las creaturas debieron vagar de un lado para el otro en procura de la sobrevivencia. No hace mucho, apenas unos diez mil años, abandonaron aquella condición de nómades y se hicieron sedentarios. Pero esta nueva creatura no pudo olvidar completamente su antigua condición: el de estar siempre en tránsito. Solo que ahora *ir hacia alguna parte* ya no era un problema físico sino metafísico. ¿Pero hacia dónde? Respuestas monumentales y contradictorias: Osiris, Marduk, las pirámides del Nilo, la liberación del Buda. Es muy significativo que el culto de las sociedades agrícolas haya estado relacionado con las diosas de la tierra, al tiempo que los nómades veneraban los dioses del cielo. Si para el sedentario la realidad estaba en el suelo, para el nómade estaba en las estrellas que lo acompañaban; no en el camino, mutante y pasajero. Por lo tanto, la casa del nómade estaba en el cielo. —Desde hace tantas lluvias, soles, glaciales y terremotos, la creatura ha sido un animal *en tránsito*; con una consciencia disimulada de su transitoriedad. Un ser que siempre (siempre) está de paso por todas las cosas. Lo sabe y con frecuencia se interroga sobre ello; niega este mundo pasajero o lo apresa con furia. Es decir, es religioso o es estético.

183, CELO. ¿Por qué Dios necesita (y exige) que ante todo creamos en Él? Según el Decálogo, la sabiduría oriental y toda la historia religiosa de Occidente, desde Jesús a Mahoma, desde Buda al pastor Jiménez, para salvar el alma no basta con ser una buena creatura (Servet pensó que sí y lo quemaron por decir tonterías); no basta con cumplir fielmente los Mandamientos de la segunda tabla: antes es necesario re-*conocer* la Verdad. En estos casos, tiene mejores posibilidades de recibir el perdón divino un criminal temeroso de Dios que un inofensivo ateo. ¿Por qué? Porque para toda religión lo prioritario es la *confirmación* de la verdad propuesta, de la aniquilación de la duda existencial. Y, en este sentido, es más peligroso un incrédulo que un asesino arrepentido.

184, VERDAD. Desde hace milenios, las creaturas exigen el cumplimiento de determinados códigos de conducta para la realización de la paz y la felicidad en Gea. Pero por mucho tiempo no pensaron (sumerios, hebreos, griegos, nipones), que la moral determinara la suerte de la creatura en el más allá. Los antiguos egipcios sí; pero sus dioses, o su Dios, Osiris, no desarrolló el celo de colonizar el amor de la creatura hacia una determinada verdad. La verdad como principal urgencia metafísica surgirá más tarde cuando las creaturas se enfrenten con otras realidades espirituales, cuando la seguridad metafísica reconozca la amenaza de la duda y la libertad. La diversidad cultural conduce al escepticismo y al fundamentalismo: dos fenómenos del siglo XX y que poseen la misma raíz. Todas las religiones que exigen fidelidad incondicional, casi siempre bajo amenaza de torturas infernales, surgieron como oposición a una cultura concreta. Recordemos a Amenofis IV, Moisés, Buda, Jesús, Mahoma, Lutero.

185, SILENCIO. Por razones obvias, las creaturas comúnmente están más preocupadas por mirar a donde pisan que por detenerse un instante y mirar hacia el horizonte. O no quieren mirar o no les interesa, lo cual también es humano. Un médico cubano que vive en la calle San Leonardo 335 de la Habana leyó mi libro *H.* y me escribió una carta diciéndome: "Para mí el sentido de la existencia cabe en un grano de maíz". Te creo, Javier; te creo.

186, MUERTE. El deseo de *no-ser* de Oriente y el deseo de *ser-eternamente* de Occidente expresan, ambos, la angustia de la muerte. Vida eterna significa estar a salvo de la muerte. Obvio; pero también liquidar el ciclo de las reencarnaciones es suprimir la tortuosa y repetida experiencia.

187, RENUNCIA. Con la renuncia se exorcista el temor al devenir. Para la conciencia religiosa, este mundo es transitorio y lo mejor es darlo todo a cambio de algo permanente. Santa Teresa lo formateó así:

Vida, ¿qué puedo yo darle

A mi Dios que vive en mí,
Si no es perderte a ti
Para mejor a Él gozarle?

Por el grado de renuncia se mide el espíritu religioso. Y su patología también. En tiempos antiguos, por ejemplo, los jainistas prescribieron el suicidio para liberarse del cuerpo que los ataba al mundo. Y lo mismo hacen hoy las sectas religiosas del mundo evolucionado. Una variación orgullosa de este tipo de renunciantes suicidas son los mártires voluntarios. Temerosos de lo que está más allá se apresuran a abandonar el más acá. Con la renuncia de uno se paga el acceso al otro.

188, TEMOR. Según el Antiguo Testamento, Dios dio a Abraham el hijo tan deseado en un momento imposible. Luego se lo pidió en sacrificio, *para probar su fe*. Sin embargo, habrá que suponer que la decisión de Abraham de matar a su hijo se debió a una orden clara y precisa del Supremo. Es decir, que en ningún momento está en juego su fe, como se pretende, sino su *obediencia*. El patriarca tiene fe, pero obra por temor. Entiendo que por esta afirmación seré crucificado por varios neoinquisidores de pueblo que conozco. Pero recordemos que, en sus orígenes, obrar por temor al Señor significaba la mayor virtud de una creatura. Que ahora se avergüencen de ello en nombre del Amor, ya es otra cosa. Según el Génesis (22-12), el ángel le dice a Abraham: *"No lo hagas, porque ya sé que tienes temor de Dios, pues no te negaste a darme tu único hijo"*. Esta acción que el teólogo danés Soren Kierkegaard llamó una "suspensión ética", en cualquier parte del mundo actual sería condenada como intento de homicidio. Sin importar a qué dios se invoque en la defensa. Sin importar cuán abrahamista sea el juez. El ejemplo de Abraham es claro: aquí es el espíritu religioso el que habla. Con él debía quedar en claro que *la Primer tabla está sobre la Segunda.* —Ahora ese orden jerárquico se halla invertido. Según este nuevo orden, cualquiera que oyese la orden de Dios para repetir la hazaña de Abraham será condenado por unanimidad. Incluso por aquellos religiosos que ahora alaban el intento del patriarca; tal vez porque la "suspensión ética" ha sido levantada.

189, ACRITICA. En ocasiones el temor al Supremo es explícito, como en el Antiguo Testamento o en el Corán. Cada surra está encabezada por una misma expresión, inequívoca e invariable: *"En nombre de Dios clemente y misericordioso"*; en cada iglesia se repite *"Señor, ten piedad de nosotros"*. Ignorarlo implica, según cada religión, un castigo terrible. En la actualidad ningún religioso piadoso se atrevería a criticar ni uno solo de los crímenes que en la Biblia se cuentan como hazañas, motivada por orden de Dios y no por intereses geopolíticos. Son pocos los religiosos, si los hay, que aceptarían la idea de que la Biblia es imperfecta; o que en su redacción, en algún momento, pudo intervenir la mano insegura de algún hombre. Porque cuestionar una parte sería cuestionarlo todo. (Los musulmanes consideran que el Corán es una parte de Dios, por lo tanto es un texto perfecto e inmutable; lo mismo pensaron los cabalistas: la Torah es perfecta, por lo tanto cada frase, cada palabra, cada letra es significativa e inamovible). —Sabemos que el temor es el más poderoso acrítico. Y que por lo tanto el camino es interpretar: donde dice *blanco* quiere decir *negro*.

190, ELEVACIÓN. Al temor a lo Desconocido siguió el temor al Todopoderoso. Ya que no se puede dialogar con un fenómeno inexplicable o sin inteligencia, se lo hace con un Ser capaz de escuchar nuestros ruegos y capaz de interpretar nuestras buenas acciones. Y que, además, es todopoderoso y omnisciente, enigmático depositario de todas las respuestas inaccesibles a las creaturas. Pero si bien en el pasado el vínculo principal fue el temor, a ninguna buena creatura se le puede negar que su relación con Dios esté basada en el amor puro. Al fin y al cabo, las creaturas metafísicas son seres históricos, y por lo tanto mutables o perfeccionables.

191, PROCEDIMIETNOS. Si para las religiones egipcias y mosaicas la salvación era un problema jurídico, para el budismo es un problema psicosomático. Esto mismo ya lo había advertido Nietzsche cuando en *Ecce Homo* escribió: "su religión, a la que mejor calificaría de higiene, para no mezclarla con casos tan deplorables como el cristianismo, hacía depender su eficacia de la victoria sobre el resentimiento". Y más adelante: "así no habla la moral, así habla la fisiología." Un observador atento advertirá que ninguna doctrina es más opuesta a la filosofía del alemán que el budismo. Inmerso en una realidad dominada por el ciclo de las reencarnaciones, las experiencias repetidas de enfermedad, vejez y muerte, Buda reaccionó negando la experiencia de ser. Nietzsche, en cambio, desafió esa misma existencia *a ser.* Más allá del bien y el mal, quiso tomar la alegría de vivir y también el dolor. Buda no; procuró apagar el dolor pero también la felicidad, porque una se alimenta de la otra.

192, EXTERMINADOR. Para el budismo, el dolor es inherente a toda forma de vida. Al final, también el placer y la felicidad significan dolor, porque ligan al ser a la vida material; es decir, al ciclo de las reencarnaciones. Las pasiones y los deseos llevan a la acción, y por esta ocupación la creatura no puede alcanzar la Iluminación. Hace 2500 años, Buda dijo que no había dioses ni había Dios creador, como sostenían los brahmanes, sino un continuo físico-metafísico, eterno e infinito. Este primitivo desencajado creía que el Universo estaba formado por innumerables sistemas solares como el nuestro, llenos de vida. Ahora, si el dolor y la vida pueden repetirse eternamente, y para peor no hay Dios que nos ayude o nos comprenda o nos juzgue, lo mejor es terminar con esa cadena absurda de renacimientos. Y para eso la creatura está sola. Es obvio que, para el espíritu indiano, la muerte por sí sola es incapaz de alcanzar la liberación definitiva. Solo puede remitirnos a repetir el proceso. (Schopenhauer estuvo de acuerdo: el mundo es ilusorio y la simple muerte no puede acabar con él. Mucho menos un acto apasionado como el suicidio. Porque la voluntad, *wille*, era a Schopenhauer como el *karma* era al Buda.) A los animales les está vedado modificar la naturaleza. Solo la creatura, entonces, puede hacerlo. Y lo hará valiéndose de aquello que, aparentemente, más lo distingue de sus parientes inferiores: *el conocimiento de la verdad*. Buda no solo rechazó las revelaciones que provenían de la tradición; también se desinteresó de las especulaciones cosmogónicas por significar una distracción del verdadero objetivo. La Iluminación debía ser alcanzada por el conocimiento pero, en última instancia, todo depende del individuo, de su experiencia personal. El dolor y la muerte se encuentran multiplicados por un factor infinito y el objetivo es la anulación cero. Diluirse en el Brahman o en el Nirvana. Occidente, en cambio, ante la muerte reacciona negándola; con cierto optimismo, ya que supone que vidas hay dos pero muerte hay una sola y es ineficaz.

193, PREPARADOS. El judeocristianislamico heredó del antiguo Egipto su escatología. Todo futuro aquí en Gea un día será pasado (y pisado), pero más allá está la eternidad, lo incorruptible. Luego, este momento pasó a ser lo único real de una vida aparente, y lo único que podría importarle a la creatura. Yahvé premiaba y castigaba en efectivo; pero después, ante la indocilidad de sus creaturas decidió enviar a Su Hijo con un mensaje claro: *Las cuentas las arreglamos al final.* Como en el hinduismo, vivir es prepararse para la muerte. La diferencia radica en que los hindúes le dan innumerables oportunidades de salvación a sus almas. Los judeocristianislámicos, en cambio, hacen depender la eternidad de un único momento, fugaz y confuso; eso que llamamos vida.

194, RENUNCIAS. En un comienzo, los sacrificios consistían en la renuncia de una parte de lo que se quería conservar (un toro, lo mejor de la cosecha; aunque ni todos los toros ni toda la cosecha). Con el tiempo, para asegurarse del goce absoluto de todos los deseos en el más allá, reprimidos en el más acá, el desprendimiento se efectuó en la misma escala: fue total e irrestricto. Se estigmatizó el sexo, el cuerpo, el placer de todo lo sensual y todo lo más preciado por las creaturas primitivas. Pero el acto de la renuncia no es solo patológico; también puede ser terapéutico además de sabio: El Bhagavad-Gita dice, por ejemplo: *"Solo puede encontrar la verdadera paz la persona que ha renunciado a todos los deseos de complacer los sentidos..."* Claro que el psicoanálisis no está de acuerdo.

195, RECOMPENSA. Lo que se pierde en Gea se gana en el Cielo. Según Jesús, es más fácil para un camello pasar por el ojo de una aguja que para un rico entrar al Reino de Dios. Desde un punto de vista dinámico, un hombre rico siempre tiene más motivos para temer que uno pobre. Y si de hecho no ocurre así, es porque las sociedades están organizadas para beneficiar al primero y perjudicar al segundo. Pero cualquier cambio o desorden pueden significar para el rico una pérdida. A ningún pobre le costaría adaptarse a las condiciones de vida de un rico, pero sabemos que la inversa es casi intolerable y con frecuencia conducen al suicidio o a la locura. Por lo tanto, una creatura consciente de sus privilegios tiene más motivos para temerle al tiempo o a la entropía. Como Siddhartha Gautama. En la renuncia está la base del espíritu religioso y en proporción a ella es la recompensa. —No solo el consejo de Cristo de no pensar nada para mañana ha sido olvidado en beneficio de la ética capitalista. También lo fue la metáfora del camello y la aguja. O casi; en Europa, un millonario cristiano mandó construir una aguja con el ojo lo suficientemente grande como para permitir el paso de un camello que llevó de Medio Oriente. Menos primitivos, los teólogos protestantes demostraron que los ricos no necesitaban entrar al Reino *porque ya estaban en él.* Esta tranquilizadora idea también se conoce como doctrina de la predestinación y fue deducida de las mismas Escrituras que en principio parecían decir lo contrario.

196, PREDESTINACIÓN. La doctrina de la predestinación es antigua como la idea de un Dios Todopoderoso. Pero en tiempos de la Reforma también fue una consecuencia teológica de la navegación. Antes (y después), moros y judíos podían ser infieles y herejes bajo su propia responsabilidad, ya que conocían los Libros. Pero no los salvajes de la lejana periferia. Esos eran responsabilidad de un Dios cruel o por lo menos negligente, ya que no se los podía acusar de rechazar algo que no conocían. —La doctrina de la predestinación contiene los opuestos teológicos: la religión y la irreligiosidad. Después del razonamiento fatalista, la conclusión lógica sería el abandono del rito y la buena

acción, ya que nada se puede hacer para cambiar la
suerte propia y hasta sería una afrenta intentarlo. Y, sin
embargo, la predestinación es una doctrina tan poderosa como antigua. ¿Por qué? Porque si bien nada se
puede hacer para cambiar el destino, nunca se sabrá
quiénes son los elegidos y *cuál* será su destino antes de
la muerte (aunque los renunciantes siempre se apunta-
rán al pecho junto con la buena o mala fortuna). Ante
esta terrible doctrina, a la creatura le queda siempre la
experiencia de la ansiedad religiosa o el desinterés metafísico.

197, CONFIANZA. En oposición a la metáfora
cristiana de la aguja y el camello, está la doctrina de la
predestinación de Calvino, según la cual la suerte de
una creatura en Gea ya ha sido predefinida por el Omnisciente antes de nacer. Por lo tanto, la riqueza y la
buena suerte en una creatura solo pueden demostrarle
que pertenece al reducido grupo de los elegidos. El proceso psicológico que lleva de esta doctrina a la acumulación de capital y al trabajo obsesivo ya fue descrito
por Erich Fromm. Esta idea o forma de predestinación
sirvió para legitimar un nuevo estado de la sociedad europea en el siglo XVI; *pero era religiosamente débil,*
era menos cohesiva. Es comprensible que haya sido en
el seno de estas sociedades donde se desarrolló el lai-
cismo primero y el ateísmo después —con sus

correspondientes efectos de acción y reacción. Al
mismo tiempo que el trabajo, el capital y el humanismo
favorecían el "dominio" de la naturaleza, se consoli-
daba una nueva condición psicológica con respecto al
tiempo. Los hombres se volvieron optimistas de más y
el temor al dolor y a la escasez se hizo más manuable.
(La misma historia de la anestesia es alegórica: cuando
se la descubrió para apagar el dolor, ya era usada como
hilarante en los circos.) La creatura moderna ha dominado en parte su temor al devenir en Gea y para eso ha
desarrollado no solo la medicina sino también los sistemas de Seguridad sociales, pólizas de seguros de todo
tipo, previsiones hasta en casos de muerte. En algunos
rincones de África, a los viejos enfermos se los abandona al costado de los ríos. Y en no pocos ríos de Asia
también. En el mundo moderno, el Sistema los lleva a
un hospital que ya está pago por una cuota mutualista o
por el gobierno. El anciano moderno sabe que, en el
peor de los casos, le apagarán el dolor con un compri-
mido. El dolor físico, porque ni el sistema médico ni la
cuota del seguro les darán respuesta a sus interrogantes
existenciales. Semejante a la anestesia, la alternativa
espiritual suele ser el nihilismo.

198, PÉRDIDA. En *La decadencia de Occidente*,
Oswald Spengler hace referencia al terror cósmico:
"Solo el hombre que interiormente ya es cadáver

—dice—, el habitante de las grandes urbes postrimeras, la Babilonia de Hammurabi, la Alejandría de los Ptolomeos, la Bagdad del mundo islámico, el París y el Berlín de hoy; solo el puro sofista intelectual, el sensualista, el darwinista, pierde o niega ese terror, interponiendo entre sí y lo extraño una 'concepción científica del mundo' sin arcanos ni misterios" A su tiempo, Albert Einstein escribió: "La más hermosa y profunda emoción que podemos experimentar es el sentido del misterio. En él está el origen de todo arte, de toda verdadera ciencia. Quien no haya jamás probado esta emoción, quien so se haya detenido para meditar y quedar cautivo en temerosa admiración, está como muerto". Más recientemente el noruego Jostein Gaarder escribió: "asombrarse ante la existencia no es algo que se aprende; es algo que se olvida".

199, DIOS. Si no existieras, igual serías el principal protagonista de la historia.

XXII: El pecado de existir

200, DESPERTAR. El mito, antes que interrogante es respuesta. Al igual que el pensamiento filosófico, no está desprovisto de condicionantes estéticas, como el de unidad. El mito representa una respuesta inconsciente a preguntas como "¿de dónde vino esta montaña?, ¿de dónde vinimos nosotros?, ¿hacia dónde vamos?, ¿a dónde irá esta montaña cuando ya no estemos?" A la inversa, la filosofía surge de la actividad consciente (crítica, reflexión). Antes de formular sus respuestas comienza por plantearse las interrogantes, o por lo menos presume de ello. Entre el mito y la filosofía está la tragedia griega. No solo por su momento de aparición; la tragedia interiorizó el mundo en la creatura metafísica. Los antiguos dioses o demonios que guiaban perturbaban o perdían al héroe se convirtieron en estados del alma primero, y en fenómenos mentales después. Entonces fueron deseo, pasión, amor, angustia, pregunta y misterio. Mito, tragedia y filosofía son productos intelectuales de la creatura conmovida ante la naturaleza primero, y ante sí misma después. —El mito no llega a ser religión porque por sí solo no exige renuncia alguna a la creatura, ni la obligación de no ser cuestionado. Según como sea tomado el mito se convertirá en religión (semita) o en tragedia (griega). La tragedia continúa una tradición pero no la respeta: la cuestiona y la interroga. Su actitud es desafiante, es rebelde. Es propia del espíritu estético del pueblo griego. La tragedia y la pintura de este pueblo demuestran su ilimitada osadía ante el mundo. Es un espíritu adolescente, un pueblo desinhibido capaz de hurgar y expresar sin miedos ni vergüenza toda su naturaleza interior. Tanto como para surtir a la psiquiatría moderna con una colección infinita de símbolos: Edipo Rey, Sirenas, Furias, la mujer fálica, sátiros con penes erectos, ménades e histeria dionisíaca. Los griegos fueron las únicas creaturas capaces de fornicar con los dioses y de no morir en la acción. Por eso, a los hijos de semejante osadía se los llamaba *héroes*.

201, SER. En *El nacimiento de la tragedia* Friedrich Nietzsche dice: "el mismo instinto que da vida al arte, como un complemento y una consumación de la existencia destinado a seguir viviendo, fue el que hizo surgir también el mundo olímpico, en el cual la 'voluntad' helénica se puso ante un espejo transfigurador". Y más adelante: "...invirtiendo la sabiduría silénica: lo peor de todo es para ellos morir pronto, y lo peor en segundo lugar es llegar a morir alguna vez". Para cualquier religión, lo peor de todo es lo contrario. Para la metafísica del Ganges y para el Himalaya, por supuesto. Y para los cristianos también. Creo que es inequívoca la sentencia de Jesús (según San Juan 12-24): "Les aseguro que si un grano de trigo no cae en la tierra y muere, sigue siendo solo un grano; pero si muere, da abundante cosecha. El que ama su vida la perderá; pero el que desprecia su vida en este mundo la conservará para la vida eterna". —Claro que, si no nos gusta, podemos interpretar.

202, ARTE. El espíritu estético posee la voluntad de *exaltar* el mundo, la necesidad y el valor de experimentar el mundo a través de los sentidos. Pero ese mundo anhelado siempre estará por encima de la realidad común. Lo que casi siempre se traduce en la *búsqueda del tiempo perdido,* de un tiempo siempre diferente al presente. En la superación del presente radica la magia de la literatura, la imaginación y la evocación de todo arte: el cine, la pintura, la música. Incluso la danza, que tiene por "instrumento" principal al más poderoso agente del tiempo presente: *el cuerpo.* En toda danza podemos anotar una actitud común: el movimiento de los pies. En todo baile o danza, los pies procuran siempre despegarse del suelo, la ingravidez del cuerpo.

203, RIVALES. En sus momentos más intensos, las religiones siempre condenaron la práctica del arte.

El judaísmo y el Islam rechazaron la sensualidad de las imágenes. Incluso, los mahometanos llegaron a censurar artes más volátiles como la música y la poesía. El Corán dice (sura XXVI; 224): *"Son los poetas a quienes los hombres extraviados siguen a su vez".* Como buen revolucionario y reformador, Mahoma procedió por oposición a los elementos fundamentales del orden despreciado; como Moisés, como Lutero. Precisamente, una de las aficiones de aquellos árabes del desierto era la poesía. En Okadh, mercado de Hedjaz, los poetas de toda Arabia se reunían una vez al año para competir en una especie de festival. Los mejores *kasidah* (poemas) eran escritos con letras de oro en el templo que luego recogió la Caaba. El espíritu beduino, como el griego, amaba la belleza del mundo, la aventura; le importaba más el presente que la vida futura. Y fue contra esta independencia de espíritu que combatió Mahoma a favor de una nueva creatura musulmana, que significa *sometida.* Cuatro siglos después, el poeta Omar Ibn Ibrahim Kayyam, desafió a Mahoma y a la renuncia del musulmán. Exaltó el mundo, las mujeres, la felicidad y el vino. Tal vez haya un verso que resume todo su escepticismo hedonista y toda la irreligiosidad:

> *Tan rápidos como el agua del río*
> *o el viento del desierto, nuestros días huyen.*
> *Dos días, sin embargo, me dejan indiferente:*
> *el que partió ayer y el que vendrá mañana.*

El único día que le importa al poeta persa es hoy. Pero sus dos primeras líneas revelan que la tragedia del hoy es convertirse en ayer, mientras las dos últimas se rebelan contra la conciencia del mañana y la memoria de lo perdido. Es decir, ante la observación existencial, no opta por la renuncia religiosa sino por su contrario: el desafío de la experiencia. —Por su parte, el cristianismo no fue menos severo con espíritus semejantes. Si bien en el Renacimiento la Iglesia católica fomentó el arte plástico como lo hizo, ello se debió a la fuerte helenización en la que estaba inmersa. Nunca antes el clero estuvo más lejos de los dogmas religiosos. Por aquellos tiempos, ni el Papa ni los cardenales condenaron la osadía de Copérnico; estaban tan helenizados que lo dejaron pasar con una sonrisa; tolerancia que los protestantes condenaron como herejía. Y tal vez nunca antes la corrupción había sido tan descarada dentro de la Iglesia. (Recordemos que en tiempos de León X, un asesino o un incestuoso podía comprar el perdón del Papa con unas libras.) Pero no fue solo por este tipo de corrupción que la Iglesia entró en crisis sino, sobre todo, porque el "factor religioso", la renuncia, se encontraba disminuido por el humanismo de la época. Mil años antes, San Agustín, el padre africano de la Iglesia y el preferido de Martín Lutero, había escrito en sus *Confesiones*, "Amar a este mundo es adulterio contra ti [Dios]" La reforma de Lutero surge en oposición a la

helenización de la Iglesia del renacimiento. Por entonces entran en escena los quemadores de arte como Sa-
vanorola. Andres Carlstadt, uno de los seguidores de
Lutero, separó en su pensamiento el cuerpo del alma; y
consideró al primero y al mundo entero como un impe-
dimento para la salvación. Acto seguido, condenó toda
manifestación artística, la plástica y la música, porque
distraían al espíritu a través de los sentidos. También
en Inglaterra hubo Savanorolas después de la Reforma
anglicana, gracias a los cuales se ha perdido para siempre gran parte del arte medieval inglés. —El cristianismo es el único de los tres monoteísmos que maduró
en pueblos no semíticos. Es el único de los tres que in-
cluyó en su dogma la adoración de una figura femenina,
culto a la Virgen María como la gran diosa Madre; y
también la adoración de imágenes. Pero la afición de
aquellos primeros papas del Renacimiento por la pintura, la escultura y la música significó una digresión demasiado intolerable para espíritu religioso. Lo cual es
humano e impiadoso.

204, SENTIDOS. Para Heráclito, los sentidos solo
podían percibir la diversidad y no la unidad; la apariencia, la ilusión y el engaño, pero no la verdad unificada
por la razón. Para el hinduismo y sus variantes también;
los sentidos no son capaces de percibir la verdadera
realidad. Por lo tanto, solo pueden ser un obstáculo en

la procura de alcanzar la Iluminación. No se puede percibir a Krishna si se atiende a los sentidos. Como Sócrates, el budismo prescribe, antes que nada, la eliminación de las pasiones, la indiferencia voluntaria sobre cualquier deseo. Los sentidos solo pueden captar el mundo material, y es por causa de esta distracción que el hombre se confunde y se pierde. En tiempos de Calvino, una de las medidas terapéuticas para combatir la irreligiosidad de los ginebrinos fue la proscripción de los coloridos vestidos del Renacimiento. Los sacerdotes se visten de negro, marrón o tonos semejantes; las monjas usan exclusivamente el gris y colores más decentes. El objetivo es (siempre) reprimir la sensualidad, porque la sensualidad y los sentidos atan a la creatura al mundo material. En oposición a la renuncia del espíritu religioso está el espíritu estético o primavera. Para la doctrina del Eterno Retorno y para el existencialismo de Sartre, el mundo es la exploración y la apología de todas sus posibilidades. Por ello, el arte es el único que puede justificar plenamente la vida de un espíritu anárquico, rebelde.

205, TRABAJO. El hinduismo prescribe la mendicidad como virtud. Con la metáfora del camello pasando por el ojo de una aguja Cristo hizo (casi) imposible el pasaje de un rico al Paraíso (por lo cual hubiese sido torturado y crucificado dos veces en el siglo XX). Todas las religiones pretenden contener la ambición materialista de los hombres. Por lo general, el camino hacia la verdad suprema está limpio de dinero y de las obsesivas ocupaciones que conducen a él. El Bhagavad-Gita prescribe el olvido casi absoluto de cualquier tarea mundana. Otras religiones, como el Islam, legalizaron el comercio y algunas actividades inferiores, pero eso es solo tolerancia o necesidad; como la poligamia a consecuencia de la guerra. Pero las Escrituras siempre han advertido del peligroso olvido o distracción que amenaza al trabajador. Con ánimo diferente, lo mismo observó Nietzsche: "¿Habéis reparado que la laboriosidad moderna, escandalosa, avara de su tiempo, satisfecha de sí misma, es algo que educa y que dispone, más que ninguna otra cosa, a la 'falta de fe?'" —Según Huizinga, ya en el siglo XIV, en Inglaterra, se comenzó a desconsiderar la pobreza como virtud y a santificar el trabajo (actividad humana no desprovista de renuncia). Más tarde los reformadores anglosajones despenalizaron el oro; pero si alguno de ellos hubiese adivinado las consecuencias, se habría incinerado vivo en la plaza de su pueblo. —La doctrina de la predestinación llevó al trabajo compulsivo y a la austeridad religiosa del ahorro, que en una sola palabra se dice *capitalismo*. Paradójicamente, el calvinismo acabó por legalizar la ética capitalista cuando, tanto Calvino como Lutero, despreciaban este mundo y mucho más los *shoppings centers.*

Jorge Majfud

XXIII: El desafío al devenir

206, ESTETICO. Con la renuncia, el espíritu religioso suprime una parte del mundo; renuncia a tomar todo lo que puede tomar y antepone una realidad trascendente y eterna a la precariedad del cuerpo. Para el espíritu estético, en cambio, el mundo es una obra de arte, magnifica o absurda, la que anhela explorar y experimentar. Su dominio principal es el *ser*, la experiencia amoral. Allí donde el religioso experimenta éxtasis místico, el artista experimenta éxtasis estético. Ambos reclaman la eternidad, pero mientras el primero niega el mundo material, el segundo lo confirma y lo exalta. Incluso destruyéndolo.

207, HELENOS. El griego no concibió ni necesitó del cero en sus formulaciones matemáticas o arquitectónicas. El cero solo podía originarse entre los hindúes cuya metafísica daba cuenta del *no-ser*. Una religión estética, si la hubo, fue la griega. El portavoz de los dioses fue Homero, un poeta. En sus poemas no se expresa ni se resalta ninguna Autoridad como Yahvé, sino la belleza de sus dioses y de sus héroes. La doctrina del Eterno Retorno, celebrada por un filósofo alemán amante de Grecia, es una expresión inequívoca de este

espíritu. A Zaratustra le hizo decir: *Y este claro de luna,
y esta araña que sube, y tú y yo, reunidos bajo este pór-
tico, divagando sobre cosas eternas. ¿No habremos estado ya aquí, necesariamente? ¿No será todo un eterno
retorno?* —El pagano quiere vivir y por ello no teme
tomarlo todo y lanzar su desafío a la vida. La doctrina
del Eterno Retorno ya estaba de alguna forma implícita
en toda la metafísica oriental: hay infinitos Shiva, infinitos Brahma, infinitos Buda. Cuando el *bodhisattva*
arroja su tazón al río, no arroja uno sino infinitos tazo-
nes. Pero Nietzsche y su doctrina se oponen a cualquier
religión; se niega a renunciar al mundo y multiplica
hasta el infinito sus posibilidades: lo que ahora es, volverá a ser. Es decir, lo que estamos viendo es la eternidad. Nietzsche se opone no solo al cristianismo sino
también a la metafísica indiana, porque el ciclo de las
repeticiones que perpetúan la vida y la muerte no es
abominable. Por el contrario, es motivo de celebración.
(Nietzsche odió la renuncia cristiana y no fue un declarado anti-budista porque no nació en India o en Nepal.)
El bien y el mal, incluso el dolor, son preferibles a la
nada o al Nirvana. El consuelo metafísico (dice anali-
zando la capacidad de sufrimiento del heleno) que deja
la verdadera tragedia, es que pese a todos los cambios
la vida es indestructible y placentera. El heleno es aquel
hombre dotado de sentimientos profundos y de una
gran capacidad para el sufrimiento. El heleno ha

penetrado con su mirada el sinsentido de la historia y la crueldad de la naturaleza, "y corre peligro de anhelar una negación budista de la voluntad. A ese heleno lo salva el arte, y mediante el arte lo salva para sí —la vida."

208, FAMA. Decía Jacob Burckhardt que el anhelo de fama fue un rasgo característico y novedoso de la creatura renacentista. Digamos que ahora ya no es novedoso, pero sigue siendo característico. Con la fama, los hombres prolongan y multiplican su propia existencia en el mundo. Si la creatura del renacimiento era "pro-heleno" por vocación, nosotros lo somos porque estábamos distraídos. Para ellos, para los helenos y para nosotros, la fama es una forma de inmortalidad y solo la alcanzan los héroes o las estrellas. —El anhelo de fama es un remanente infantil del ego. No busca el amor de la madre sino la atención del mundo. Era la gloria del héroe griego, la confirmación de la solitaria creatura del renacimiento. Y, más que ninguno, es la populosa soledad de la creatura moderna o posmoderna.

209, NIETZSCHE. El hecho de que el Che Guevara y Marcel Proust fueran asmáticos no significa que la enfermedad en cada uno fuese un dato irrelevante, que no explique personalidades tan diferentes. Solo significa que en un proceso histórico una misma causa puede producir sucesos diferentes y hasta opuestos. Pero los produce. —Mientras se lee a Nietzsche, no es fácil olvidar los tormentos que lo perseguían o pensar: una creatura fortalecida por el dolor ya no se angustia por el mañana impredecible. Entiendo que no se puede reducir el pensamiento de una creatura a sus condiciones psicológicas. Eso sería como afirmar que el principio de Arquímedes solo es válido para los cuerpos sumergidos en una bañera ya que, según la leyenda, fue allí donde lo concibió el griego. Sin embargo, atendiendo a las circunstancias, podemos comprender por qué un pensamiento se da antes en una creatura que en otra. ¿Por qué Nietzsche era un declarado "anti-compasivo"? —Bien, pensemos que las morales consisten en la abolición de las leyes de Darwin, en la censura del más fuerte. (La moral, he dado en pensar, es la conciencia de la especie.) Es un dato estadístico de que en la actualidad no se reproducen más las creaturas más cultas o económicamente exitosas que aquellas otras que están por debajo del límite de pobreza. Las sociedades actuales han operado una inversión en el orden salvaje: las creaturas se reproducen según la ley de *selección cultural,* la cual consiste en el triunfo sexual o reproductivo del "menos apto". Pero la refutación cultural a Darwin no comienza con la compasión religiosa sino mucho antes; es tan anterior como los últimos cinco

Mandamientos. El principio confucionista de no hacer a los demás lo que no se desea para sí mismo es un pacto social muy antiguo. Se puede decir que fue una de las primeras síntesis de los últimos mandamientos, aun sin traducir al positivo como la sugerencia cristiana de amar al prójimo como a uno mismo. Confucio no debió inventarlo, pero procuró que fuese repetido y respetado. Trasladado a la psicología de la creatura primitiva significaba: *no hagas con los débiles lo que no quieres los dioses hagan contigo*. Esta fórmula que es simple y básica para cualquier sociedad se llama *compasión*. Nietzsche, sin dioses y sin temor a más dolor, era un ex profeso anti-compasivo. Traducción filosófica que hubiese restaurado el principio darwiniano en beneficio del Superhombre y en detrimento de la humanidad.

210, TRISTEZA. ¿Por qué existe la tragedia? ¿Por qué las creaturas escuchan música triste y se conmueven? Tal vez porque es de esa forma que la poesía es capaz de revertir una derrota inexorable (la muerte, el abandono) en un triunfo del espíritu. La devastadora soledad de la Inexorable, por la belleza de la devastación; el cuerpo que cae de rodillas y la mirada desafiante contra el viento que empuja. —El arte injustamente llamado depresivo no puede deprimir, sino lo contrario: fortalece. Y es por ello por lo que se llama arte y no masoquismo. La poesía trágica es el reconocimiento estético de la tristeza. Porque no hay verdadera depresión con belleza. No la hay.

211, VALOR. El gremio de los genios depresivos es bien conocido entre los psiquiatras. La lista de casos celebres es larga y está casi toda firmada por artistas. Algunos pretenden explicar este fenómeno como causa o consecuencia de los intelectos más desarrollados; todo lo que no impide la existencia de otro gremio más justificado de suicidas: los mediocres. Pero entiendo que la visión estética del mundo exige de éste una intensidad que no puede ser sostenida por mucho tiempo. Como la cópula, según Borges. Sin embargo, a estos espíritus les queda su propio antídoto: el desafío de *ser*, propio del arte. El desafío estético puede ser una actitud existencial, si no es lo mejor del existencialismo. Con él, se plantea una actitud sólida ante la vida. La realidad sigue siendo trágica; no cambia de signo pero cambia de significado.

212, VIDA. Fray Luis de León admiró la poesía de Santa Teresa y la santa escribió versos como éstos:

Lúgubre es la vida
Amarga en estremo;
Ansiosa de verte
Deseo morir.

Tal vez alguien se pregunte, "si la religión condena el suicidio ¿por qué no condena el deseo religioso de morir?" Creo que la respuesta es simple: la condena al suicidio es la condena de la Segunda Tabla, del orden social y psicológico; el deseo de cambiar este mundo por el otro es la aspiración metafísica de la Primera Tabla, de todo centro religioso. —Bien, es cierto que Santa Teresa usó la poesía para expresarse. Pero *la usó*, no cultivó su naturaleza original (debemos distinguir éxtasis estético y éxtasis místico). Porque la poesía es el dominio de este mundo. Exaltado hasta los cielos, sí; pero exaltado, no volcado para su renuncia sino para su confirmación. Tanto la poesía como su principal instrumento, el lenguaje, están hechos para expresar la vida; no su negación. No fue casualidad que el Buda haya nombrado su más profundo conocimiento con el *silencio*. (En sánscrito *mūni* significa, a un tiempo, "sabio" y "silencioso".) No fue por ignorancia o por indecisión que Jesús no respondió a Pilatos cuando éste le preguntó qué era la verdad, después que el Nazareno le había dicho que él la enseñaba. Y tampoco fue azar el hecho de que Santa Teresa recurriera tantas veces al oxímoron: "Vivo sin vivir en mí/ Y tan alta vida espero/ Que muero porque no muero [...] Pues con la vida/ no se puede vivir. [...] ¡Oh, qué cautiverio/ De gran libertad! [...] Sea mi gozo en el llanto,/ Sobresalto mi reposo/ Mi sosiego doloroso/ Y mi bonanza quebranto.

[...] Esté en la muerte mi vida [...] En la oscuridad mi
luz [...] Es muerte que causa vida." —El oxímoron
viola el lenguaje para expresar algo que el lenguaje no
conoce. Porque el lenguaje y la poesía sólo reconocen
la vida.

213, MAR. Decía Borges que él prefería la llanura
debajo de las patas de los caballos al mar de los poetas.
Pero habrá que pensar que el mar es responsable de más
de un verso. En Europa o en América, casi todos los
poetas le cantaron a la

    cercana tempestad

    de las olas

    inalcanzable quietud

    de sangre y plata

    pasión de los hombres

    en la arena

    serena eternidad

    de los cielos;

y por algo Chile tiene tantos buenos poetas como
gente mirando al mar. También Ecuador tiene a mi
amigo, el poeta Freddy Peñafiel. En cambio Bolivia...
¿Cómo hace un boliviano para ser poeta sin un mar y
con un lago llamado "Titicaca"?

214, AMOR. El espíritu religioso elogia el pasado
y aspira al futuro, que no es el futuro de este mundo.

Por su parte, el arte se realiza en todos los tiempos que
no son el Presente, pero son todos los demás tiempos
de este mundo. En cambio, el amor profundo, como el
hedonismo vulgar, se realiza completamente en el Presente. El amor es el más prestigioso redentor del Presente, porque no pretende negarlo ni cambiarlo. Es el
único momento en que el Presente tiene quien lo cele-
bre. Porque el amor es uno de esos pocos estados en
que uno es feliz pero además está obligado a recono-
cerlo.

215, POESÍA. Es comprensible que los fundamen-
tos de toda poesía sean el tiempo y el amor. El amor
sensual es de este mundo, por lo cual es celebrado por
el arte y maldecido o disimulado por la religión. El espíritu estético ama la intensa experiencia de existir y ve
el mundo como una obra de arte. Llora el momento que
pasa, porque es una perdida. Y para no pensar que es
irreparable, reclama o imagina la eternidad, un eterno
retorno que le devuelva todo lo perdido.

You must remember this
A kiss is just a kiss
A sight is such a sight;
As times goes by.

XXIV: Un siglo estético

216, DIONISOS. Si el siglo XIX fue cientificista, el XX fue un siglo dominado por el impulso estético. Por estos años, se confirmaron las pretensiones del "arte por el arte"; la tesis más defendida de que el arte no debe tener ninguna otra referencia que sí mismo: debe ser *intrascendente*. Surge el arte abstracto, según el cual un cuadro es pintura, una escultura es volumen, una música es sonido, una novela es una combinación de técnicas sintácticas, una poesía es, o debe ser, el mero sonido de vocales y consonantes. El nuevo y prestigioso arte es el cine y se desarrolla bajo el más puro impulso estético de la vida por la vida misma. — Ortega y Gasset veía en el arte nuevo de su tiempo y en el ascenso popular del deporte una misma actitud: intrascendencia y corporeidad. Lo mismo deberíamos decir de otros fenómenos de nuestro tiempo: el turismo, el cual representa como ninguno al espíritu estético y su empresa de *experimentar* el mundo; y el rock'n roll, cuya actitud se caracteriza por la experimentación y la provocación, en ocasiones violenta. La actitud desafiante del rock ante la experiencia del mundo se traduce en desafío y rebelión ante la sociedad, pero su raíz está en el espíritu estético en sus formas más crudas: *"sexo, doga y rock'n roll"*. —También las dos guerras mundiales son expresiones de un impulso estético. Si en los siglos anteriores Dios había sido reemplazado por la razón primero, y por la ciencia después, el siglo XX Lo había postergado por la experimentación del mundo.

217, GUERRAS. Las grandes guerras del siglo XX fueron consecuencias de condiciones sociales, políticas y económicas. Bien, pero no nos quedemos solo con esa famosa trilogía omniexplicativa. No olvidemos otros aspectos no menos importantes; también están los factores religiosos y místicos (como en Hitler) y el espíritu estético que caracterizó al siglo. Modris Eksteins, en *Rites of Springs (The Great War and the birth of the Modern Age)*, mostró o demostró que la guerra, la acción del soldado, la aniquilación de los órdenes sociales y la experimentación del mundo fueron vividos como una realización estética. No solo tenemos los testimonios de los que no fueron a la guerra; también están las confesiones de los combatientes, que son casi tan importantes como la de los otros. Aún rodeados de la muerte, la guerra fue un acontecimiento estético, monumental; como el nazismo. Una puesta en escena inigualable. También en la última Guerra del Golfo se repite la experiencia. La guerra es vivida (por los que no murieron) como un espectáculo plástico, hollywoodense. Los aviadores no distinguen entre la realidad y los vuelos simulados, entre una mancha azul en la pantalla que se suprime y miles de personas que mueren. Por ello un piloto expresó entusiasmado: "Esto es realmente excitante; estoy pronto para repetirlo". El significado trascendente de la acción se ha perdido en la experimentación pura, infantil.

218, PUREZA. Después de una exposición de pinturas que Sábato hizo en Brasil, un crítico escribió acusándolo de contaminar sus telas con "literatura". (Si mal no recuerdo, algo parecido habían dicho de su literatura: sus novelas estaban llenas de ideas y sus ideas contaminadas de pasiones.) Decir que un cuadro está lleno de literatura sería una percepción cierta; pero que se lo descalifique por eso es gracioso y decepcionante, además de una mala costumbre. ¿De qué están llenas las otras pinturas? ¿De óleo pigmentado? —En realidad, no es rara una respuesta afirmativa. Incluso grandes artistas y teóricos del siglo XX afirmaron que una pintura es, antes que nada, manchas planas de color. Porque se sobrevaloró la abstracción; no cualquier tipo de abstracción: solo aquella que dejaba en pié al color y la forma, sin importar que lo expresado fuese un triángulo o un cadáver crucificado. El paradigma de esta particularidad fueron Kandinsky y Piet Mondrian, y la excepción el surrealismo, el expresionismo y el llamado arte "metafísico" de Chirico. Cierta vez Picasso

dijo que con el tiempo un cuatro llegaría a calmar un
dolor de muelas. Por su parte, el crítico Wilhelm Wo-
rringer, en 1908, no sin entusiasmo comparaba el arte
con un buen sillón que servía de reposo al cansado
hombre de negocios. Tanta es aún la confianza en ese
proyecto de orgasmo ocular que todavía hoy se lo esti-
mula en las escuelas de Bellas Artes. —Entonces, si el
arte es sólo forma, ¿qué son las pinturas de Lescaux,
del antiguo Egipto o las de Fra. Angélico? Acaso artes
impuros o imperfectos. Así Delacroix sería un mal pin-
tor porque sus cuadros están llenos de romanticismo y
sentimientos patrióticos; Van Gogh es demasiado ex-
presivo; Munch demasiado existencialista; Grosz confunde crítica social con pintura; los muralistas
mexicanos deberían limpiar sus paredes de política
¿Qué sería el arte llamado "sacro" si le quitásemos todo
lo que no es forma y color? Sería lo que la Biblia es
para un ateo: literatura. ¿Dirían entonces que la Biblia
es un libro impuro porque incluye un elemento extrali-
terario como Dios? Imaginemos que alguien proponga
la purificación del género policial por la limpieza de
toda referencia a los temas comunes de la crónica policial. —Bien, la literatura no es religión, no es política,
no es filosofía. Pero ¿qué quedaría si le quitásemos
todo eso? Tal vez aquel proyecto de Gertrude Stein, una
novela cubista: "Uno es un, uno una..."

219, ESCENARIO. Paradójicamente, a medida que el arte pretende "purificarse", más y más se expande y se contamina con el resto de las actividades humanas. El arte comienza a rebasar sus propios límites tradicionales en el siglo XIX. Tal vez un prototipo sea William Morris; tal vez la gran provocación haya provenido de la máquina industrial que multiplicaba la experiencia de la creatura en el mundo material. Pronto la experimentación estética del mundo se extenderá al resto del hábitat humano. Hasta que se transforme en una forma de vida —desafío, revolución, cambio, amoralidad. El Dadá, el surrealismo, la Bauhaus, el deporte, el pop Art, el rock'n roll. Del mismo hecho de que el arte ocupe toda la vida de una sociedad deriva la idea de su propia muerte. Porque es difícil apreciar lo que está en todas partes, como el aire o la maldad. —Pero veamos, además, que la idea de la "muerte del arte" solo puede surgir de una concepción superficial del arte. Si consideramos que el arte no es un instrumento (como una diligencia o un telégrafo), sino la expresión de una parte del espíritu que no puede dejar de expresarse, nos daremos cuenta que para que el arte se muera es necesario que antes muera el espíritu de la creatura. Lo cual también es actualmente posible. Pero en ese caso yo no me preocuparía tanto por el arte.

XXV: La precocidad griega

220, OSADÍA. Los jónicos, libres de los límites de la mitología y de la autoridad, irrumpieron en la historia conocida con un concepto extraño, novedoso y disparatado: la naturaleza. Sobre el mismo tema hicieron luego variaciones no menos admirables. No todos negaron la existencia de lo sobrenatural, pero ningún espíritu individual fue decisivo en los nuevos mecanismos cósmicos. En todo caso, quedaron formando parte de la naturaleza. La inteligencia ordenadora (*nous*) de Anaxágoras, el *logos* de Heráclito, no eran elementos más antropomórficos que el Viejo sin dados de Einstein. —Como en todo el mundo habitado por las creaturas, en Grecia también hubo dioses. Y muchos; pero como en ninguna otra parte estas divinidades fueron tan permisivas. Al mismo tiempo, en los dominios del absolutismo metafísico, en Medio Oriente, el libre pensamiento y la imaginación individual fueron condenados. Ni en la Torah ni en los Evangelios ni en el Corán hubo jamás alguien que tuviese algo bueno para decir y, al mismo tiempo, fuese totalmente responsable de sus propias ideas. Tampoco en los antiguos textos egipcios, hindúes y babilonios, si nos olvidamos de Buda y de Confucio. Todos los libros sagrados

fueron escritos por *intermediarios*, profetas que hablaban en nombre de otro Ser y cuyas virtudes radicaban
en el respeto a una tradición; aun cuando, como Jesús,
estuviesen operando una revolución en la misma tradición que se respetaba. Pero la innovación de los primeros filósofos griegos, posteriores a Homero, no fue solo
el tema (la naturaleza) sino su osadía, metafísica y epistemológica: no se recostaron a antiguos textos, a conocidas tradiciones o a temibles autoridades. Por el
contrario, criticaron y rechazaron lo establecido. Incluso aquello que sus propios colegas habían sostenido
minutos antes, al mejor estilo de las vanguardias del siglo XX. Cada uno podía hacer alarde de su propia iluminación y acusar de ceguera a aquellos que no
entendían cómo funcionaba el mundo.

22, IMAGINACIÓN. Hasta Sócrates, los filósofos
se ocuparon casi exclusivamente de cosmología. La diferencia entre cualquiera de aquellas cosmologías del
siglo V a. C. y las últimas en boga es solo de información; no de inspiración o de genialidad. El pueblo
griego, además de admirable, es desconcertante: ellos
son los personajes reales de una historia moderna de
ciencia ficción. Tales de Mileto, con un estilo muy
científico, (genial o plagiador o ambas cosas) observó
que todo ser vivo necesitaba agua y de éste dedujo el
elemento principal del cual surgió todo. (El mismo

razonamiento habría seguido Aquenatón al observar las cosas debajo del Sol; pero el griego no adoró el agua.) Otro griego, Anaximander, concibió el mundo rodeado de un espacio infinito, lleno de otros planetas como Gea. Para Heráclito de Éfeso, el Universo estaba compuesto de un solo elemento: el fuego, el que a su vez estaba subordinado a leyes racionales. "Este orden del mundo —escribió para nuestro asombro—, el mismo para todos, no lo hizo dios ni hombre alguno, sino que fue siempre, es y será; fuego siempre vivo, prendido según medidas y apagado según medidas". La diferencia entre fuego y energía es mínima; una es la metáfora de la otra o la otra es simple abstracción moderna. Si cambiamos la imagen por la idea, en lugar de una afirmación arcaica obtendremos una por demás moderna. Advertir la presencia de calorías en el agua fría, como lo hizo Joule, es menos heroico que advertir la presencia del fuego mismo en el agua caliente, como lo hizo el griego.

222, PRECOCIDAD. Aquellos originales genios de Grecia que inventaron la filosofía y el pensamiento moderno, injustamente son más conocidos por sus errores o por sus metáforas que por sus aciertos. A Empédocles se lo recuerda por sus cuatro elementos; a Parménides por haber negado el movimiento; a Heráclito porque nunca pudo lavarse las manos dos veces en el mismo río. Pero se pasa por alto todas aquellas ideas que consagraron a Darwin, Freud y Saussure o Lévi-Strauss. Casi nadie reconoce la precocidad freudiana de Platón o el estructuralismo de Heráclito. Es más, no conozco autor que haya observado el descubrimiento darwiniano de Empédocles (aunque eso bien pueda deberse a mi irremediable ignorancia). O sí, porque Aristóteles hizo alguna referencia. "Los seres en que todo sucedió como si hubiesen nacido para un determinado fin —comentó Aristóteles—, se conservaron por hallarse adecuadamente constituidos por azar; aquellos en lo que no ocurrió así, murieron y siguieron muriendo, a modo que Empédocles dice respecto a las 'criaturas vacunas con rostro humano' ". Más reciente podríamos considerar a Parménides o Zenón. Me refiero a aquella disparatada idea o producto dialéctico de que una flecha lanzada al aire no se mueve. Ahora los científicos afirman lo mismo pero de una forma más sofisticada. La antigua flecha de madera ahora es la "flecha del tiempo" y apunta a la segunda ley de termodinámica. Y, como la otra, no se mueve. El tiempo posee una dirección pero no fluye. Paul Davis lo definió así: *"The correct way to picture the arrow of time is by analogy with a compass needle or weather vane, which point in a direction but do not move towards it".*

223, DIOSES. ¿Cómo los griegos llegaron a tanta osadía? Sabemos que aún para comprender una ruptura hay que recurrir a la tradición, a ese pasado rechazado. En ese pasado habitan los dioses olímpicos, todos formando un estado semi-anárquico. O por lo menos democrático. Los dioses griegos estaban desmerecidos por los defectos propios de las "creaturas de un día"; eran, además, productos del poderoso espíritu estético de su pueblo. Con frecuencia subían a los escenarios donde eran admirados o burlados. Ya al último de los clásicos, a Eurípides, no le pesaban estas supuestas autoridades, mientras que Aristófanes se mofaba de ellos sin miedo a la tortura o la cárcel. Los dioses griegos eran inmortales, pero poseían todos los defectos que podían tener los humanos, lo que los hacía hermosamente trágicos. Sus virtudes antes que éticas eran estéticas. No los unía el temor sino la admiración. Los cultos expresaban emoción y alegría, no arrepentimiento o expiación. Los dioses podían ayudar a las creaturas, *pero no eran los responsables de sus destinos.* Cualquier desgracia podía caerle a un hombre bueno o a uno malo. En *La República* de Platón, Adimanto dice: "Los dioses han destinado calamidades y vida miserable a muchos hombres buenos o suerte contraria a quienes no lo son". Difícilmente encontremos en otros mitos, contemporáneos a los griegos, la misma intervención de creaturas y semidioses. En este sentido, los mitos eran semejantes a un *film* moderno: la fama del protagonista, del héroe, era el estado máximo al que aspiraban los mortales. La fama era la forma de prolongar la existencia en la conmovida memoria de las otras creaturas. —Mientras tanto, en otros mitos más allá del Egeo, las creaturas eran pasivas, extras o actores de reparto para las cuales la mayor virtud era la *obediencia debida*. Dudar y actuar por cuenta propia era condenable: no puede haber nada nuevo bajo el sol porque la verdad ya ha sido revelada. Esta obligación de someterse y no dudar significó seguridad metafísica, pero jamás hubiese alentado el surgimiento de filósofos como en Grecia. Y aunque sí improbable, no sería imposible que alguno de estos intelectos haya visto la luz en Palestina, pero debió ser condenado al silencio público o al silencio propio. —San Agustín, Orígenes de Alejandría, Tomás de Aquino, Lutero, Kierkegaard solo son comprensibles si se los ubica en el tiempo que vivieron. Como casi toda la teología, son el resultado híbrido de una fe religiosa habituada al ejercicio intelectual que heredaron de Grecia. Los dioses griegos, poderosos pero no invencibles, influyentes pero no determinantes, imperfectos, prolíficos en conflictos existenciales, incentivaron o permitieron el espíritu crítico de un pueblo escéptico. Ningún cristiano o musulmán osaría jamás cuestionar una sola actitud de Dios. Tanto es el respeto que irradia Dios que ni los ateos se burlan Él. Lo peor que le podría ocurrir a Aristófanes sería la pobreza o la muerte. Pero no el castigo eterno. Y que éste fue, de una forma o de otra, un temor invencible, lo demuestran aquellos cristianos que aceptaban la tortura y la muerte con fanática resignación (para no hablar de algunos fundamentalistas modernos). Entonces, no es casualidad que el teatro, la tragedia, la ficción, la comedia y la política hayan nacido o pasado a través de los griegos. Para crear y para pensar libremente es necesaria mucha osadía espiritual. Mucha.

224, ESCATOLOGÍAS. Para los antiguos griegos la vida más allá de la muerte no tenía más importancia que ésta otra de más acá. O simplemente no creían en ella. Semejante a la visión sumeria, el más allá era gris y tan indefinido como un sueño ingrato, aunque no pesadillezco si el muerto se acostumbraba. Solo seres excepcionales como los héroes podían ser premiados con algo mejor. Pero en cualquier caso no eran tomados muy en serio. Algo más tarde, con los primeros filósofos, se depuró ese desinterés hasta la condena. Para Demócrito, el mundo estaba compuesto de átomos en eterno y mecánico movimiento. Por lo tanto, todo conocimiento era la consecuencia del impacto de esos átomos en los sentidos. Al morir, el "alma" desaparecía y los átomos de un cuerpo pasaban a formar otros cuerpos. Y en todo esto no había ningún propósito.

Protágoras dijo que era imposible asegurar la existencia
o inexistencia de los dioses; el sofista Cratias, que los
dioses eran la mera invención del temor de aquellos que
actuaban mal. El mundo estaba construido de materia
visible y nada más; y, gracias a este reconocimiento, los
hombres podrían entonces liberarse de las restricciones
religiosas. —Fue recién en el siglo VI a. C. cuando en
Eleusis, localidad cercana a Atenas, aparecieron dos
nuevos dioses prometiendo vida eterna: Dimitrio y Per-
séfone. Fue entonces que comenzó a entreverse una especie de Paraíso y otra especie de Infierno en el
horizonte escatológico de Grecia. Por supuesto que no
es difícil adivinar de dónde provenían semejantes dioses.

225, REACCIÓN. A fines del sexto siglo, el místico Pitágoras enseñó que el alma sobrevivía a la muerte
para regresar en un nuevo nacimiento. El alma podía
descender a cualquier otro animal, por lo que la inges-
tión de carne fue despreciada por los pitagóricos. Heró-
doto comentó que Pitágoras había tomado esta idea de
Egipto, pero es claro que una idea semejante solo debía
estar de paso por allí. Con el resto de los filósofos griegos se multiplicó la diversidad metafísica e ideológica.
Hubo un tiempo en que las creaturas de Gea comenzaron a cuestionarse todas las antiguas explicaciones mi-
tológicas acerca del Universo, y de esta osadía nació la

filosofía. Pero como ésta surgió del espíritu crítico, cuyo principal instrumento es la duda y el cuestionamiento, no tardó en reaparecer en escena su contrario: el espíritu religioso. Con la imposición de una verdad y con la obligación de no cuestionarla, se alejaron las dudas metafísicas y la tolerancia. Por lo que también en Grecia se llegó al derramamiento de sangre pensadora. Se asesinó a los principales intelectuales de Atenas. A Sócrates no lo condenaron por corromper a la juventud, así a secas, sino por dudar demasiado, es decir, por irreligioso. —Una vez más se demostró que la muerte y la censura suelen ser inútiles contra las grandes creaturas. Porque el ideal de los últimos dos mil años ha sido, por lo menos en Occidente, pensar como Sócrates y sentir como Cristo. Dos condenados a muerte que no pudieron ser silenciados por las leyes y la justicia humana.

XXVI: La innecesaria intervención de Dios

226, VIAJES. Los viajes han sido fructíferos y catastróficos en la historia. Tales de Mileto, uno de los primeros grandes filósofos, viajó por Egipto y Caldea cuando estas dos superpotencias eran Primer Mundo y de ahí debió tomar la idea o la inspiración de que el agua es el origen de todas las cosas. El pensamiento deductivo, base de la racionalidad occidental y atribuido a este mismo hombre, ya era conocido y practicado por los sacerdotes egipcios. También Pitágoras emprendió un largo viaje por Medio Oriente y de Mesopotamia tomó su famoso teorema. O, por lo menos, aquella gente ya lo conocía antes de que él lo descubriese. (Creo que Pitágoras tomó de Egipto algo más, si Pedro Guirao estaba en lo cierto cuando escribió: "...la manera de expresarse por medio de símbolos permitía a Pitágoras dejar su pensamiento en la penumbra, supliendo así las deficiencias de la lengua griega, que no permite la escritura jeroglífica de los sacerdotes egipcios".) —Algo más tarde, a principios del siglo XII, Adelardo de Bath emprendió un extenso viaje de estudios por el sur de Europa, Siria y Palestina. Este joven inglés tomó de los árabes lo que éstos habían tomado de los griegos. Y sin quererlo, provocó una revolución epistemológica que no negaba a Dios pero que lo mandaba de vacaciones por un tiempo.

227, CONSEJO. En el siglo VII Mahoma pronunció la frase que los fundamentalistas modernos más gustan ignorar: *"La tinta del sabio es más santa que la sangre del mártir"*. Acto seguido aconsejó: *"Ve a buscar la ciencia a China, si es necesario. La ciencia, incluso si comienza por no tener a Dios por objeto, termina por tenerlo al final"*. Los árabes recogieron este precepto en el Corán y lo pusieron en práctica. Durante todo el tiempo que Europa había olvidado y despreciado las culturas no cristianas, los islámicos se ocuparon de estudiar y recoger textos griegos, chinos e hindúes. A poco de este ejercicio intelectual, comenzaron a producir sus propios aportes hasta que no hubo pueblo que los aventajara en ciencias y filosofía. Ahora, por algún misterioso proceso, los tradicionalistas argelinos advierten que el que viva de la pluma morirá con la espada. Y también lo ponen en práctica.

228, MODERNUS. Al regresar de su viaje, Adelardo debió enfrentarse con los dogmas que en la época predominaban en Inglaterra. Pero logró introducir un paradigma que aún hoy es sostenido por famosos científicos como Stephen Hawking: Dios había creado la

Naturaleza de forma de que podía ser estudiada y explicada sin Su intervención. Creo que semejante idea era del monje Pedro Abelardo. "No se puede creer —decía— sino lo que se entiende". Y en otra parte: "En aquello que puede ser discutido por la razón no es necesario el juicio de la autoridad". Sin embargo: "El uso de la dialéctica en teología no puede llevar a la enseñanza de la verdad en un campo que ningún mortal puede alcanzarla con sus propias reflexiones". Por eso: "A la autoridad se debe confiar solo mientras la razón permanece oculta". Opuesto a lo que siglos más tarde entenderían William Okham primero, y Kant después, pensó que: *"Hay una continuidad entre el mundo de la razón y el de la fe"*. Más radical, Abelardo de Bath reprochaba a los pensadores de la época por haberse dejado encandilar por el prestigio de las autoridades. Por ellos esgrimió la consigna "razón contra autoridad", y se hizo llamar a sí mismo *modernus*. "Yo he aprendido de mis maestros árabes a tomar la razón como guía", dijo una vez. "Sin duda, el nacimiento de las plantas es querido por el Creador. Pero esto no sucede sin una razón". Retomó los cuatro elementos de Empédocles, los cuatro responsables del crecimiento de las plantas. Como casi todos los griegos, enseñó que el movimiento de los astros obedecía a leyes numéricas y que no era ningún misterio que Gea estuviese suspendida en el espacio. Gea es pesada y tiende a caer; pero es esférica, y lo más bajo de una esfera es su propio centro. Por lo tanto (razonó) si arrojase una piedra por un túnel que atravesara el planeta por uno de sus diámetros, la piedra tendería a estabilizarse en el centro. Y Dios no intervenía es estos detalles.

229, BESTIARIOS. Un género propio de la Edad Media eran los bestiarios. Allí no se exponía ninguna explicación racional de la naturaleza; más bien suponían poderosas analogías. Se procuraba hacer coincidir cada tipo animal con su carácter humano. En su intención de confirmar las Escrituras a través de los ejemplos de la naturaleza, anteponían las tesis a la demostración. Los teólogos que reaccionaron contra la racionalización de la naturaleza debieron intuir la imposibilidad de deducir valores morales a través de un camino tan neutro. Por otra parte, aún más difícil resultaba explicar los milagros ya que, por definición, milagro era todo aquello que escapaba a las leyes racionales. El milagro es el acontecimiento más directo de una Voluntad independiente de las leyes que rigen el Universo. La razón dice que un duraznero solo puede dar duraznos, pero Dios puede hacerlo dar peras o manzanas. A este argumento Guillermo de Conches respondía que Dios podía hacer un ternero del tronco de un árbol, pero jamás lo había hecho. Afirmar que un duraznero nunca dará manzanas no significaba negar la existencia de un

Creador, pero esa idea lo ubicaba en una lejanía gnóstica. Es decir, con la razón la creatura renunciaba a un contacto directo con Dios; entre él y su creador había una Naturaleza llena de interminables leyes, densa y de por sí sola desconocida. Lo cual amenaza el recuero del Supremo y acrecienta la soledad de la creatura metafísica. Tal vez por todo eso, en el siglo IX, Pedro Damián advirtió que la filosofía era un invento del diablo. *"Dios no puede ser el objeto de una investigación racional",* decía, no sin razón.

230, HIPÓTESIS. Isaac Newton alcanzó a descubrir que su teoría cosmológica producía algunas irregularidades de cálculo; mínimas, pero que acumuladas amenazaban la solidez de todo el sistema. Como no se atrevió a hablar de errores, y mucho menos de imperfección, atribuyó estos detalles a la esporádica intervención de Dios. Esa fue la última vez que en la historia de la ciencia se involucró al Creador en su propia obra. Desde entonces, suponer Su intervención en el funcionamiento del Universo pasó a ser, de hecho, una Imperfección intolerable; para la teoría y para el Creador. Algo más tarde, en 1796, el astrónomo, matemático y francés Pierre Simon Laplace formuló su teoría del sistema Solar. En realidad lo que hizo fue perfeccionar el paradigma newtoniano limpiándolo de las esporádicas intervenciones de un Ser corrector, supuesto en última instancia por Newton. Cuando Napoleón le preguntó dónde estaba Dios en su teoría, el científico respondió: *Señor, Dios es una hipótesis innecesaria"*. En el mismo siglo, John Stuart Mill declaró que la ciencia era incompatible con un Dios voluntarioso. Como ya no era posible destronar el paradigma cuantitativista y asustaba un poco destronar a Dios, se inventó un dios totalmente nuevo que parecía el mismo: solo es posible un Dios (afirmó Stuart Mill) que gobierne el mundo según leyes invariables. Este nuevo Dios, el Dios de G.W. Leibniz y de Spinoza, había creado el Universo con sus leyes y luego se había retirado a descansar. Pero a descansar en serio, lo que significa que no fue Él el responsable de violar las leyes hidrostáticas en el mar Rojo. —El propio Einstein dijo, en 1947, que la idea de un Dios personal (voluntarioso) no se podía tomar en serio. Lo que en pocas palabras niegan todas las Sagradas Escrituras, desde Moisés hasta Mahoma.

XXVII: Dios y la ciencia

231, ATEOS. Si la teología es una rama del pensamiento que parte de un precepto —Dios— para volver a él en sus conclusiones, la ciencia es aquella disciplina que parte del supuesto de que Dios, si existe, no interviene en el funcionamiento de su propia obra. Es decir que toda ciencia parte de una metafísica particular: la eliminación de Dios como hipótesis de trabajo. Esta particularidad ha llevado a muchas creaturas a una conclusión fantástica: el ateísmo es más científico que el teísmo.

232, MATERIALISMO. El materialismo, desde el momento en que es una representación del mundo, también es una metafísica. Una metafísica paradójica, ya que pretende no serlo. Una creatura que se baña bajo la lluvia no está haciendo metafísica: se está bañando. Pero desde el momento en que concibe su cuerpo y el agua que cae sobre el como un conjunto cerrado de átomos, se está representando una forma del ser. Y eso, aparte de ser ontología científica, es metafísica materialista.

233, PLATONISMO. Tal vez no haya persona se-
miculta en el mundo que no haya oído el comentario
sobre la misteriosa similitud que existe entre las pirámides de México y las de Egipto. Para algunos adictos
a misterios de revistas semanales esa semejanza significa una prueba "irrefutable" de una intervención extra-
terrestre. Esta idea de irrefutabilidad, supongo,
proviene de la supersticiosa idea de que solo una máquina voladora es capaz de conectar Egipto con México
obviando la bravura del Atlántico. Pero recordemos
que la mayor separación entre Kéops y Chichen-Itzá no
estaba en el Atlántico sino en los tres mil años que
transcurrieron entre una construcción y otra. Ahora,
¿cómo respondería a este enigma alguna de las disciplinas científicas? Respuesta: las pirámides en cuestión
son la expresión de la mente humana en una determinada edad. Porque las construcciones piramidales representan montañas (perfectas), primitivo elemento
sagrado entre las creaturas. Las montañas, las pirámides y los *zigurats* se elevan hacia el cielo. En las culturas mesopotámicas las montañas significaban "el
umbral hacia el más allá"; en los pueblos paganos de
Palestina era un montículo, elevación o *ramá*; para los
hebreos era el monte Sinaí; para los griegos el Olimpo.
*Se supone entonces que lo verdadero no son los ele-
mentos particulares sino los comunes.* —Desde el siglo
XIX, distintas teorías y disciplinas (lamarckismo,

darvinismo, sociología, psicoanálisis, antropología, estructuralismo) han estudiado el fenómeno religioso como la expresión de la mente humana. También Carl G. Jung y Joseph Campbell estudiaron los mitos y los dogmas como si fuesen el reflejo necesario de una estructura arcaica del cerebro. Aunque no quisieron refutar a Dios, lo tradujeron a fórmulas psicológicas. Desde entonces dios (con minúscula) es uno de los pilares del cerebro humano. Los sueños dejaron de ser los portadores de mensajes exteriores, como en Homero o como en José, para representar el relato de una historia milenaria que se perpetúa en la cópula. El *tetrakis* (número cuatro pitagórico) le habría llegado a cada creatura como a aquel personaje de Borges le llegó el signo del dios grabado en la piel del jaguar a través de "ese caliente laberinto de tigres, dando horror a los prados y a los rebaños para conservar el dibujo". Hay un pensamiento de Jung que creo lo resume de una forma inmejorable: "La forma de estos arquetipos acaso sea comparable al sistema axial de un cristal, que predetermina la formación cristalina en el agua madre sin poseer él mismo existencia material". —Lástima que, no sin remordimientos, el científico confunde más tarde una observación epistemológica con otra referida a la psicología: "Una teoría científica —escribió— pronto será superada por otra; el dogma perdura por siglos incontables. El Hombre-Dios que sufre tiene, por lo menos, cinco mil años; y la Trinidad acaso sea aún más antigua".

234, IRREFUTABLE. Como decía Popper, una hipótesis es científica cuando puede ser refutada. Como Dios carece de esa virtud de refutabilidad no solo se lo excluye de las ciencias (lo cual es lógico) sino además, por exceso de celo profesional, también se lo excluye de la metafísica, lo cual es absurdo. Según el Islam, la ciencia sería algo así como un camino laico que conduce a Dios; pero según los ateos ese camino termina en el átomo y el número.

235, COSMOGONÍA. Reflexionar sobre el origen o sobre la naturaleza del Cosmos siempre fascinó a las creaturas de Gea. Es difícil que este tipo de pensamiento esté desprovisto de fuertes cargas de emoción porque, de una forma u otra, reflexionar sobre el Cosmos es tocar, secretamente, el destino de la creatura humana. Y no sin prejuicios o temores. —Cada vez que se descubre una nueva estrella o una nueva galaxia se pone en duda la existencia de Dios. Como si la creación de una montaña fuese más fácil para un Todopoderoso que el Universo entero. Pero la cosmogonía astrofísica, la más prestigiosa de nuestro tiempo, quedará por siempre inacabada; porque ése es el destino de todo conocimiento científico: la provisoriedad. La cosmogonía del

Big-Bang, si no incorpora a Dios como responsable, se convierte en un Reventón al cuete. Lo cual es probable y solo probable. Por su parte, las teorías evolucionistas y la geología pueden negar la Creación en siete días, pero no pueden negarla simplemente. Mientras persista el Enigma original, Dios no podrá ser refutado. No al menos científicamente. Dios desaparecerá cuando la ciencia pueda responder la última Interrogante sin recurrir a Dios.

236, ILUSIÓN. Si Dios es la consecuencia de la Ignorancia humana, razón de más para creer en Él. Porque si toda ciencia humana es relativa y débil, la Ignorancia es poderosa e invencible. Si Dios es una ilusión, el materialismo científico no lo es menos. Pero con una desventaja: el materialismo es una ilusión doble: es una ilusión basada en la ilusión del conocimiento positivo del mundo, el que ya se ha revelado como relativo, limitado y provisorio. Dios, en cambio, contiene aquello que presentimos pero no podemos tener: la Verdad.

237, ÉXITO. De la misma forma que la religión ha perdido todas las batallas con la ciencia, la ciencia no ha podido evitar el renacimiento de la religión de sus propias contradicciones. Lo cual no deja de ser un éxito rotundo.

238, TIEMPOS. Para el pensamiento religioso todo pasado fue mejor. El pasado mitológico, porque la creatura es un "ser caído"; el pasado histórico, porque ya no hay profetas o las creaturas siempre son peores; el pasado teológico, porque la autoridad aumenta con la antigüedad de los pensadores, tanto como para refutar a Galileo con otro pagano llamado Aristóteles. Esta actitud frente al tiempo se refleja en la vestimenta también: los sacerdotes actuales visten como en el siglo XII; el grupo protestante de los *Amish* no solo visten como sus abuelos del siglo XIX, sino además se niegan a andar en automóvil y por ello, en Estados Unidos, se desplazan usando carros de cuatro ruedas tirado por un pobre caballo que no alcanza a comprender la arbitrariedad humana. Para el pensamiento científico ocurre estrictamente lo contrario. Para cualquier científico moderno o posmoderno, sus conocimientos son superiores a los de Arquímedes o a los de Galileo. Diferente a los dos, para el arte no existe este desequilibrio entre pasado y presente; el arte profundo tiende a manejarse con un tiempo propio: la eternidad o la inmanencia. Casi ningún escritor actual, por ejemplo, osaría mirar desde arriba a Homero o a Shakespeare.

239, SEPARACIÓN. Tomás de Aquino, entre otros escolásticos, procuró reconciliar fe y razón.

William Ockham decidió que esta empresa no solo era imposible sino además innecesaria. Desde entonces, desde el siglo XIII, la condena del pensamiento científico ha sido la exclusión de Dios. (Con las célebres excepciones de Newton y Descartes. El francés hizo de Dios el centro de su pensamiento; el inglés recurrió a Sus servicios para corregir algunos defectos de su sistema). Así como una teología sin dios dejaría de ser teología para convertirse en filosofía atea, una ciencia con Dios como hipótesis dejaría de ser ciencia para convertirse en teología. No hay, o no debe haber, ningún contacto posible entre física y metafísica, según Kant; cualquier hipótesis científica, por disparatada que sea, será preferible al recurso de la metafísica para explicar a la materia. Ningún científico, por religioso que sea, aceptaría la afirmación aristotélica de que una piedra cae porque el Espíritu del Señor la impulsa hacia abajo. Si ese mismo científico un día descubriese una piedra apoyada en el cielo raso de su casa, procuraría explicar el fenómeno recurriendo a las leyes conocidas de la física o buscará otras nuevas. Estas leyes podrán revolucionar la ciencia con un nuevo paradigma, pero en ningún momento involucrará a Dios en el tema. Luego, si alguien lo interroga sobre cómo se concilia su concepción cosmológica con Dios, responderá lo mismo que respondieron los herejes Abelardo de Bath y el sacerdote William Ockham.

XXVIII: Nacimiento de la ciencia moderna

240, CAMBIOS. ¿De dónde surgió el desafío humanista del siglo XV? Podemos pensar en cuatro causas importantes: a1 —El impulso crítico del racionalismo escolástico; a2 —El renacimiento del espíritu estético de la antigua Grecia; b1 —El desarrollo de la agricultura en el siglo XIII por nuevos descubrimientos técnicos; b2 —La migración del campo a las ciudades, que es donde se está más lejos de la imprevisibilidad del tiempo y más cerca de las otras creaturas y sus relaciones comerciales.

241, ESTÉTICO. A finales de la Edad Media los intelectuales estaban complicados con la cuestión que enfrentaba la fe a la razón. A mediados del siglo XIV, William Ockham, inaugurando la *vía moderna*, resolvió los conflictos de la pareja con un divorcio: el reino de Dios debía ser separado de la realidad material. Para lo primero estaba la fe y la teología; para lo segundo el análisis racional. Al rigor racional y abstracto de los escolásticos siguió la no menos pagana imaginación del renacimiento. Dante y los escolásticos se concentraron en la naturaleza y en la abstracción; Petrarca prefirió su propio yo. De lo aristotélico se pasó a lo platónico, ya que Grecia seguía pensando por una Europa que aún no podía hacerlo. Se avanza hacia la liberación de la imaginación de los humanistas neoplatónicos. Entonces se produce una respetuosa paradoja: Platón, que influyó en la nueva espiritualidad cristiana a comienzos de la Edad Media (Plotino, San Agustín y el *Logos*), mil años después termina con la misma época cuando se comienza a considerar la dimensión estética de su pensamiento. Surge una nueva era llamada Renacimiento, dominada por el desafío a la experimentación del mundo, por el arte y la tecnología. La Reforma de Lutero significó, antes que nada, un fuerte rechazo a esta helenización del espíritu religioso. Rechazó la mentalidad helénica y también la escolástica; porque para ambos logos y física, materia y espíritu, eran los elementos de una misma realidad que debían ser integrados en una misma formulación intelectual. Con el posterior fundamentalismo de la Reforma y de la Contrarreforma el espíritu religioso recuperó su antigua naturaleza, mientras que por su parte la imaginación griega fue liberada otra vez, para fecundar el arte y las ciencias.

242, CIENCIA. La tozudez ptolemaica fue el resultado de un prejuicio antropocéntrico: la creatura es el centro del Universo. La hipótesis heliocéntrica ya era conocida desde entonces, pero se la echó al olvido por

razones humanistas primero y religiosas después. No
solo porque Aristóteles y las Escrituras así lo sugerían,
sino porque además era teológicamente conveniente.
Pero el Renacimiento no es solo la consecuencia de la
racionalidad escolástica; también tuvo que ver el nuevo
espíritu estético de los neoplatónicos. En principio, la
hipótesis copernicana no fue mucho más útil que el re-
mendado cálculo ptolemaico, pero su simplicidad la hacía superior. De forma explícita, Copérnico, Kepler y
Galileo reconocieron en Pitágoras y Platón a sus inspi-
radores. (Cuando Kepler le escribe a Galileo, reconoce
en aquellos dos griegos a sus verdaderos predecesores.)
El principio según el cual el mundo se organiza según
números pertenece a la mística pitagórica y solo volvió
a ser tomado en serio, aunque con diferente espíritu, en
el Renacimiento. "El libro del Universo —escribió Galileo— está escrito en el lenguaje de las matemáticas".
La idea del Sol como elemento divino y central es de
los neoplatónicos de la época e inspiró a Kepler para
explicar por qué los planetas se movían en clipses, a
diferentes velocidades: el Sol ejercía una atracción
magnética sobre los planetas. Y nada de esto hubiese
sido posible sin prejuicios estéticos como el de la armonía de los cuerpos celestes, sin la osadía de la imaginación griega. El dios de Copérnico, creador de la
Gran Armonía es, en esencia, un dios griego y no cristiano. La revolución científica de los astrónomos del

Renacimiento fue, antes que nada, una provocación del espíritu estético. —Sumergida aún en este espíritu heleno, la Iglesia que se dejó pintar la capilla Sixtina por Miguel Ángel también toleró la osadía cosmológica de Copérnico. Los reformadores, y luego los inquisidores, condenaron ambas ofensas. Calvino, totalmente desprovisto de la sensibilidad helena, condenó por igual el colorido del Renacimiento y la osadía de desconcentrar la atención del Universo sobre la creatura humana.

243, PROVISORIO. Cuando Newton formuló el comportamiento de la gravitación universal, todo el mundo estuvo de acuerdo qué era el Universo y cómo funcionaba. La Verdad absoluta estaba sintetizada en la fórmula:

$F = k \cdot (M \cdot m) / d^2$

Usando esta misma teoría, el astrónomo Edmund Halley predijo la aparición de un cometa para el año 1758. Por supuesto, el cometa se hizo presente y fue bautizado con el nombre de su profeta. La experiencia y la observación confirmaron todas las predicciones de Newton. ¿Por qué dudar, entonces? Al fin y al cabo era una fórmula matemática. —Todo bien, hasta que unos siglos más tarde el doctor Einstein formuló la suya. Entonces el espacio absoluto y tridimensional de Newton se desplomó como la manzana. Ya no había una fuerza gravitatoria que procedía de los cuerpos sino un

espacio-tiempo que se curvaba para tragárselos. La teoría de Newton pasó a ser un caso muy particular de la
nueva teoría General la que, como la anterior, fue confirmada por la observación y la experiencia. La visión
cosmológica del Universo volvió a cambiar. Radicalmente, como tantas otras veces.

244, SISTEMAS. El pensamiento puede producir
sistemas filosóficos, pero los sistemas filosóficos no
pueden producir pensamiento. Solo producen dogmas.
Se podría decir, en este sentido, que Hegel fue el anti-
filósofo más célebre del siglo XIX, ya que su esfuerzo
estuvo siempre en crear un método ordenador que per-
mitiese enseñar filosofía de forma científica, así como
se enseña y se aprende geometría. En total oposición se
ubicó Nietzsche. Yo creo que Nietzsche representa al
verdadero filósofo y lo opuesto al verdadero Hegel.

245, POSITIVISTAS. Decepcionados con los cambios y las revoluciones de la filosofía, los positivistas
propusieron a la ciencia como modelo de Verdad. Solo
que más tarde, no bien comenzado el siglo XX, también
las ciencias se revelaron tan inestables como la abomi-
nada historia de la filosofía. Aunque fructífera, la historia de las ciencias comenzó a mostrar su verdadera
naturaleza (la naturaleza de la creatura metafísica),
llena de revoluciones y parricidios. Este fenómeno

afectó no solo a las ciencias naturales; también movió los cimientos de la divina matemática. —Durante siglos, los científicos estuvieron seguros de que el mundo era *res extensa* y que, como razonó Descartes, la distancia de las paredes de un vaso lleno de vacío era igual a cero. Por los años veinte otro científico, el señor Arthur Eddington, advirtió que la sólida mesa sobre la cual estaba escribiendo era más vacío que materia. Es más, de materia sólo tenía una billonésima parte y que, aquello que veía como una mesa no era más que un "efecto" del nuevo fenómeno sobre sus sentidos. Si se me permite una exageración, diré que Eddington comprendió que el mundo era una ilusión, como la ilusión de Buda o la del alucinado George Berkeley. —Ahora, el platonismo en la cosmología más profunda y el hermoso principio pitagórico, *ambos, cimientos metafísicos de toda la ciencia moderna*, ya no son posibles. Porque la gran Armonía no existe; no hay música de las esferas sino disonancia de las explosiones; no hay orden sino caos; el mundo ya no se expresa a través de los números sino lo contrario: son los números los que se expresan a través de la naturaleza (eso cuando pretenden ser algo más que una ciencia formal). Sobre el siglo XXI, la ciencia se ha acercado tanto a la filosofía que ya casi no se distingue a un físico teórico de uno de aquellos filósofos que se ocupaban de cosmología, en Grecia o en la Europa del siglo XVIII.

246, CONOCER. Conocer significa retener la experiencia de un objeto o de un fenómeno cuando éste ya no está. En realidad, lo único que podemos llegar a conocer de forma positiva son nuestras propias emociones: el amor, el odio, la euforia, el temor, la idea de un objeto (*res pensante*); y otras experiencias directas del espíritu: la fe y las matemáticas (*res infinita*). El mundo (*res extensa*), en cambio, está lejos de nuestro total alcance. (Creo que Husserl habría nombrado estos tres conceptos con otras tres palabras: *noema, intuición eidética* y *polo.*) —Los griegos formularon una premisa que es básica en todo el pensamiento científico y teológico: la verdad gusta de ocultarse. Lo verdadero no puede verse con los ojos. En realidad, esta idea puede deberse a una razón inversa: el mundo no puede ser conocido, y a lo que aspira la creatura metafísica es a resolver el enigma *creando* una representación del mundo que le permita dominarlo. Esa representación, por lo tanto, no está a la vista sino detrás de una operación intelectual. De la misma forma, un ciudadano debe aprender las normas de tránsito de una ciudad para comprender por qué las personas y los vehículos se mueven en un sentido y no en el otro. Pero las normas no son la ciudad, ni una verdad unívoca y necesaria, sino una forma de dominarla. De la misma forma, aprendemos a dialogar con una pantalla de computadora, aprendemos a dominarla. Arrastramos un ícono de un lugar para el otro, lo abrimos, lo cerramos, lo tapamos con diez ventanas, enviamos un archivo a la papelera, volcamos la papelera, la revisamos, sacamos una pirámide, una geodésica, la giramos. Pero todos esos símbolos, con sus formas y sus colores solo son una representación de *otra* realidad, la realidad invisible del disco duro. —Lo que podemos conocer del mundo, aparte de nuestra experiencia directa en él, son nuestras propias representaciones. Esas representaciones pueden ser científicas, religiosas o pueden pertenecer al conjunto más disperso de las supersticiones. Pero en ningún caso son realmente un conocimiento "positivo", tal como se pretende siempre, sino indirecto. Y nunca está desprovisto de una base metafísica. Cualquier formulación científica sobre el átomo será siempre una "imagen falsa" de algo que no podemos conocer directamente. Una idea falsa pero de gran utilidad. El átomo de Bohr, por ejemplo, con sus electrones girando en un número restringido de órbitas, era compatible con la física cuántica y permitió verificar experimentos y predecir resultados. Pero, a su momento, fue dejado de lado por los científicos que lo cambiaron por otra imagen más conveniente. Podemos conocer la fórmula matemática $W = V.I$ porque, en su totalidad, se realiza dentro nuestro. También podemos conocer la relación que la vincula con la experiencia eléctrica. Pero en ningún caso podremos decir que conocemos la electricidad. Algo semejante me ha ocurrido a mí, trabajando con estructuras edilicias. Cada vez que me enfrento a un cálculo de esfuerzos y resistencias tengo la sensación de estar dialogando con una sombra. Yo sé que si la sombra no se mueve, el cuerpo que la proyecta tampoco lo hará. Esa sombra son las teorías, los números y las fórmulas matemáticas; y el cuerpo, la invisible realidad que presumo dominar pero que no conozco. Yo solo puedo conocer el artificio legal de las fórmulas, con sus razones teóricas, y luego verifico que la estructura se comporta según lo previsto (¿o son las fórmulas las que se comportan según lo visto anteriormente?); pero nada puedo saber de esa "realidad intermedia". —Podemos percibir el mundo (conocimiento inmediato) y esta percepción dependerá de nuestros sentidos y de nuestra naturaleza anímica: un árbol es muy grande o es muy pequeño, es sombra o es amenaza. Nunca es un objeto neutro. Podemos decir que cuando un árbol se convierte en un objeto neutro dejamos de conocer el árbol en beneficio de una representación del mismo: entonces es una representación artística o científica, es un dibujo o es un esquema botánico. —Un gran científico no estudia el mundo sino las formas que ese mundo puede ser representado para su dominio. Y dominar no solo significa manejarlo sino hacerlo comprensible. Nunca podremos saber *qué* es el mundo valiéndonos de datos y teorías científicas. (Con datos y teorías podemos conocer determinadas representaciones del mundo: podemos conocer el mundo de Newton, el mundo de Plank.) Pero con el progreso científico cada vez tendremos mejores representaciones de esa idea inalcanzable. Y las consideraremos más "verdaderas" cuanto mejor se integren a una imagen principal. Una imagen rectora puede ser un paradigma. Pero la imagen de partida es la metafísica materialista y pitagórica, según la cual el Universo es un conjunto de materia y energía, ordenadas por leyes numéricas. Al decir de Heráclito, fuego prendido y apagado según medida.

247, LEYES. Cuántos se atreverían a cuestionar el principio pitagórico de que la naturaleza se expresa en números? ¿Por qué una piedra y todas las piedras caen según la fórmula $S = \frac{1}{2}gt^2$? Bueno, a una escala cósmica esto no es del todo cierto. Hay muchas cosas que en nuestro pequeño mundo son invariables y más allá cambian. Como el tiempo, por ejemplo. Pero veámoslo desde otro punto de vista. Consideremos qué ocurriría si las piedras cayesen según una fórmula unas y según otra fórmula otras, según su color y según el momento del año. Creo que en ese caso viviríamos en el mundo del revés, pero igual encontraríamos fórmulas matemáticas que resuman el comportamiento "inestable" de esas piedras. Mientras no sea posible, el problema permanecerá como enigma científico, tal como lo ha sido el comportamiento indefinido de la luz. Como también nos moveríamos dentro de un punto particular y reducido del universo, seguramente estas leyes matemáticas serían aparentemente invariables. Entonces diríamos, como decimos ahora y desde hace miles de años, que la naturaleza se expresa en números. ¿Se nos ocurrirá pensar que son los números los que se expresan en la naturaleza?

248, CAOS. Los sistemas llamados "caóticos" se refieren a la *sensibilidad de las condiciones iniciales.* Esta moda reciente del pensamiento no significa que la ciencia haya renunciado a buscar un *orden* en lo diverso; significa que ese orden es tan complejo que es imposible dominarlo con leyes mecánicas, así como el optimismo del siglo XIX lo creyó posible. En el modelo de Boltzmann-Gibbs, donde una partícula choca entre un campo ordenado de discos, es necesaria una precisión inicial con un error de una billonésima para poder predecir la dirección de la partícula después de 12 colisiones. Una desviación inicial infinitésima daría después de tres movimientos resultados totalmente contradictorios. Esa *sensibilidad* es lo que diferencia a los sistemas caóticos de los sistemas estables, que son los sistemas de los que se ocupó la ciencia optimista.

Usando una metáfora, se podría decir que es aquí donde las matemáticas aumentan su "entropía" (incremento de información necesaria para definir un orden). Actualmente, la realidad física se presenta como si se resistiera a la simplicidad matemática. Es decir, el libro de la Naturaleza no está escrito en números, como lo afirmaron Pitágoras y Galileo. Por el contrario, pareciera que son las creaturas metafísicas las que lo obligan a ello.

249, VENTAJAS. También un hechicero relaciona causas y efectos. En el uso de plantas y actitudes en ocasiones logra un tratamiento efectivo. Diez hombres con el mismo demonio se curan con el mismo tratamiento. Por supuesto que nuestra mentalidad cientificista negará la representación animista del brujo recurriendo a otras explicaciones. Supondremos que las explicaciones de un médico o un psicoanalista representan la verdad por dos motivos: porque nos convencen y porque logran mejores resultados. Pero esto solo prueba dos cosas más: que nuestro intelecto está preparado para el esfuerzo científico más que para la credulidad supersticiosa, y que la ciencia logra más dominio de los fenómenos. Pero en ningún caso demuestran que el principio metafísico que las sostiene, el materialismo, es la verdad del mundo.

250, PODER. Cada formulación científica va inevitablemente acompañada de una imagen o representación cosmológica que la misma ciencia se encarga de demoler con el tiempo. Nunca podremos afirmar si un conocimiento científico es verdadero, definitivo o no. Sí podemos decir que es un conocimiento efectivo y de abrumadora utilidad. —La única constante progresiva que podemos advertir en la historia de las ciencias es el *poder* que deriva de ella. (Lo que importa es cómo el intelecto logra dominar, integrar, los datos dispersos de una realidad cada vez más amplia y compleja.) Toda investigación, incluso la especulativa, se orienta hacia aquellas formas que pueden ser "dominadas" por el intelecto. Las revoluciones epistemológicas y los cambios de paradigmas nos muestran, una y otra vez, que una Verdad se puede volver falsa o puede ser cambiada por otra. El universo de Ptolomeo nada tiene que ver con el de Newton, y éste en nada se corresponde con el de Einstein. Sin embargo, las tres representaciones cosmológicas han sido de enorme utilidad en sus tiempos; e incluso en el nuestro. Esto nos indica que no es la *verdad* el motor principal de las ciencias sino el *poder*. La primera proviene del intelecto; la segunda, es producto inequívoco de la *voluntad* de la especie.

251, CERTEZAS. La forma del conocimiento más prestigiosa de los últimos trescientos años ha sido la

científica. Como en otras épocas, esta forma de pensar
y ver el mundo condujo a incuestionables certezas, a
verdades eternas; como en otras épocas, acabaron. —
Cuando Kepler logró explicar con fórmulas simples el
movimiento elíptico de los planetas escribió: "He escrito el libro; para ser leído ahora o en la posteridad,
eso no importa. Puedo esperar un siglo por un lector así
como Dios esperó seis mil años por un testigo". Más
tarde, maravillado con la claridad matemática de su teoría, Isaac Newton exclamó: *O my God, I think Thy
thought after Thee!"*. Lo que quiere decir no solo que
también los grandes perdieron alguna vez la famosa
modestia.

252, CONOCIMIENTO. El peor de los ignorantes
es aquel que no lo sabe. Las creaturas conscientes de su
propia ignorancia poseen el único y más sabio de los
conocimientos posibles. —Si mal no recuerdo, algo parecido pensó Nicolás de Cusa hace seiscientos años: la
ignorancia hecha consciente revela una verdad a la que
no accede el pretendido conocimiento. De una forma
refranera, podríamos formularlo así: el que ve lo que le
falta, ve más que el que solo ve lo que tiene. Creo que
de Cusa tituló esta idea, humilde y orgullosa, así: *De
docta ignorantia*. —Nombro al latino para no volver
otra vez sobre Grecia.

XXIX: El Decálogo se parte en dos

253, SEPARACIÓN: En muchas religiones, las acciones diarias de los fieles están rigurosamente reguladas por normas y códigos de conductas. Para ser un hindú o un judío no basta con creer en la reencarnación o en Yahvé; además es necesario *vivir como tales*. Un judío ortodoxo no es un judío o no es ortodoxo si se come una *cheseburger* o carne de cerdo; y un hindú no es un hindú si come cualquier carne. Cristo, en cambio, dejó de lado la formalidad de los ritos obligatorios para interiorizar la religión en el individuo. Separó el Cielo de la tierra. La clara distinción entre la ley de los hombres y la Ley del Padre se resume en la frase: "Dad al César lo que es del César". Incluso, esta misma actitud se repite en el uso recurrente de la metáfora: donde dice "semilla" está diciendo posibilidad o destino; cuando dice "cordero" está diciendo hombre o fidelidad. La metáfora es incómoda porque exige interpretación; la ley y los dogmas solo hay que cumplirlos.

254, TEÓLOGOS. En el siglo XII Pedro Abelardo confirmó la independencia entre el acto y la intención. Como Freud, reconoció el deseo inmanente de toda

creatura o su deseo propio de obviar los Mandamientos.
Y a eso no lo llamó pecado. El pecado (escribió) consiste en *consentir* al deseo de olvidar la prohibición.
"No está escrito —dijo— que no queramos levantar
falso testimonio, o que no consintamos en él. Simplemente que no lo levantemos". Y en otra parte: "Tampoco la prohibición ha de entenderse referida a la
acción, sino al consentimiento". El monje medieval no
culpa a los demonios y absuelve al culpable por su naturaleza. Esta distinción entre el Cielo y la tierra es explícita en Lutero. Algunos han visto en su reforma un
regreso al Antiguo Testamento; pero en algunos aspectos es más clara su regresión al cristianismo primitivo.
Su doctrina de *los dos reinos* recuerda ideas babilónicas
y herméticas, pero sobre todo significa la antigua separación del mundo material y el reino de Dios. Durante
la guerra de los campesinos de 1525, Lutero dejó en
claro que "la libertad del cristiano no se puede confundir con la liberación social y política".

255, ESTADO. Cristo tradujo los últimos cinco
Mandamientos negativos en una síntesis positiva. Las
obligaciones de no matar, no robar, no mentir, no fornicar se sintetizaron en el precepto "Amarás al prójimo
como a ti mismo". Traducción ética que implica una
interiorización aún más profunda. A casi todos nos produce horror la sola idea de matar a una persona. Pero

de ahí a un amor democrático e indiscriminado hay una distancia. Si fuésemos capaces de tal grandeza de corazón, los conflictos sociales y la explotación entre las creaturas serían por lo menos infrecuentes. Con todo, ese amor interhumano estaba diferenciado y muy por debajo del supremo amor a Dios. Y es, precisamente, este orden jerárquico el que mantiene la prédica de Cristo en calidad de religión y no de mero humanismo. Un orden inverso sería un orden de Estado moderno. Para todo gobierno, los últimos cinco Mandamientos deben estar sobre los primeros. Y ello se llama tolerancia y laicidad.

256, LEGAL. Al mismo tiempo que surgen la burguesía y los estados modernos en Europa, la moral vuelve a separarse de la religión. Naturalmente, para que este divorcio se haya realizado antes necesitó de una *legitimación*. La legitimación ética, como la religiosa, consiste en un discurso que se apoya en algunos principios básicos, irrenunciables. En el caso de la ética se resumen en la Segunda tabla; para la teología, consiste en la aceptación apriorística de la Primer tabla. Ética y teología son *racionalizaciones* que procuran la confirmación de los axiomas morales y religiosos. Con frecuencia, estos intentos de confirmación resultan en refutaciones contradictorias: en el nombre del bien se profesa el mal; en el nombre de Dios se termina por negarLo. —No es raro encontrar en los mismos libros Sagrados justificaciones para la esclavitud y para toda clase de crímenes y genocidios, racistas e ideológicos. El historiador ruso V.I. Avdiev, después de enumerar diferentes ejemplos, concluía: "Las enseñanzas Bíblicas, reflejando los puntos de vistas y los intereses de los esclavistas, recomendaban aplicar a los esclavos las formas más crueles del constreñimiento forzado". —Más recientemente, también la ética capitalista necesitó una legitimación ética; en su caso el discurso provino de la misma religión: la reforma protestante. Más tarde, la filosofía cumplió con el mismo papel: la ética combativa del marxismo-leninismo y la ética consumista del estado neoliberal posmoderno. Para una, la propiedad era el robo, por lo que se encarcelaba y se mataba a los propietarios; para la otra, la propiedad es el éxito, por lo que se desprecia y se pisotea al que no la tiene; cuando no se matan por ella.

257, LIBERTAD. Se ha psicoanalizado, hasta el hastío, las consecuencias de la doctrina de la predestinación en la naciente ética capitalista. Pero hay otros elementos en juego; por lo menos dos: Libertad —distintos hábitos éticos podían ser la base de buenos cristianos con fe; Tolerancia —la autoridad se volvió laica y más permisiva. En el mundo moderno, a excepción de los fundamentalistas, las creaturas que dicen creer en Dios son, antes que nada laicas. El creyente y el ateo ya no se diferencian por sus hábitos diarios sino solo por sus fueros interiores. La Iglesia, institución de la Verdad, dejó el poder al estado, institución del Orden. *El Orden prioritario quedó invertido.* Los principios de Igualdad y Fraternidad ya estaban de alguna forma incluidos en el Decálogo, por lo que se puede decir que la Revolución francesa aportó el más novedoso de los tres principios masónicos: Libertad.

258, DERECHOS. Con la Revolución francesa se hacen famosos los Derechos del Hombre, que pronto incluirán a la Mujer también. El ambiente espiritual de la época estuvo dominado por la literatura laica de los enciclopedistas. En la enciclopedia moderna no hay conocimiento ni verdad privilegiada. No es un libro sagrado sino escéptico, porque expone las verdades conocidas de su tiempo sin tomar partido por ninguna. Representa un adelanto heroico del espíritu informático, el ordenamiento sistemático e indiferente de la información (porque cuando uno pretende negar todo tipo de jerarquía recurre al ordenamiento alfabético; ya sea para ordenar nombres o cosas). —A partir de la Revolución, ya no será la Verdad trascendental lo más importante en la vida de una sociedad, sino las verdades simples e "intrascendentes" de cada creatura, la convivencia, la justicia social y el progreso material. El

Derecho y el más acá es lo que importa y se espera que se resuelvan esos problemas antes de pasar a las nubes.
—Cuando la moral se independiza de Dios y pasa a la mano de las creaturas, deja de ser un conjunto de normas perfectas y pasa a ser algo discutible y perfeccionable. Ya no son prohibiciones sino prescripciones. El "no fornicarás" se transforma en "tienes derecho a fornicar si el marido te deja". La condena bíblica a la homosexualidad se transforma en una reivindicación. Los antiguos dictados que exigían a la mujer sumisión al hombre se anulan progresivamente.

259, PLACERES. Las antiguas tribus consideraban a sus costumbres y su propia lengua las mejores costumbres y la lengua más clara. Cada sociedad en cada época considera su propia moral superior a la anterior o superior a una nueva moral emergente. Cuando un viejo dice que "ya no hay moral", significa que una nueva ha nacido; es decir, que una nueva *conciencia de la especie* se ha formado, así como se forman las ideas y los paradigmas. Pueden ser buenas o malas ideas, puede haber conciencias sanas y otras enfermas. Pero, por lo general, la generación pasada siempre la descalifica, mientras la nueva la defenderá por sus virtudes.
—Como ahora las creaturas consideran la ética liberal más justa, muchos cortan por lo sano negando el resto de las Escrituras. Ahora el pensamiento posmoderno

apunta al incremento progresivo e ilimitado de las libertades individuales y, sobre todo, de la cuota de placer que le corresponde a cada uno. Es el triunfo de los
instintos básicos (sexo, consumo y conservación) sobre
los trascendentes. Las creaturas metafísicas han dejado
de ser los reyes de la Creación y ahora solo son unos
seres cualquiera que buscan sus alimentos en un punto
perdido del espacio. La vida ya no es sagrada ni es la
preparación para un estado superior. Es algo que surge
y desaparece sin ningún sentido. Por eso, no se debe
"cometer el peor de los pecados que se puedan cometer:
no ser feliz". La ética que corona el milenio está más
cerca de la antigua Grecia que de épocas posteriores.
Las minorías discuten, reclaman y obtienen sus derechos. Los homosexuales son aceptados por la Iglesia
como lo eran antes en Grecia. La virtud paradigmática
es la tolerancia, aunque no significa que sea la práctica
también. Todo el libro del teólogo Hans Küng, en su
búsqueda de una "ética mundial" es, de alguna forma,
el reconocimiento de la Segunda tabla como el único
factor común entre los pueblos. En ningún momento,
como lo intentaron alguna vez los cristianos, propone
la supresión de la diversidad metafísica por la imposición de la Verdad evangélica.

XXX: La involución de la especie

260, FUNCIONALISMO. Jean-Baptiste de Lamarck publicó su *Filosofía zoológica* en 1809. A pesar de su nombre y de sus padres, propuso una teoría que contradecía la versión oficial de la Iglesia. En ella, la naturaleza aparece como una inteligencia implacable: las especies evolucionan respondiendo a las necesidades del medio. Era fácil comprender, o imaginarse, que las jirafas hayan estirado sus cuellos cuando los alimentos en el suelo se hicieron más escasos que en los árboles. Al fin y al cabo, los hombres venían observando desde hacía milenios cómo un músculo exigido por un determinado esfuerzo acababa desarrollándose y adaptándose al nuevo esfuerzo. Pero en cambio resultaba harto más difícil explicar las rayas del tigre y los casi infinitos e ingeniosos camuflajes que existen en la naturaleza. Esta teoría, científica y equivocada, posee una admirable traducción metafísica: el concepto de *voluntad* de Schopenhauer. Con éste, no solo se podía explicar el cuello largo de la jirafa y la joroba del camello; también los colores y los dibujos de las plantas y los animales, responsables de la sobrevivencia de cada especie. Pero esta teoría también poseía un defecto: no era científica. Es decir, no era una proposición *refuta-ble*. Si no exagero, diré que además posee otro defecto: es tautológica ("el toro posee cuernos porque procura envestir", etcétera).

261, CEGUERA. Entre 1831 y 1836 otro viajero dio a luz una teoría que gozaría de vida larga y prestigiosa. Pariente cercano del lamarckismo, esta teoría sería, en el fondo, radicalmente distinta. Si el famoso enunciado de Lamarck rezaba que "la forma sigue a la función", los darwinianos formularon algo así como una inversión semántica: la función sigue a la forma. (Historia que se repitió con rigor en el pensamiento arquitectónico del siglo XX.) Desde entonces, la Naturaleza no sería ya una voluntad inteligente sino un mecanismo, *ciego y estúpido*. En la teoría de Darwin, una mujer o un pájaro son la consecuencia de millones de accidentes genéticos, perpetuados por herencia. Esta serie de accidentes no solo habrían producido cuerpos admirables y perfectamente adaptados al medio, como el tigre, sino (y sobre todo) una serie de innumerables variaciones que resultaron un fracaso. Pero cada una de estas imperceptibles variaciones acabaron en el olvido. Otras se llaman hombre de Neanderthal o Arsinoitherium, los que a su vez fueron el orgullo de una naturaleza inestable. Ahora, cuando alguien contempla el camuflaje blanco del oso polar, el ojo falso dibujado en la cola de un pez, el efecto óptico que producen las rayas de la cebra en los ojos confundidos del tigre, no puede otra cosa que decir, "qué sabia es la naturaleza". Hasta que aparezca Sir Charles Darwin para demostrarle lo contrario: en realidad la naturaleza es estúpida, señor. Pues si bien cada especie vive como una máquina perfecta y hermosa, ello solo se debe al hecho de haber acertado una buena en un millón de malas variaciones. Como alguien que se hace gradualmente rico apostando gratis a la lotería, durante años.

262, COSTEAU. Una vez, en un reportaje para la televisión, se le preguntó al famoso oceanógrafo J.I. Costeau si era religioso. "Sí —contestó le francés—, porque no puedo creer que todas las maravillas que nos rodean fueron creadas por casualidad. *No, ce n'est pas possible*". Lo acompaño en el sentimiento, Monsieur.

263, SEXO. ¿Por qué todo el reino animal es sexuado? ¿Acaso es inconcebible una naturaleza capaz de evolucionar y conservarse sin la necesaria intervención del sexo? Se calcula que la reproducción sexuada comenzó hace 2.000 millones de años. Hasta entonces, la norma era la multiplicación asexuada (mitosis). Las bacterias y los hongos se copiaban a sí mismos. No evolucionaban pero tampoco envejecían. Si algo no las mataba, podían vivir indefinidamente. No solo la vida era

posible, no solo el individuo era inmortal; los cambios
y la evolución también eran posibles, y ello se demuestra con la misma aparición del sexo en un mundo ase-
xuado. Entonces, ¿para qué se inventó el sexo? ¿Para
acelerar la evolución? —Supongamos que, llegadas a
una determinada edad, las mujeres se reprodujeran so-
las. Como en una clonación o como en uno de esos casos de madres vírgenes que registra la historia de la
medicina. Tal vez la evolución sería más lenta, porque
toda la información genética del macho se perdería
siempre, porque la inevitable novedad que surge de una
combinación azarosa no sería posible. Pero ¿eso qué
importa? Claro, para evolucionar habría que esperar infrecuentes accidentes genéticos de algo así como una
clonación imperfecta. Pero ¿cuál es el apuro? Bien podemos suponer la total inexistencia de los machos en el
reino animal y aun así la vida sería posible. O por lo
menos imaginable, que ya es mucho. Entonces, ¿para
qué y por qué existe el sexo? ¿Y por qué, precisamente,
es el fenómeno más importante en la vida del reino animal? —La lógica darwiniana considera el sexo en sus
formulaciones teóricas para explicar la evolución de las
especies. Pero el sexo no es una hipótesis fundamental
en esta teoría evolucionista ni en sus variaciones. Casi
diría que es una consideración *a posteriori*. Aún si los
animales se reprodujesen como las células, la evolución
sería explicada por esta teoría: los más débiles no

alcanzarían la edad de reproducción; solo los más aptos. Aún habría *struggle for life,* aunque ya no sería una
struggle for female. —Me atrevería a decir que no es la
naturaleza la que se sirve de la relación sexuada, sino
lo contrario: es el sexo el que se sirve de la naturaleza
para realizarse. El único defecto de esta teoría es ser
una teoría metafísica.

264, EVOLUCIÓN. Un ser que se reproduce a sí
mismo genera dos seres idénticos. O casi idénticos,
porque aun así sería posible, de vez en cuando, algún
accidente, alguna meritoria deformación. Gracias a estas mínimas imperfecciones los seres más simples evo-
lucionaron y, vaya uno a saber por qué, lograron
inventar el sexo. A su vez, la reproducción sexuada ace-
leró la evolución, porque la combinación azarosa del
coito hace imposible las copias perfectas: el hijo se parece al padre o a la madre, pero nunca es la imagen de
ninguno de los dos. Pero aún queda otra novedad en el
camino ansioso de la evolución y, como es de sospechar, está referida a la creatura metafísica. Más precisamente, a su historia interior. Me refiero al famoso
tabú del incesto. Porque la exogamia, a la inversa del
racismo, conduce a la combinación azarosa de caracte-
res diferentes. Y ese es uno de los pilares de la evolución.

265, MIOPÍA. El epistemólogo argentino Gregorio Klimovsky, después de analizar la teoría de Darwin, concluyó con una observación inesperada: "La característica visual llamada miopía, considerada habitualmente como un defecto sería favorable en los ámbitos urbanos, pues una gran cantidad de tareas en las ciudades son de índole burocrática y la miopía facilita la aprensión de lo cercano y por lo tanto la concentración en el trabajo. Todo lo contrario ocurriría en las zonas rurales, donde hay que prestar atención a lo que se encuentra alejado; aquí la miopía es una característica desfavorable y la hipermetropía, en cambio, favorable. Si la evolución humana, en cuanto a los modos de vida, continuara como hasta ahora, se podría hacer la darwiniana predicción de que, en un futuro lejano, los habitantes de las ciudades serán miopes en tanto que en las zonas rurales serán hipermétropes". Klimovsky hace una observación digna de Lamarck, pero no de un darwiniano. Entre la hipótesis (H1, como significan los epistemólogos) y el enunciado gregoriano (E1) existe un paso intermedio llamado deducción (D1) que significa: los miopes, en estado libre de competencia, son los más aptos para el trabajo en oficina, por lo que logran reproducirse mejor que los de vista aguda (*survival of the fittest*). Dicho de otro modo, esos sedentarios gorditos de lentes gruesos arrastran tras de sí a más mujeres que cualquier atlético deportista con buena vista.

Y, de esa forma, sus características se reproducen más. Bien, no sé qué pensarán las mujeres que viven en Buenos Aires, pero a mí la conclusión me parece fantástica. Sí, queda aún una justificación a la conclusión del epistemólogo, desde un punto de vista darwiniano: los sedentarios gorditos de ojos embotellados (H1) son más aptos para el trabajo ejecutivo; es decir, ganan más dinero que el resto. El dinero atrae a las mujeres (H2) y por lo tanto los miopes se reproducen más en las grandes ciudades (D1). —Entiendo que alguna mujer se pueda sentir ofendida con la H2. Pero la remito a una conclusión que hiciera Helen Fisher, una antropóloga mujer: "A partir de un estudio realizado en treinta y tres países, llegamos a la conclusión de que las mujeres se sienten atraídas por hombres ricos, un rasgo que desarrolló hace millones de años..."

266, ACCIDENTES. Consideremos la simplicidad implacable de la teoría de la evolución y veremos que posee un solo defecto: *es correcta.* —La doctrina hindú de las reencarnaciones es la única capaz de justificar metafísicamente a los animales; ellos son variaciones en tránsito a algo superior: el conocimiento humano y la posterior liberación. En las teorías de la evolución, en cambio, no solo los tigres y los pájaros son el resultado de una serie innumerables de accidentes; también las creaturas y sus producciones: el teorema de

Pitágoras, el budismo, la Inconclusa de Schubert y todas las concepciones del Universo (es decir, el Universo). Todo sería la consecuencia de una serie cuasi-
infinita de casualidades que van desde un protozoario a
Paul K. Feyerabend. Se supone que la vida toda se ge-
neró a partir de un caldo químico, una mágica y única
conjunción alquímica de imperfectos ARN. Sería interesante, además, averiguar cómo fue que de esa combinación original resultaron una mosca y el profesor
Isaac Newton. Ambos, según Darwin y todas las sub-
corrientes discrepantes del evolucionismo, productos
de sucesivos éxitos de supervivencia. —Pero aún este
tipo de evolucionismo mecánico puede salvarse del absurdo. Obviamente, siempre es necesaria una dimensión metafísica: una *gnosis evolutiva*; esto es, el logro
espiritual de la creatura más problemática de Gea.

267, PUDOR. Al mismo tiempo que la teoría de
Darwin triunfaba en el mundo, el pudor de algunas
creaturas les hacía dar vuelta la cara cada vez que pasaban por sus implicaciones existenciales. Presintiendo
la catástrofe, muchos espíritus religiosos agacharon la
cabeza; otros espetaron insultos, dogmáticos e inefica-
ces. Los más optimistas pronunciaron la famosa frase:
"la naturaleza es sabia", como si detrás de cada fenómeno físico estuviese el *nous* de Anaxágoras. Otros
vieron en el camino evolutivo una especie de *proyecto*

deliberado, y formularon algunas respetables teorías. Creo que es comprensible que hayan preferido pensar así, en vez de aceptar que estaban rodeados ya no solo de un *mecanismo* sino además de un mecanismo ciego y estúpido. O por lo menos no más sabio que la ruleta o la lotería.

268, ARGUMENTOS. En mayo de 1997, el pastor Henry Feyerabend dio una serie de tele-sermones en Portugal. Entre otras cosas, espetó: *"Descendemos de Adão e Eva. Da misma maneira que uma espiga de milho não da bananas, tambem não foi o macaco que deu origem ao homen".* Tal vez algún día se compruebe que la teoría de la evolución estaba equivocada y que el pastor Feyerabend estaba en lo cierto. Pero, mientras tanto, debería abstenerse de argumentos que pueden sonar impactantes en la televisión o en el titular de un diario, pero que tienen el defecto de demostrar más ignorancia que sabiduría. Y menos inteligencia también. En esta breve afirmación el tele-pastor no solo demuestra que por pudor ideológico nunca leyó a Darwin o a la *New Scientist,* sino que además no sabe armar un silogismo, lo que en un teólogo ya es grave. —Afirmar que las creaturas descienden de Adán y Eva *porque* así lo dicen las Escrituras es comprensible. El problema surge cuando se pretende argumentar usando la inteligencia y se carece de ella.

269, CASUALIDADES. La doctrina de las casualidades es una característica del pensamiento del último
siglo. Bien, están el principio de indeterminación, la
teoría del Caos. Pero todos esos son detalles al lado de
ese gran accidente cosmogónico que se llama *Big-
bang*. Creo que nunca antes la inteligencia humana había llegado tan lejos en el despojo de todo Sentido a la
existencia. Incluso las cosas y los números comienzan
a perder significado. —La creatura metafísica es producto de dos milagros o improbabilidades cósmicas: la
vida y la conciencia. ¿Acaso ha llegado a su "callejón
sin salida", como les ocurrió a otras especies? Tal vez
el siglo XXI le devuelva a la creatura algo del valor
trascendental que alguna vez tuvo. Esto sería posible si
al paradigma de la evolución se le introduce el concepto
de *gnosis*. Entonces hasta podríamos decir que también
los dioses descienden de los monos.

270, PROYECTO. La inmensa variedad de las especies es debida al elemento *azar* que se infiltra en otro
constante y determinista: la herencia del genoma. En
los seres vivos, la información genética puede variar in-
finitésimos, pero siempre se mantiene la herencia de
una generación a otra. —El surgimiento de la vida es el
resultado de una "casualidad" con probabilidad casi
cero. Esto aún no significa un milagro como

quisiéramos, porque a una escala astronómica no existen las exageraciones; todo es posible. Pero, en un Universo que irremediablemente se degrada o se destruye, que agota a cada instante sus energías, la vida es un acontecimiento *único*: no se disipa como el radio; se regenera. La vida, desde el más humilde insecto, se diferencia del resto de la materia por su milagrosa capacidad de conservación y progresión. Por un águila que muere cien pueden comenzar a volar, y por cien diez mil. Y todas son, pera la vida, el mismo águila que renace. Herencia más azar conforman un proyecto misterioso llamado *vida*. Como si el Universo hubiese producido un minúsculo punto luminoso en la inmensa oscuridad, para que lo salve del envejecimiento, para que revierta las leyes de la Irreversibilidad cósmica. Al menos por un segundo antes de la muerte definitiva.

XXXI: El universo insignificante

271, CAÍDA. Una vez el mundo estuvo poblado de espíritus. Todo lo visible (una árbol, un río) tenía vida propia. Por entonces, la capacidad de abstracción de las creaturas era muy limitada, por lo que los dioses tomaban formas de canguros, gatos, lagartos, vientos, huracanes, noche y Sol. Luego, combinaciones de esas formas. Tiempos más tarde aparecieron religiones más complejas y los dioses dejaron de expresarse directamente en la naturaleza para hacerlo a través del símbolo y la escritura. El trueno y el viento pasaron a ser *cosas,* mientras los dioses ascendían a cielos más complejos y profundos. Lejos de las creaturas de un día, los dioses se perfeccionaron en Dios. Y Dios, porque era perfecto, insensible o irresistible a los sentidos, eligió el símbolo y la metáfora para comunicarse con aquellos seres frágiles y transitorios que se habían quedado en Gea.

272, VERGÜENZA. En tiempos de Cristo las creaturas oraban en lugares públicos, tal vez con la misma inhibición que puede verse hoy entre los árabes. Tanto, incluso, que en ocasiones lo hacían para presumir de su fe. Por esta razón, Jesús recomendó a sus discípulos orar en lugares apartados (Mateo VI. 5:14 y Lucas XI.

2:4), como quien hace una donación a alguien que lo
necesita y toma las precauciones para que nadie se en-
tere. En la actualidad se cumple la sugerencia de Jesús,
pero por una razón diferente. Muchas creaturas en Gea
tienen fe en Dios, *pero se avergüenzan de Él.* Con pudor científico, oran en secreto o se persignan como si
se estuvieran arreglando el pelo o espantando una
mosca.

273, DIOSES. La concepción cosmogónica de
nuestro tiempo, como las anteriores, es una creencia
formulada sobre algún tipo de elocuencia. En nuestro
caso es una elocuencia científica. La teoría del *Big-
bang* y todas las leyes físicas pueden prescindir de
Dios, pero no pueden negarlo. La situación ya se dio en
los mismos términos en la antigua Grecia. Ahora, sin
aquellos dioses y con un Dios que ha enmudecido, las
verdades superiores son delegadas a los científicos. A
su vez éstos, que están más cerca de su propia impotencia, aplazan las respuestas sobre un ente abstracto llamado Ciencia del futuro. Eso cuando son optimistas.

274, RETROCESO. Como en el siglo XIX, los primitivos solo creían en lo que veían. Hoy la relación de
las creaturas con el mundo material —relación sensual— es más importante y más intensa que hace un par
de siglos, quizá tanto como en la Edad de piedra.

Aunque más vacía también. En este sentido podemos decir que retrocedimos a lo que antes se llamaba "la noche de los tiempos", aunque la nuestra sea una noche iluminada con luces de neón. El carácter consumista de las sociedades posmodernas es una manifestación clara de ese curioso desproceso. Según las encuestas más alegres, la mayor afición de los pobladores del mundo evolucionado consiste en "salir de compras". Y por ello los *megashoppings* concentran más fieles que La Meca o El Vaticano. Comprar algo hoy, mañana otra cosa. Entre esta actitud y la del niño que se cuelga de la falda de su madre para reclamarle un juguete nuevo la diferencia es despreciable.

275, CONOCIMIENTO. En la actualidad las super-redes de comunicación se perfeccionan maravillosamente y producen una conducta sospechosa: *navegar en Internet* es un hábito popular, y existen infinidad de cursos para hacerlo mejor y más rápido. Pero se debe navegar hacia ninguna parte; de lo contrario se está cometiendo una herejía informática. —Dice Hans Küng que nuestro mundo está superinformado pero el individuo ya no sabe qué hacer con tanta información. Si mal no recuerdo, algo parecido expresó Eduardo Galeano en una entrevista: "Los *medios* han reemplazado a los fines". Parece que la mayor diferencia entre la creatura moderna y la antigua no está solo en su mayor conocimiento de la materia sino en su mayor desconocimiento de su propio espíritu. Y lo que es peor: en su indiferencia. Ahora, si la Idiotez se encuentra muy bien informada, nadie piense que se la puede combatir con ignorante sabiduría. En los tiempos de la barbarie la gran diferencia la hacían los libros. En la Era de la computación también, porque es lo mismo que lo primero pero con más información y amaneramiento. — Está bien, tampoco podemos demostrar que sea condenable la estupidez bien informada (a veces la estupidez no es mala; es solo eso: estupidez.), porque bien se puede dar la paradoja de que, dada nuestra natural impotencia ante el Enigma, la idiotez sea el estado más sabio. En ese caso sí, podremos decir, con infinita alegría, que llegamos a la cúspide o al Cuarto milagro.

276, EXTERIOR. Donde antes estaban los dioses, ahora están los satélites artificiales y el telescopio Hubble, escrutando el *Finitoperoilimitado* cuasi vacío. También en este sentido conservamos una mentalidad primitiva: miramos a través de millones de años luz buscando explicaciones existenciales. Como si la Verdad estuviese situada en un más allá espacial que rodea el mundo material. No en un ser insignificante como la creatura metafísica.

277, INSIGNIFICANTE. De tal forma las creaturas se han acostumbrado a que los científicos y los filósofos materialistas la califiquen de "insignificante" que ya no las ofende. En casos, la doctrina que clasifica a la creatura como *ser insignificante* alcanzó tal éxito, que se solía suprimirlas como hace el chacrero con las hormigas. Olvidan, presumo, que toda esa inmensidad de estrellas, con su cuarta y su undécima dimensión, con sus leyes numéricas y sus colores, con sus verdades de quinientos años y sus verdades de un solo días son, antes que nada, *formulaciones* de esos seres insignificantes. —Según una prestigiosa cosmogonía astrofísica, El Universo y la creatura son el resultado de una Gran explosión cuyos ecos siderales aún se pueden oír y medir. Lo fantástico es que *eso es todo.* Tan increíble como la creación del mundo en siete días o la danza destructiva de Shiva.

278, EPISTEMOLOGY. Reflexionando sobre las últimas representaciones del mundo en Gea, Richard Tarnas escribió: "The great irony [...] is that it is just when the modern mind believes it has most fully purified itself from any anthropomorphic projections, when it actively construes the world as unconscious, mechanistic and impersonal, it is just then that the world is most completely a selective construct of the human mind". Lo que de otra forma quiere decir: A medida

que la mente humana despoja al Universo de las características del ser humano, comienza a considerarlo
como una construcción propia de la mente humana. Es
decir, a medida que el mundo se deshumaniza se revela
como un producto puramente humano. Es como si las
creaturas más lúcidas de Gea hayan dejado de ver sus
propias imágenes en el espejo para ver el espejo mismo.

279, SIGNIFICADOS. De chico tenía la afición de
leer al azar la enciclopedia *Cumbre*. Por entonces,
aquellos veinte tomos rojos eran algo así como un resumen poético de la aventura humana. Una especie de
Gran Novela, compuesta de capítulos con una relación
incuestionable pero enigmática y casi siempre incomprensible, parcial e inconclusa. La abría al azar y encontraba héroes, montañas, crímenes y amores,
profetas, fórmulas y pasiones. Spenser, Sperry,
Spitzberg, Stalin, Stalingrado, Storni, Stuttgart, Sub-
conciencia, Submarino, Sudán, Sueño, Suez. Pero también recuerdo una noche sin este soporte estético. Tomé
uno de esos volúmenes de tapas duras y vi algunos de
los fenómenos absurdos que componen un universo
materialista: Dilthey, Diluvio, Dimensiones, Dina-
marca, Dinastía, Dinero, Dinosaurio, Diógenes, Dionisos, Dios, Diplomacia, Dirigible, Disney, Dniepro-
petrovsk.

XXXII: Hacia un ser intrascen-dente

280, TRIUNFOS. No solo la concepción que la creatura tiene de sí misma y de su universo ha perdido casi todo sentido; también sus obras reflejan esa orientación. Se han ganado tantas batallas por vivir mejor como las que se han perdido por conferirle un sentido trascendente. Todo eso que se llama "avances de la ética" o "liberación" no significa otra cosa que un mayor goce del sexo, del cuerpo y de la distracción. Todo eso significa un rotundo éxito del espíritu estético y en casos un éxito del hedonismo. Pero a medida que se derriban las barreras que limitan los deseos más inmediatos, más y más se concibe a la creatura como un objeto autocomplaciente. Cada día más la creatura deja de ser un ser trascendente gracias a sus propios logros. Cada día más se aleja del Cuarto Milagro.

281, HERIDA. Todas o casi todas las creaturas consideran la anticoncepción como un logro médico y social. Sin embargo, cuando se enfrentaron por primera vez a esta posibilidad se resistieron a aceptarla. En la actualidad ocurre lo mismo con la clonación. En principio, clonar un ser humano no sería más perjudicial que fabricar desodorantes en aerosol. Los experimentos de la genética no contradicen en nada los últimos cinco Mandamientos. Pero la clonación ha sido declarada "práctica inmoral", y a casi todas las creaturas les produce asco. Al menos por el momento, porque es posible que cambien de ética antes que de práctica, así como Michael Jackson se cambió de nariz antes de recurrir a un psicoanalista. Eso sería consecuente en el actual estado de cosas. Pero ¿por qué aún la gente reacciona con horror ante la clonación como antes lo hacía con la anticoncepción? Creo que aquí no debemos buscar razones morales antes que espirituales o psicológicas. Porque lo único concreto que hay hasta ahora es el rechazo, el *asco* que provoca. —Ambas, clonación y anticoncepción, significan nuevas heridas en la naturaleza metafísica de la creatura. Aparentemente, se avanza hacia su propia cosificación en detrimento de su antigua búsqueda de trascendencia. Entonces las creaturas acusan el golpe esgrimiendo valores morales muy difíciles de racionalizar. —Pero veamos que la clonación de seres humanos dejará un día en evidencia la diferencia que existe entre cuerpo y espíritu. No hace mucho, en el año 1997, un científico ruso propuso clonar a Lenin. ¿Qué se puede obtener de semejante experimento? Creo que podemos adelantarnos a los resultados y decir que *la copia perfecta de Lenin no será Lenin.* Lo más probable es que el renacido revolucionario ruso se ponga a vender Mc Donald's en la Nikitskaja, o que abra una sucursal de la Rockefeller en el antiguo Leningrado. Claro, en todo caso será un *yuppy* impetuoso y con mucha voluntad de triunfo.

282, ESPIRITUALES. Alguien me informó una vez que la occidental es una sociedad de valores espirituales. Entiendo que no todos podemos pensar y sentir de la misma forma, pero sería prudente advertir de que si ésta es una sociedad espiritual no lo parece. —Según una encuesta de fin de siglo, el noventa por ciento de los norteamericanos afirma creer en Dios. Yo quisiera saber con más precisión si ellos mismos consideran a la sociedad norteamericana una sociedad más espiritual que materialista. ¿No será Dios uno de los tantos artículos de confort y seguridad? Aparte de ser *free* e inofensivo en caso de inexistencia. No confundir; afirmar que Jesús fue un hombre excepcional y hasta sobrehumano es una forma de conformar a ateos y a cristianos por igual.

283, NECESIDAD. Dice Hans Küng: "La crisis de la principal potencia es ya una crisis moral de todo Occidente, incluida Europa: desmoronamiento de las tradiciones, de un sentido global de la vida, de criterios éticos absolutos, y carencia de nuevos fines, con todos los daños psíquicos que de ellos derivan". Estas

puntualizaciones del teólogo alemán son dialéctica-
mente refutables, una por una. Pero dejan en claro de
que necesitamos una nueva verdad aunque sea mentira.

284, MAQUINAS. Cuando la computadora *Deep
blue* dio jaque mate al campeón de ajedrez, la prensa,
con la ligereza que suele caracterizarla, anunció el
triunfo de la máquina sobre el hombre. Pero no sobre el
hombre Kasparov sino sobre el hombre genérico.
Ahora, que la computadora de la IBM haya derrotado a
Kasparov no significa que las máquinas puedan pensar;
solo significa que el ajedrez no es un pensamiento.
Comparar a la creatura metafísica con la máquina es
obsceno, algo muy propio de esta época, ya que lo
único que tienen en común Kasparov y la computadora
de la IBM es que ambos se pueden comprar. Por lo
pronto, a mí no me preocupa que las maquinas lleguen
un día a pensar. Lo que sí me preocupa, profundamente,
es que las creaturas dejen de hacerlo. Quizás porque en
el fondo soy optimista acerca del funcionamiento del
cerebro humano. A pesar de todo.

285, POBREZA. La pobreza, como todos los adje-
tivos humanos, es una condición comparativa: se mide
en relación a su opuesto, la riqueza (creo que esto lo
pudo haber dicho Heráclito). El único atributo absoluto
de la pobreza es el hambre. Las demás categorías son

condiciones relativas. Por lo tanto, la valoración de la pobreza a través de números es en gran medida irreal. La mayoría de los pobres franceses podrían considerarse ricos en Nepal o en la Francia del siglo IX. Sin embargo, esos pobres relativos se consideran pobres absolutos. —Y en algún sentido lo son, porque en nuestro tiempo la pobreza es doblemente significativa. No solo priva a la creatura de los medios de consumo sino que hace del consumo el único objetivo. Es decir, la pobreza espiritual hace de la pobreza material una creatura miserable. Y con frecuencia violenta.

XXXIII: El club de los suicidas

286, SUMERIOS. El sacrificio de animales domésticos en las tumbas de los neolíticos era una práctica común. Ello era posible gracias al pensamiento mágico. No solo se sacrificaba a un perro para que acompañase a su amo; también se quebraban platos y vasijas, lo que realizaba la muerte simbólica de estos cuerpos inertes. Más precisamente, hace 5.000 años, cuando un jefe Kurgan moría era acompañado por sus sirvientes y sus esposas. Un paso semejante dieron luego los sumerios, hace 4500 años. Al igual que el Hades griego, el más allá de los sumerios era un territorio indeseable; allí, los espíritus estaban condenados a errar en una tierra fría y pantanosa, poblada de espíritus maléficos. Porque nadie alcanzaba la dicha después de la muerte, los antiguos se ocupaban de la vida en Gea. Cuando rendían culto a sus dioses la única esperanza que los movía era el logro de salud y riqueza. En cualquier caso, la traducción religiosa de los pecados morales entre los sumerios consistía en un castigo en el más acá. Como era común entonces, los reyes sumerios eran considerados poco menos que dioses. Por lo tanto, al morir no debían abandonar tan altos rangos. Seguir a los reyes o ser sacrificados a los dioses significaba un privilegio. En las

tumbas reales de Ur (de Abargi, Sabud y de la reina
Shub-Ad) se encontraron varias decenas de cadáveres
sacrificados en forma ritual. La tumba de la reina Shub-
Ad contaba con 74 acompañantes. Por lo general, los
séquitos estaban compuestos por doncellas, guardias,
sirvientes y choferes con sus animales de tiro. Todos
son cortesanos y no esclavos condenados a morir, como
se supuso alguna vez. Aparte de estos datos debemos
retener otros que no son menos significativos: los pri-
vilegiados acompañantes se preparaban para un largo
camino hacia un estado superior al común. Para ese
viaje fantástico, ordenaban cuidadosamente el lugar y
se vestían con lujo y buen gusto. No descuidaban ningún accesorio que les pudiese dificultar el viaje.
Cuando todo estaba pronto para la maravillosa experiencia, se envenenaban con opio y hachís. No solo la
droga debía evitarles el dolor de morir sino que, según
los estudiosos, la misma posición de los cuerpos indicaba que lo hacían con cierto placer. Rodeados del lujo
y la solidaridad, emprendían viaje a los planetas celestiales. Desde entonces, el club de los suicidas felices ha
continuado esta tradición, especialmente entre las sectas protestantes de Norteamérica: Jonestown, Guyana,
en 1979; Waco, Texas, en 1993; y la secta europea del
Templo Solar en varias oportunidades.

287, SECTAS. La secta que mejor reprodujo el arquetipo de los suicidas sumerios hasta ahora fue la *Heaven's Gate,* en San Diego, California, en marzo de 1997. En esa oportunidad murieron 39 personas, lideradas por Marshall Applewhite. Como en toda la historia, el poderoso signo desencadenante fue el paso de un cometa, el Hale-Boop (tardará 2400 años en volver a preocupar a las creaturas de Gea, si para entonces no se han suicidado todas). Consideremos estos datos: A1, El escenario fue una lujosa mansión valorada en más de un millón de dólares, en uno de los barrios más ricos de Estados Unidos; A2, Sus integrantes eran dueños de una próspera empresa de informática, la *Higher Source.* A3, El lugar y las pertenencias de cada uno fue cuidadosamente arreglado. Todos tenían en sus bolsillos cinco dólares y unas monedas de cambio, además de pasaporte en regla; A4, Se los conocían por expertos en informática, por su trabajo responsable, intelectuales, inteligentes y amables. Diseñaron la página del Club de Polo de San Diego por diez mil dólares; A5, Los suicidas se envenenaron con vodka; B1, Tom Crow, quien décadas antes había trabajado en música con Applewhite, dijo que "en ocasiones demostró curiosidad por el misticismo oriental"; B2, Applewhite había escrito en 1995 que los cuerpos son solo el envase del alma. El alma puede evolucionar (decía) a un estado superior en el que recibe una nueva forma física para albergarlo. La etapa final es la liberación del ámbito humano; B3, Uno de los hombres había sido castrado (en otra parte se mencionan dos); B4, Poco antes habían publicado en *USA Today: "Los hombres rehúsan evolucionar";* B5, Se vuelve a mencionar el cuerpo humano como envase; B6, Todos usaban el pelo muy corto o rapado; B7, Es recurrente la idea de aprendizaje y evolución (*Beyond Human*); B8, Con el suicidio esperaban trasladarse a un nivel superior. *"Simplemente nos quitamos el casco de la realidad virtual* —dijo uno de ellos con una poderosa cibermetáfora—; *nos quitamos el vehículo que hemos utilizado para esta tarea";* B9, El grupo había pensado trasladarse a India o Nepal; C1, El cometa era la señal que esperaban; C2, Desde 1970, Applewhite decía que *"para ser salvado de Lucifer, los humanos deben renunciar a los placeres de la tierra";* C3, El padre de Applewhite fue ministro de la Iglesia Presbiteriana. También él había estudiado para ser ministro de la misma iglesia, pero luego se dedicó a la música; C4, Los documentos que el grupo difundió por *Internet* describieron un mundo interpretado desde los Evangelios. Se afirmaba la idea de que en el mundo predomina el Mal; C5, Applewhite se consideraba un enviado a Gea con una misión bíblica. —Bien, vemos que los datos del grupo A revelan condiciones psicológicas y simbólicas muy similares a la que encontramos entre los suicidas sumerios, 4500 años antes. El grupo

B se identifica, inequívocamente, con la tradición hindú y jainista. Y el grupo C se refiere a una visión cristiano-apocalíptica del mundo. Los suicidas de San Diego representan el antiguo drama en un lenguaje contemporáneo. El destino de la creatura, la naturaleza del alma, la justificación de la vida y la muerte dichos en un lenguaje de *science fiction*. Hombres y ángeles se integran en un ciber-culto, para los cuales la realidad ya no es aparente sino virtual; donde las almas buscan la evolución como antes, pero ahora valiéndose de naves espaciales escondidas detrás de un viejo cometa.

288, DEPARTURE. Antes de emprender el viaje, los suicidas de San Diego grabaron una cinta de video. En diferentes tiempos la cámara va tomando primeros planos de cada uno de ellos. Mientras sonríen y bromean dicen cosas como: "No podemos estar más felices haciendo lo que estamos por hacer. Estoy realmente ansiosa. La incertidumbre nunca fue un problema para nosotros". Una mujer: "Es sencillamente el día más feliz de mi vida". Un hombre: "La gente que piensa que estoy chiflado se equivoca, profundamente". En realidad, no; según la ética posmoderna, nadie puede decir que hayan hecho nada malo: "vive y deja morir". Cada uno es feliz a su manera y no se aceptan críticas.

289, CAMBIO. Cambiar de estado es negar el anterior. Ante un suceso doloroso caemos en la inconsciencia, si estamos despiertos; o despertamos, si estamos dormidos.

XXXIV: El orgullo posmoderno

290, COMPETITIVIDAD. Después de la caída del muro de Berlín hablar de "lucha de clases" pasó a ser un anacronismo. En su lugar se acomodó la no menos ideológica doctrina de la "libre competencia", que no es otra cosa que la traducción *light* de la antigua muleta marxista, ya que la famosa Competencia no se plantea simplemente a nivel de individuos sino, sobre todo, de clases sociales.

291, LIBERTAD. Es inútil hablar de la Libertad como si fuese un problema único. Podrá serlo para un caballo; y tal vez lo era para Platón. Pero, para las creaturas que no son solo carne y hueso ni son solo Ideas, la Libertad es por lo menos un conjunto diverso de libertades. La libertad política depende del sistema político; la libertad económica depende del poder de cada uno. La libertad de conciencia a veces no depende de nada, paro casi siempre depende de una ideología o de una religión. —Decir que todos somos igualmente libres, gracias a la democracia, y que el éxito de cada individuo depende de su propio talento, no solo es un sueño americano y otra demagogia del gobierno; también es un insulto a las clases sumergidas y un insulto mayor a la inteligencia, que no siempre está en el poder. La "libre-competencia" es una estafa o es una ilusión posmoderna. Cualquiera que haya perdido la inocencia sabe que no existe nada más efectivo e inmediato que el acomodo, político o familiar. Ambos son privilegios sociales, aunque uno sea democrático y el otro postdinástico. Claro que apenas uno se pone un poco crítico con la "realidad", sus defensores incondicionales salen con su famoso argumento: "Y cuál es la alternativa?" Pregunta que suele dejar mudo a medio mundo, ya que siempre es más fácil imaginar lo que existe a ser un poco más original; y porque, en ocasiones, la respuesta es demasiado obvia: la alternativa a una democracia corrupta es una democracia no corrupta. Por ejemplo, aquellos que no poseen ningún *link* en los sectores poderosos de la sociedad sólo deben conformarse con su inteligencia, que de poco le servirá si además tiene la mala suerte de poseer algún principio ético irrenunciable, como el de no escalar pisándole el hombro al compañero de trabajo. Luego, cuando este tipo de creatura alcance la vejez, la pobreza y algún sentimiento de fracaso, en compensación recibirá en la cara, como una palada de tierra, la hermosa frase: "querer es poder", no sin antes o después hacer referencia al caso de un millonario conocido que se hizo de la nada, con los únicos recursos de su trabajo y su honestidad, prueba irrefutable de las virtudes de nuestro sistema igualitario, liberal y mercan*teísta*. Un caso entre un millón de tontos está de más decirlo. —Todos celebramos la libertad (ahora sí, en un sentido platónico), pero no nos dejemos engañar por ella. Es decir, no nos dejemos engañar por su apariencia, por esa abstracción optimista que los "exitosos" lanzan a la cara de los desposeídos. Se podría decir que en un sistema totalitario lo más democrático es la censura. Pero los defectos ajenos no deben enorgullecernos; a la inversa, los otros siempre se enorgullecen de nuestras virtudes. Veamos la paja en nuestros propios ojos. ¿Cuándo, en una sociedad liberal, la libertad fue democrática?

292, PRODUCTO. Ahora los medios de comunicación, las universidades, las empresas humanas de cualquier tipo solo hablan de la calidad y la efectividad. "Exigir un buen producto" es la nueva oración que por todas partes se repite cinco veces al día. Cuando alguien la pronuncia, todas las discusiones en torno a ética y moral cesan por completo; y los fieles se arrodillan hasta tocar el suelo con su frente. El moderno culto al trabajo dejó lugar al culto de la excelencia del producto. Exigir un buen producto (papas, hamburguesas, biblias, calefones) es la obligación ética de cualquier buen ciudadano. Las claves de acceso son: Calidad, Productividad, Incremento Sostenido del Poder Adquisitivo. Cualquier mortal que cuestione estos principios básicos de la ética consumista será condenado por amotinamiento. Porque las bolsas de Tokio, Hong Kong, Nueva York o Buenos Aires son tan sensibles que ni siquiera toleran que un empresario o burócrata deje deslizar una sola palabra de duda sobre la salud del sistema. Basta con que un ministro deje de elogiar los números aquí o allá para que la Bolsa se deprima y cunda el pánico por todo el mundo. Pánico o histeria que, en tiempos normales, es representada por la comedia estable de los mencionados templos financieros. Por lo tanto, la condena se justifica.

293, XXI. No hace mucho, en la pequeña Suiza, se fusionaron dos bancos: el UBS y el SBS. El nuevo banco es ahora el segundo más grande del mundo, después del Tokio-Mitsubishi, con un activo de 658 mil millones de dólares. Cuando se concretó la fusión se despidieron 7.000 trabajadores, pero éste es solo un detalle. Asociar bancos, empresas y concentrar capitales está en la naturaleza del nuevo mundo, tanto como prescindir de trabajadores humanos. Por lo tanto, no sería absurdo suponer nuevas asociaciones de dinero. Se calcula, por ejemplo, que si se juntaran cuatro o cinco de estas grandes instituciones financieras el total del capital sumaría más de dos mil billones de dólares. La cifra alcanzada significa que podrían comprarse o controlar (es lo mismo) toda la economía de Alemania, casi toda América del Sur o la tercera parte de Estados Unidos. Actualmente, la suerte de los países del mundo depende de las decisiones de estos siete monstruos del Apocalipsis. Basta con que lleguen a alguna región del mundo y luego se retiren para descalabrar las economías de los países más fuertes. Y esto es solo una muestra. Sobre el próximo siglo se terminará de dibujar un terrible triángulo, en cuyos vértices se opondrán la concentración libre del *Capital*, los desplazados y la *Pobreza*, y la *Democracia*, la que será el objetivo y el instrumento de los otros dos vértices que se oponen.

294, PODER. Alguna vez el poder estuvo concentrado en los sacerdotes y en los faraones; luego lo estuvo en los reyes y en los emperadores, como en Siria o como en Roma; alguna vez el poder estuvo en el pueblo, o en una clase del pueblo, como en Grecia, que no era una minoría proletaria sino una minoría aristocrática; luego estuvo en la Iglesia y luego en los Estados. Ahora el poder está en el Dinero y como siempre mal repartido.

295, PILATOS. No deja de ser curioso y sospechoso el hecho de que, en el pasado, la Iglesia y hasta los protestantes hayan considerado, o simplemente enseñado, que el poder de los gobernantes posee un origen divino, cuando los Evangelios insisten

precisamente en lo contrario. Sobre todo en el Apocalipsis, el poder significa el Mal, el engaño de la fuerza
que gobierna al mundo. Ubicarse a la izquierda del poder es la forma más auténticamente cristiana de relacio-
narse con él. Sin embargo, esta aparente contradicción
es una forma tradicional de coherencia teológica. —En
un reciente y extenso libro de veinticuatro páginas, el
expresidente uruguayo Juan María Bordaberry expuso
todo su pensamiento vivo sobre la democracia. Para
Bordaberry, este sistema que lo llevó al poder en 1972
es el culpable de todos los vicios inmorales de nuestras
sociedades. Por lo pronto, lo único concreto que podemos contar es que el mayor defecto del sistema que este
señor critica está en que es capaz de otorgar el poder
para su propia destrucción, como ocurrió en 1973. Según este político y extenso pensador, debemos *"reconocer la soberanía divina como origen del poder"*. —
Desde los antiguos faraones hasta Juan María Bordaberry, pasando por todos los reyes y déspotas de la historia, las creaturas que ostentaron el poder siempre lo han
creído de naturaleza divina. Y por eso, todos los que
creemos en el valor democrático del alma individual,
debemos mantenemos herejes e irrespetuosos. Y si somos demócratas y prevenidos, cuando logremos llevar
a un partido al gobierno, debemos volvernos a la oposición. Porque el poder no es divino sino perverso por
vocación y por eso siempre hay que criticarlo.

296, SÍNTOMA. Competir no parece malo. Al menos no se puede afirmar lo contrario. Pero cuando las sociedades se vuelven monotemáticas, cuando el producto material de su trabajo es el mayor objetivo y la base de toda ética, es cuando están manifestando síntomas neuróticos. Seguramente no correrán riesgos inmediatos de desaparecer o de hundirse en el caos, pero están expuestas a un inadvertido proceso de idiotización. —Una mente utilitarista (la onda de la última creatura) podrá ver con entusiasmo esta perspectiva: la educación o el adiestramiento de sus niños con fines económicos. Y por ello la infancia cada vez se acorta más, presionada por las urgencias de un futuro salvaje. Y en parte es comprensible. ¡Cuántas desgracias esperan a aquellos que no sigan a los locos en su locura! Pero ¿adónde puede llegar la humanidad con bestias de alta competencia? Cada día hay más reclamos de eficiencia y menos de reflexión. Porque la reflexión *never pays* si no es reflexión de mercado. Está bien, pero imaginemos lo que ocurrirá si le entregamos a los mejores caballos la administración de un hipódromo.

297, DIRECCIONALIDAD. Todos hablan y escriben sobre los muertos del comunismo; y está bien. Pero se echa al olvido los otros millones de seres que mueren en el mundo, no bajo regímenes comunistas sino

gozando del libre mercado y de las directivas del Fondo
Monetario Internacional. (Al respecto, los remito a los
libros de mi amigo, el escritor inglés Joseph Hanlon.)
Las crisis económicas y sociales que golpean Latinoamérica, África y Asia no golpean los promedios minis-
teriales ni a los imperios financieros; golpean, como
siempre, directo al estómago y a la cabeza de los pobres
demócratas. —Para justificar la ética de la "competencia" se arguye, no sin ternura, que la mayor producción
combatirá el hambre en África o en India. (La intención
me recuerda, no sé bien por qué, a aquellos que propo-
nían una dictadura del proletariado como paso intermedio hacia la liberación anarquista.) Pero, salvo
esporádicos intentos, a estos lugares no han llegado las
consecuencias de la sobreproducción. Es más: sabemos
que ahora los pobres son más pobres y más numerosos
que antes. En 1997, según UNICEF, 1300 millones de
personas sobrevivían con menos de un dólar diario, y
de ellos 650 millones eran niños. Entre 1988 y 1993, en
Latinoamérica, los que vivían bajo el límite de pobreza
y bajo la doctrina neoliberal aumentaron un veinte por
ciento. También sabemos que cada hora mueren de
hambre en el mundo 1500 niños, mientras que cada minuto se gastan casi dos millones de dólares en arma-
mentos militares (pido un minuto de silencio frente a
un reloj). Y también sabemos, entre lo poco que podemos saber, que el mayor vendedor de armas del mundo

es el país que más preocupación muestra por el desarme mundial. Si ese mismo país, el más contaminante del mundo, se niega a reducir los desperdicios industriales porque afecta su economía, ¿qué debemos pensar acerca de sus intenciones de eliminar los conflictos mundiales? —Mientras tanto, los países ricos viven neurotizados por los famosos movimientos intestinales de la Bolsa. Porque si el Crecimiento anual no supera las Crecientes Expectativas, peor para los hambrientos del mundo que piden limosna y se matan por ella.

298, ECONOMÍA. La idea de Progreso indefinido es del siglo XIX y se apoyaba a la inconsciencia sobre los recursos limitados del planeta. Pero en poco tiempo la explotación de la naturaleza por el mercado y por la industria diezmó y contaminó las selvas, las praderas, los ríos y los cielos de Gea. Una fracción minoritaria de los habitantes del planeta consume la mayoría de sus recursos bajo la miope visión de que consumen lo que producen. Pero recordemos que casi no hay producción sin explotación. Por otro lado, los mayores contaminantes mundiales se niegan a reducir sus desperdicios arguyendo que ello afectaría su economía. La industria tradicional explota y contamina la biosfera hasta extremos mortales. Y el consumo también. El consumo de bienes y servicios es alentado desesperadamente por los gobiernos como forma de activar las economías

subdesarrolladas y como forma de sostener los niveles
de vida de los países ricos. A ningún ministro se le ocurriría recomendar austeridad a sus electores, un automóvil por familia en lugar de dos o tres. No, porque eso
afectaría la economía y el crecimiento. Pero ¿de qué
crecimiento estamos hablando? En un planeta con recursos limitados, ¿no es un deber ético ahorrar excesos?
¿Por qué es menos rica una familia con un automóvil
que otra con dos? ¿Lo es porque el PBI o el ingreso per
cápita pueden disminuir, avergonzándonos ante la comunidad internacional? Si en alguna medida existe una
nueva conciencia ecológica, ¿por qué no hay una conciencia de austeridad? Claro que estoy pidiendo mucho
en tiempos en que el dinero y la ostentación son los
Mandamiento300s principales de la existencia.

299, SOLZHENITSYN. De regreso del exilio a
Rusia, Aleksandr Solzhenitsyn no fue menos compla-
ciente con la nueva realidad. "No —dijo—, toda la esperanza no puede depositarse en la ciencia, en la
tecnología, en el crecimiento económico. La victoria de
la civilización tecnológica también ha instilado una inseguridad espiritual en nosotros. Su beneficio enri-
quece, pero nos esclaviza también. Todos son intereses
(no debemos descuidar nuestros *intereses*), todo es una
lucha por las cosas materiales; pero una voz interior nos

dice que además hemos perdido algo puro, elevado y frágil. Hemos dejado de ver el propósito."

300, SUBOCUPADOS. En 1998, según informes como el CEPAL, los jóvenes con más años de estudio no logran la misma estabilidad social y laboral que lograban sus padres con menos preparación. En respuesta a esto, los ministros del mundo entero los fustigan por su insuficiente preparación para insertarse en "un mundo cada vez más competitivo". En países como Japón, ser incompetente equivale, por lo menos, a traición a la patria. El resultado es estadístico: los adolescentes que sobreviven lo hacen en un *suicidal state* (no confundir con "harakiri"); y el país también. En Latinoamérica no llegamos a tanto; incompetencia es solo alta traición al mercado, y éste mismo es el que se encarga de hacer justicia. —Creo que el mayor problema de los próximos años no será la desocupación, porque los economistas o las agencias publicitarias se están encargando de ello. El mayor problema será la subocupación, porque es el principal recurso para abatir la desocupación. Los full-time serán reducidos a favor de los part-time, para insatisfacción de todos.

301, SOMETIDOS. África y América Latina están tan ocupados con Europa y Estados Unidos que se desconocen entre sí. Estoy harto de escuchar en sus países

que los norteamericanos no tienen dos dedos de inteligencia; luego, invariablemente, agregan que nos tienen
sometidos y explotados. Bueno, ¿en qué quedamos?

302, ALDEA. Cada vez que los políticos y los acrí-
ticos del sistema hablan de comercio y comunicación
nos convencen de que estamos en la Aldea Global. Pero
cuando se habla de hambre y miseria se nos exige que
sepamos distinguir entre el primer mundo y el tercero.
"Debemos ir para dónde va el mundo", nos advierten
los sabios del gobierno, machos refinados en ese arte
de la elocuencia que es la política profesional. Entonces
"mundo" quiere decir, como siempre, esos territorios
mínimos que suman Europa y Estados Unidos. Se supone la existencia de una locomotora anglosajona y una
única línea ferroviaria; el resto podemos colgarnos a
ella o retroceder. Desviarse, jamás.

303, COMMONWEALTH. Un anglosajón no
puede leer más de cien páginas si la escritura no está
adaptada en forma de *thriller*. Así puede ser una investigación científica sobre la Esfinge de Egipto (ver *Kee-
per of Genesis,* de Bauval y Hancock) o sobre la
ubicación de la tumba de Cristo. Si Copérnico hubiese
nacido en algún país anglosajón del siglo XX, hubiese
recurrido al misterio para aplazar por 900 páginas de
paperbacks la idea de que Gea da vueltas alrededor del

Sol. —Una persona que tenga la suerte o la desgracia de nacer en un país anglosajón estará condenada a vivir y pensar dentro de los límites geográficos que le marca su propia lengua. Si es un hombre culto probablemente ignorará todos aquellos pensadores que no se expresaron en su lengua. Si es un turista o un emigrado, irá a alguno de aquellos países que alguna vez fueron el Imperio Británico. Si es editor de enciclopedias y no es el de la Enciclopedia Británica, seguramente no tendrá lugar para nombres y palabras que no tengan una pronunciación arbitraria. —En nuestro tiempo de la informática y las comunicaciones globales, lo único que se ha internacionalizado es la incomprensión. Incomprensión entre pueblos, entre religiones, entre sexos. Infoincomprensión e incomprensionet.

304, CONSERVACIÓN. La vida de una creatura moderna quedaba justificada si era capaz de vivir de tal forma que cada día fuese el resultado de la sumatoria (o productoria) de los días anteriores. Toda la cultura occidental y toda la occidentalizada es la expresión de esa voluntad egipcia: nada se pierde; todo se conserva. Existieron culturas para las cuales olvidar y eliminar un determinado conocimiento era una necesidad. En alguna, como en la japonesa antigua, los templos son destruidos cada veinte años para renovar el espíritu que lo habita. Pero, para la mentalidad moderna, nunca nada

fue despreciable. Ni un solo verso escrito en una antigua arcilla sumeria o babilónica. La enciclopedia francesa del siglo XVIII expresó esa misma voluntad sin
eufemismos. Todo debía ser la sumatoria de algo anterior, porque ello significaba conocimiento, progreso y
acumulación. La creatura moderna sufría de fobia de la
pérdida y lo demostraba conservando: objetos muertos
o especies de animales vivos (esto último en nombre de
la naturaleza, cuando ha sido la misma "naturaleza" la
que ha venido extinguiendo millones de especies antes
que la creatura la ayudara en esa tarea. Aunque los ex-
terminios naturales nunca fueron tan peligrosos para
Gea). También cada objeto humano estaba lleno de memoria: desde un museo hasta un inofensivo transistor,
ya que éste cargaba con la memoria de Volta, Edison,
y todos los técnicos de la *Bell Telephone Company* que
lo produjeron finalmente. —Tal vez las cosas hayan
cambiado un poco, porque ahora la obsesión no es acumular sino consumir. Y en esa actitud también se expresa el abandono del tiempo lineal por su opuesto, el
circular. Si es que no hay otras formas de tiempo.

305, SIMPLICIDAD. En 1951, Karl Jaspers escribió: "El alto riesgo y empresa de la propia reflexión,
condición de toda veracidad, ha degenerado por el camino de la teoría de las ideologías. [...] Así, el método
del conocimiento cada vez más penetrante de la verdad

ha acabado en las bajezas del psicoanálisis y del marxismo vulgar". —Veamos, por ejemplo, que el marxismo fue una construcción intelectual tan compleja que para popularizarla se la debió reducir a frases hechas como "la religión es el opio de los pueblos" o "la propiedad es el robo". Como toda reducción, estas máximas nunca resultaron claras sin su correspondiente comentario y a la larga terminaron siendo una caricatura ineficiente. Además, nunca resultó muy claro para qué una creatura debía hacer tantas renuncias altruistas si ni siquiera existía un Dios. En cambio, ¿cómo el capitalismo pudo prender tan fácilmente en sociedades tan diferentes? El capitalismo nunca se rompió mucho la cabeza; su mayor fuerza ideológica está basada es su simplicidad. En este sentido es como el Islam; para un musulmán basta con un precepto básico: *Alá es Único y su mensajero es Mahoma.* Para el capitalismo el precepto básico es: *"Time is money"* o "El ahorro es la base de la fortuna". Cada día un millón; y cada día vale por la suma de los días anteriores. Todo lo que implica que para ser un marxista era necesario ser un intelectual, un rico sacrificado o, por lo menos, un pobre explotado; mientras que para formar parte del club capitalista basta con ser honesto o dejarse llevar por la avaricia. El capitalismo ha probado ser más efectivo que el socialismo para generar capital. La cuestión persiste en saber si es efectivo para todo el mundo o solo para los ganadores,

porque sabemos que en la carrera del dinero se necesitan más defectos que virtudes.

306, TECNOLOGÍA. En la isla mozambicana de
Ibo eran comunes los bailes con tambores. Como en
otras partes, los músicos fueron reemplazados por discos y cassettes. Porque pueden sonar bien o no, pero
siempre son más baratos. Una noche asistí a un baile en
la isla, entre el mar y unos muros de bambúes. Hasta
que hubo combustible para el pequeño generador de
energía, los jóvenes quimoanes bailaron música de Ma-
dona y otros productos que alguien introdujo desde el
otro mundo. ¿Será necesario repetir que la tecnología
no está desprovista de ideología? ¿Será necesario advertir, una vez más, sobre el genocidio cultural del capitalismo?

307, MERCADO. El Mercado goza de dos defec-
tos: una es su mano invisible; otra es su nulidad de conciencia. *El Mercado no posee conciencia de ningún
tipo*; ni social, ni ecológica, ni ética ni cultural. El Mercado no distingue una ballena de un incesto, el narcotráfico de la antropofagia cultural. Es más, el delito
sería uno de sus estados ideales, ya que el delito, aparte
de promotor del progreso económico de muchos países
(la "mano invisible" del mercado no sólo fija precios),
es la culminación de su liberación irrestricta. Claro que

ningún político, o casi ninguno, propondría la liberación absoluta del Mercado; muchos perderían sus puestos en la Administración. Pero todo indica que se lo acepta como un mal necesario del Progreso. No se les puede pedir más; están tan preocupados por responder con elocuencia que ya no escuchan cuestiones. — Bueno, el Mercado no es el Demonio, pero es una bestia. Por ejemplo, si la frivolidad vende más que la cultura, es éticamente justo, según el Mercado, que la frivolidad se imponga. Y de hecho los medios de comunicación viven de esa proporción. La mayor virtud del mercado, eso lo sabemos, es la fuerza. Pero ¿acaso alguien dormiría tranquilo sabiendo que nos gobierna un ente invisible y tan inconsciente como un rinoceronte? Claro, podríamos decir que peor es la dictadura de una creatura. De acuerdo, pero ¿acaso no es este tipo de omnipresencia mercantil una especie de dictadura? ¿No dicen, hasta los más optimistas, que este Orden impuesto por el Mercado es inevitable? Tanto que hasta los opositores y los gobiernos de "izquierda" se resignan al orden heredado por la fatalidad de los tiempos. Bueno, pero ¿qué hacer entonces? Veamos, si el rinoceronte es tan poderoso e irracional como parece, ¿no habrá que domesticarlo? Es decir, aunque parezca una utopía, deberemos colocarle un yugo para que lo guíe una Conciencia o, por lo menos, que lo controle. Parece obvio que esa "conciencia" tiene forma de Estado.

Entiendo que suena a Planificación, pero no nos lleve-
mos por prejuicios. No se trata de enseñarle al Mercado
lo que ya sabe hacer muy bien; de lo que se trata es de
no permitir que nos diga qué debemos hacer las creaturas metafísicas. Aquellos que asocian la palabra "control" o "intervención" al comunismo y a otras brujas del
siglo XX, pueden ir pensando en otra cosa. Porque, señores, la alternativa no es dejar a la bestia suelta adentro
del bazar.

308, PROGRESO. El mayor peligro del progreso
material es su visibilidad. Y la visibilidad de sus efectos
es la consecuencia de todo optimismo. Cualquier espíritu que logre asociarse con él será internacionalmente
venerado. No importa lo demoníaco que pueda ser.
También los regímenes comunistas tuvieron su momento de gloria cuando sus números cerraban bien y la
Unión Soviética era potencia mundial, tanto aquí en la
tierra como en el cielo. Cuando los regímenes comunistas cayeron, no cayeron por sus carencias morales; cayeron por sus defectos económicos. Y eso es,
precisamente, lo que se les reprocha como principal argumento. ¿No fue la misma historia la del apogeo y
caída del nazismo? Al parecer, la justicia sólo llega con
el fracaso económico. ¿Qué diremos de este anacrónico
fin de siglo cuando fracase? ¿Debemos esperar hasta
entonces para decir algo?

309, ÉXITO. En 1967, Sukarno fue depuesto por Suharto y por la crisis económica. El nuevo dictador indonesio mejoró los números y se mantuvo en el poder por treinta años (cifra crítica de los grandes dictadores). Fue necesaria una nueva crisis económica para que el FMI y el pueblo cuestionaran las virtudes éticas de su gobierno y lo obligaran a abandonar el poder en 1998, en medio de una revuelta nacional. Historias parecidas hay desparramadas por el mundo y por la historia, lo que demuestra que no hay nada mejor para abusar del poder y de una prostituta que el éxito económico.

310, FRACASO. El fracaso del Paraíso Socialista en la Tierra no significa que el socialismo no sea posible sino que lo imposible es el Paraíso en la Tierra. Eso queda demostrado con el fracaso del Paraíso Anti-socialista, que no sólo es posible sino que, además, está de moda.

311, ORO. El oro, que en nuestra cultura es el símbolo de lo material y sus implicaciones (avaricia, impureza, ambición), en otro tiempo significó lo puro y lo inmaterial. Eran los tiempos de la más antigua alquimia, de Buda y otros seres ahora irreconocibles o pertenecientes a la literatura fantástica.

32, INESTABILIDAD. El mar, el silencio del atardecer, la llanura, las montañas... La contemplación de
la naturaleza atrae siempre a la creatura metafísica porque significa su origen y su contradicción. La realidad
de la creatura está siempre, o casi siempre, marcada por
los cambios, la incertidumbre del futuro (no hay felicidad que no esté amenazada por el futuro; no solo Buda
debió comprenderlo). La naturaleza, en cambio, siempre ha estado ahí. El crepúsculo, las mismas olas arras-
trándose sobre la arena, iguales, desde hace miles,
millones de años, representan para el espíritu agitado
de la creatura la paz y la eternidad. —Ahora, la mayor
diferencia entre el antiguo mundo y el nuevo radica en
que éste está más expuesto a las grandes crisis. Porque
el mundo que rodea a cada creatura cada vez depende
menos de la naturaleza y cada vez más de las otras creaturas y de los sistemas que van dejando aquellas que ya
no están en Gea. Incluso la propia naturaleza comienza
a depender de ese ser inestable. Lo grave está en que la
creatura se equivoca a grandes escalas. Los errores de
la naturaleza, en cambio, son casi infinitos pero ocurren
a escalas infinitesimales, por lo que luego pasa por in-
falible; por ejemplo, en forma de esporádicas mutacio-
nes genéticas que luego son corregidas por la muerte.
Se podría decir que la naturaleza se perfecciona o se
readapta por *aproximaciones,* mientras que las creaturas lo hacen por crisis y revoluciones.

313, CRÍTICA. La historia ha demostrado que siempre es más sano y efectivo criticar el presente que diseñar el futuro. Advertir un problema no nos obliga a donar la solución; nos obliga a buscarla.

XXXV: Civilización, refugio y amenaza

314, LEY. La visión laica y atea que privilegia la acción sobre el pensamiento, la bondad formal sobre el fuero interior se resume en la fórmula: "piensa y siente como te plazca, pero actúa de acuerdo a las normas". La orden mosaica de no perjudicar al prójimo fue traducida por Cristo en el deber de amarlos indiscriminadamente. Según San Juan 13-34, después de anunciar la traición de Judas, Jesús de Nazareth resumió: "Les doy este nuevo mandamiento: Que se amen los unos a los otros". Este amor democrático tuvo un equivalente moderno en el altruismo socialista. Después, el neoliberalismo salvaje volvió a la raíz mosaica: ya no es necesario que te preocupes por los demás si no les causas daño; ellos tampoco lo harán contigo.

315, SOFISTAS. A las creaturas solo las puede unir una ética de supervivencia, la cual no basta porque es intrascendente. Un ateo que condene un crimen o el tráfico de drogas tiene una razón moral para hacerlo. Un espíritu religioso tiene dos. Recordemos que la filosofía de sofistas como Protágoras o Cratias comenzó con una postura epistemológica válida, muy semejante a la posmoderna: todas las mitologías son falsas o por lo menos indemostrables. *Por lo tanto*, las creaturas solo debían ocuparse de sus propios éxitos y para ello (obviamente) todo era válido. Por dinero, los sofistas enseñaron esta verdad a los más importantes hijos de Grecia, lo que la llevó de la Acrópolis a las llanuras del caos.

316, REFLEXIÓN. Los gobiernos de todo el mundo invierten hasta lo que no tienen en investigación científica y productiva. Eso cuando invierten bien. Es decir que de la producción de cosas se ocupan los profesionales, pero la reflexión ética sobre los resultados siempre se la deja a los aficionados. En Gea, la reflexión ética se la cultiva en los programas deportivos o en apasionados debates electorales.

317, CULTURA. En 1978, el escritor argentino Ernesto Sábato recordaba una frase de Goering: "Cuando oigo la palabra cultura saco el revólver". Bajo este principio del poder involutivo, los nazis quemaron libros y personas, todo como una forma paleolítica de suprimir la cultura en Alemania y de perder el honor, el progreso y la guerra. Algo semejante lograron los ordenadores en el Río de la Plata, unos años después. Otro argentino, el premio Nobel de Biología Cesar Milstein, recordaba en 1994: "Yo me acuerdo muy bien que un ministro del gobierno militar decía que en la Argentina las cosas no se iban a arreglar hasta que no se expulsaran a dos millones de intelectuales". Cuando efectivamente, en la década de los sesenta, se expulsó a Milstein y a todo un grupo de inminentes científicos, la Argentina se encontraba a la par intelectual de Australia y Canadá. Desde que las mentes más lúcidas fueron expulsadas u obligadas a renunciar para que cooperasen con las mejores universidades de Europa, en el Río de la Plata las cosas se han arreglado como querían los que ostentaban el poder pero sufrían de un conocido complejo.

318, INSTRUCCIÓN. La virtud del militar consiste en la disciplina y el cumplimiento de las Órdenes superiores, en la represión de cualquier impulso emotivo que comprometa la victoria. Sería universalmente saludable que en las escuelas militares se enseñara, el primer y último día de clases, que *no existe la famosa obediencia debida para violar los Derechos Humanos.* Y de paso se debería acabar con esa regla de oro según la cual un genocida como Pinochet o Videla o aquel otro monstruo que decidió la masacre de Vietnam, tiene más posibilidades de ser perdonado que un ladrón de gallinas. —Recuerdo que cuando, en Latinoamérica, alguno de estos señores tomaba el poder lo hacía jurando en nombre de Dios, la Patria y la Nación. Luego fueron juzgados y perdonados, o solo perdonados, en nombre de dios y la patria y la nación. Ahora, si realmente Dios ha decidido indultar a estos pobres pecadores, podremos decir, sin miedo a equivocarnos, que el Infierno no existe. O existe y está aquí en Gea.

319, COMUNICACIÓN. Si en Latinoamérica los gobiernos no contasen con un respaldo tan soberbio como la fuerza militar, *seguramente* se tomarían la molestia de comunicarse y hacerse entender mejor por su gente. —Está bien, los ejércitos están para proteger a los Estados, y si esos Estados son democráticos su existencia está justificada. Bien, pero en nuestra era Post los Estados democráticos son, cada vez más, una formalidad de los Poderes paralelos y subterráneos; una formalidad de los Imperios financieros, del narcotráfico, del tráfico de armas, de la especulación y de las ilusiones del pueblo.

320, MORAL. Recuerdo que en la secundaria teníamos una materia llamada "Educación Moral y Cívica", cuando nuestro gobierno no era ni cívico ni educado. En esa materia se nos enseñaba sobre las virtudes morales de *nuestro* ejército mientras en los cuarteles eran violados los Derechos Humanos y los derechos animales. Por razones diferentes, muchos lo sabíamos. Y tal vez por eso mismo muchos estamos curados de "patriotismo"; desconfiamos de los "símbolos patrios" y nos alejamos de todos los sermones que nos explican lo qué son "la moral y las buenas costumbres". Ya no podemos creer en los discursos, en los desfiles, en el honor de las armas, en "mi bandera", en el índice de los caudillos, en la pulcritud de los trajes, en los rostros graves, en la elocuencia de los números, en el realismo de los empresarios, en las brujas del pueblo, en el éxito de las opiniones. Para mentirnos de nuevo primero tendrán que inventar algo ingenioso y original. No les será fácil, porque ahora estamos hechos en la desconfianza.

321, EXPERIENCIA. No se puede culpar a todos los que apoyaron a la dictadura en tiempos de la dictadura; los verdaderos culpables son aquellos que la defienden ahora que ha pasado. Porque no podemos pedirle a alguien suficiente lucidez en medio de los acontecimientos. La precariedad de la conocida frase "yo sé lo que digo porque lo viví" queda demostrada por la sabiduría contradictoria de dos personas que vivieron los mismos hechos.

322, MASSACHUSETTS. El 5 de mayo de 1920 Nicolás Saco y Bartolomeo Vanzetti fueron acusados de un asesinato que no cometieron. Los jueces que los condenaron a la silla eléctrica no quisieron oír a un testigo que dijo a la policía que Sacco y Vanzetti no eran los hombres que él había visto la noche del crimen. Tampoco quisieron considerar que en el mismo momento del crimen Sacco se encontraba en el despacho del cónsul italiano, ni la confesión del verdadero asesino aún antes de la condena. Webster Thayer, presidente del tribunal, no reconoció los motivos xenófobos de la sentencia, pero por lo menos declaró que *"Los imputados en el asesinato son culpables de socialismo"*. Creo que sería exagerado recordar otros ejemplos patrióticos de los años cuarenta o sesenta. Claro que en Estados Unidos también hubo comunistas. Pero desaparecieron todos, porque era un país democrático.

323, PARADOJAS. El que no crea en las paradojas corre el riesgo de caer atrapado en la lógica engañosa de las cosas obvias. Por ejemplo: *no hay nada más peligroso que la seguridad*. Esta paradoja fue sucesivamente confirmada por la epistemología, por las ideologías políticas y científicas. —Y por los gobiernos militares.

324, ARTIGAS. Cuando Artigas triunfó en la *Batalla de Las Piedras* en 1811, pronunció una de sus más famosas frases: *"Clemencia para los vencidos"* —que en su español original debió ser una expresión menos amanerada. Esta frase fue muy repetida en las escuelas de la dictadura, período histórico que se caracterizó por el ejercicio inverso de la orden artiguista. Esto significa una de dos cosas: a) aquellos militares poseían una formación anti-artiguista capaz de borrar la impronta de la infancia escolar; o b) la educación de la infancia escolar no servía para nada.

325, EQUILIBRIO. Alguna vez la *raison d'etre* del ejército fue la del *dominio* del otro. Luego lo fue para la *defensa*. Ahora la palabra que los justifica es una síntesis de las pretensiones anteriores: *los ejércitos existen para mantener el "equilibrio"*. En cálculo de estructura se conoce como "equilibrio inestable". Pero ¿a qué nivel se encuentra ese equilibrio que los lleva cada día a armarse más? Para mantenerlo, los ejércitos reclaman cada día más recursos a sus gobiernos. Y si son malos tiempos porque no aparecen nuevos conflictos se los inventa. Si Chile compra un submarino atómico "porque la Argentina no es confiable", los generales argentinos reclaman a su gobierno empatar el partido. Y si la India, democrática y desnutrida, presume de haber obtenido la bomba atómica, Paquistán realiza sus propios ensayos nucleares hasta obtener y demostrar la misma fuerza destructiva y la misma inteligencia. —Sabemos que las guerras no se ganan suprimiendo las armas del enemigo sino al enemigo mismo con todos los civiles que habitan cerca. Pero ¿por qué es mejor un equilibrio de países armados a un equilibrio de países desarmados?

326, NATURALEZA. No es por casualidad que la mayoría de los jugadores de basquetbol sean hombres altos, ni que la mayoría de los travestís sean homosexuales. Tampoco es casualidad de que la mayor parte de aquellos que ostentan el poder sea gente ambiciosa. Es decir, no es casualidad que el mundo esté gobernado por gente que no debería gobernarlo.

327, AMENAZA. Desde hace doscientos años, donde más se ha lucido la inteligencia de la creatura ha sido en el ejercicio de las ciencias y la tecnología. Con ellas, multiplicó las posibilidades de dos antiguas potencias características de su naturaleza: la destrucción y la conservación. Para la destrucción inventó y organizó imponentes mecanismos de muerte; para la conservación de la vida perfeccionó la medicina y diversos sistemas de salud. Pero, lamentablemente, ésta no es una relación equilibrada en sus posibilidades. Lo que construya la medicina en diez años puede ser borrada con un solo golpe bélico. Se puede acabar con una peste después de un enorme esfuerzo mundial, pero ningún holocausto puede ser remediado con alguna ciencia o tecnología. Es decir que la inteligencia hace a la creatura cada siglo, cada día, más peligrosa para su propia

existencia. Por ello, cada día es más urgente la afirmación de una conciencia ética, y una forma de medirla es
a través de la renuncia del individuo o de un grupo en
beneficio del resto de la humanidad. —Durante un millón de años las creaturas expresaron su violencia con
palos y piedras. No podemos borrar de nuestro ánimo
milenios de violencia; pero como nuestra inteligencia
es cada vez más poderosa (y eso significa peligro), así
nuestra cultura, nuestra historia exterior, debe estar a la
misma altura. Sabemos que un dictador o un soldado
que maneja un arma de destrucción masiva se asemeja
a un dios paleolítico, y que por eso reclamar una mejor
conciencia parece del todo utópico. Pero nunca podemos renunciar a un reclamo semejante.

328, PROSELITISMO. El proselitismo es una característica de la mente occidental, y si sus orígenes no
están en Cristo por lo menos están en el cristianismo.
Sería demasiado obvio anotar que esos orígenes son
históricos y religiosos, si tenemos en cuenta el Nuevo
Testamento y la relación judeo-romana y romano-cris-
tiana de los primeros siglos. Primero fue la pretensión
universal de la Iglesia sobre la verdad y la moral, y después uno de sus productos: el universalismo ético e
ideológico de los modernos ateos. Ya Oswald Spengler
había observado, hace casi un siglo, que "Todos pro-
nuncian un imperativo —"tú debes"— en la convicción

de que algo debe ser cambiado en sentido uniforme"
[...] "Sobre este tema Lutero, Nietzsche, los papas y los
darwinistas, los socialistas y los jesuitas están de
acuerdo" [...] "El que se aparta es un infiel, un enemigo
al que se debe combatir". Luego, Spengler recuerda que
no siempre fue así: ni en India, ni en China ni en el
mundo antiguo; ni Buda ni Epicúreo quisieron cambiar
al mundo como Nietzsche. —Tal vez ya no haya proselitismo sexual e ideológico. O lo que se promueve
(porque una sociedad viva siempre promueve algo) es
lo contrario: "sé diferente". Pero se aprecia la diversidad al mismo tiempo que se la anula. El discurso posmoderno elogia las diferencias sexuales y culturales,
pero de hecho no renuncia a la uniformización. El mercado, la tecnología y las leyes atienden a un tipo humano mucho más restringido y uniforme que el
antiguo: los códigos visuales, las ideas, los idiomas, la
música, la moneda única, la televisión, una oferta infinitamente diversa y un consumo uniforme, el proceso
de educación y de salud, los monopolios trasnacionales.
Todos los niños deben ir a la escuela, todos deben va-
cunarse, todos deben aportar a la caja de jubilaciones,
todos deben pagar sus impuestos, todos deben registrar
sus huellas dactilares, *todos deben...* Cada vez habrá
menos oportunidades de salirse del sistema sin caerse
de él, sin convertirse en un *homeless* o en un leproso.
El sistema está pensado para protegernos, de la

violencia y de las enfermedades, pero al mismo tiempo abusa nuestro y tiende a destruir esa libertad que pretende potenciar. ¿Será ese el precio necesario que las sociedades deberán pagar en delante? Paradójicamente, la diversidad de nuestro tiempo es tan grande que se identifica con la uniformidad. Porque es una diversidad solo aparente. —Yo siempre he pensado que, así como los organismos vivos en su proceso de evolución tienden a asociarse en un cuerpo cada vez más complejo (como los originales organismos unicelulares), también las conciencias de Gea tendían a una asociación Global. Cuando leí la teoría de Gaia de James Lovelock entendí que allí estaba la metáfora biológica de esta idea: el planeta (Gea o Gaia) *como una unidad viviente*. Esto, que en principio significaría paz y seguridad, también asusta. Sobre todo, considerando el actual estado de cosas. Aunque un pesimismo semejante bien puede deberse al hecho de que además de creaturas metafísicas somos creaturas desconformes.

329, SILENCIO. Para vivir una temporada en un país del primer mundo no es necesario conocer el idioma. Aunque *todavía* es necesario hablar algo de inglés, con el tiempo se podrá prescindir de cualquier idioma oral. Eso si las máquinas no son en su mayoría comandadas por la voz. Hoy mismo, una vida de extranjero incluye: un *tourist information* electrónico en

el aeropuerto, para elegir el hotel y el itinerario de los
próximos treinta días; un hotel sin recepcionistas, al
cual se le accede con una tarjeta de crédito y un código
de seis cifras que abren todas las puertas; un hipermer-
cado donde se puede tomar y dejar una cantidad infinita
de ofertas y pagarlas con la misma tarjeta de crédito sin
necesidad de gastar un *merci* o un *thank you* con la ca-
jera; un *self-service* donde tomar un refresco y poner
combustible, previo diálogo con una máquina cobra-
dora; un *fast-food* donde se elige el menú con un número o una contraseña; una larga lista de *tickets* que se
le extraen a la máquina correspondiente para acceder a
cualquier medio de transporte o de diversión; y un largo
etcétera de códigos y señales electrónicas. —Cada día
es menos necesario hablar y más necesario hablar menos. Yo debo reconocer que, aunque siempre he sido un
obsesivo conversador en el extranjero, aún con las dificultades del idioma, siempre me sentí muy cómodo en
esta relación impersonal y anónima de las ciudades
post. Incluso aquí, en mi país, siempre elijo los centros
comerciales donde la relación del cliente con el vendedor es mínima o es anónima. Pero yo no soy buen ejemplo para nadie y desde todo punto de vista mi gusto es
legal y sospechoso.

330, CIUDADES. La antigüedad de una cosa se
puede medir por la presencia de Carbono-14; cuanto

más cantidad de este elemento, más antiguo es el objeto en cuestión. La antigüedad de una determinada etapa de la Era Moderna se puede medir según la cantidad de ciencia y tecnología involucrada en la misma: cuanto más reciente es el año que consideramos, más fuerte es la presencia de la ciencia y la tecnología en la vida de las creaturas. Así también el año de una ciudad se puede deducir según su violencia: cuanto más moderna y evolucionada es una ciudad, más cantidad de violencia sufre. Junto con el decrecimiento del Carbono-14 y el desarrollo de la inteligencia material, ha aumentado la inseguridad de cada creatura. Y si es cierto de que en un pequeño pueblo existe la misma proporción de criminales que en una gran ciudad, también es cierto que los habitantes de un pequeño pueblo no temen por su vida como temían los neandertales en el paleolítico y como ahora temen, en nuestro mundo civilizado, los evolucionados habitantes de las grandes ciudades, como San Pablo, Johannesburgo o Los Ángeles. —La soledad y el desconocimiento mutuo de las grandes ciudades lleva a la pérdida de la conciencia de grupo. Cualquiera puede ver que la violencia de las ciudades suele estar en directa proporción a su tamaño; pero el miedo y la inseguridad lo están en proporción cuadrática. Es decir, a medida que las creaturas se amontonan se vuelven seres aislados; a medida que aumenta el tamaño de la civilización aumenta el tamaño de la conducta salvaje.

331, MANDAMIENTOS. Todos los pueblos deberían, de vez en cuando, volver a escribir los diez mandamientos. No para sustituir a los Diez de Moisés (porque eso sería imposible además de ridículo), pero sí para observar mejor nuestros cambios. Como nuestro tiempo ya no es el de Moisés, no podemos esperar la dictadura un nuevo líder. Ahora solo hay una forma democrática o vulgar: una encuesta colectiva de las opiniones individuales. Vaya entonces de paso mi propia clasificación:

I

1— *No matarás*, bajo ninguna razón, porque siempre hay una razón para matar.

2— *No codiciarás la pareja de tu prójimo*. Esa es una buena razón para obviar el primer mandamiento.

3— *No dirás falso testimonio contra tu prójimo*, porque la justicia es ciega.

4— *No robarás*. Si lo haces por necesidad, procura no tener necesidades creadas por ti mismo.

5— *Ayudarás a tu prójimo* a sobrevivir y a cumplir con el resto de los mandamientos.

II

6— *Serás tolerante;* porque cuando te vuelves imbécil nunca lo sabes.

7— *No te creerás dueño de la Verdad.* Si la Verdad existiera no tendría un dueño tan pobre.

8— *No te considerarás mejor que el resto.* Solo así podrás considerar que no eres de los peores.

9— *Buscarás la verdad tanto en la tierra como en el cielo,* porque ese es tu destino y tu condena eterna.

10— *Buscarás a Dios,* porque no hay Mandamiento que valga algo sin Él.

Como ya habíamos visto antes, el orden de las tablas se encuentra, o *suele* encontrarse, invertido. En el *Decálogo* bíblico, la primera tabla se refiere a lo metafísico (II), mientras la segunda repite antiguos principios morales (I). Como si fuese una paradoja tipográfica, veamos que la escritura hebrea se desarrollaba de derecha a izquierda, por lo que la piedra de la segunda tabla había sido ubicada al principio de nuestra lectura Occidental, mientras que la primera estaba al final. Es como si Occidente hubiese entendido el orden de escritura hebrea, así como los rusos copiaron el alfabeto romano de un papel mojado.

XXXVI: El show debe continuar

332, AMERICA. Un año antes de su muerte, el divulgador científico Carl Sagan escribió: "En encuestas de la década de los noventa, dos tercios de todos los adultos de Estados Unidos no tenían ni idea qué eran las 'autopistas de la información'; el cuarenta y dos por ciento no sabía dónde estaba Japón; y el treinta y ocho por ciento ignoraba el término holocausto. Pero en una proporción del más del noventa por ciento había oído hablar sobre los casos criminales Menéndez, Bobbit y O. J. Simpson; el noventa y nueve por ciento sabía que el cantante Michael Jackson era sospechoso de haber abusado de un niño. Quizá Estados Unidos sea la nación mejor entretenida del planeta, pero el precio que pagamos es muy alto".

333, CORRECCIÓN. Nuestro nivel de vida moderno es superior al antiguo, pero cada día necesitamos más tiempo y más concentración para sobrevivir como tales. A los 25 o 30 años terminamos nuestra educación formal y a los 40 tal vez logremos alguna estabilidad económica y un rol definido en la sociedad. Para entonces solo habremos aprendido a competir y, probablemente, lo seguiremos haciendo por el resto de nuestras vidas. —Ahora, ¿cómo se suple la carencia de trascendencia de nuestro orden? Para olvidar que todos nuestros esfuerzos terminan finalmente en la nada, y para olvidar la fatiga colectiva que producen dichos esfuerzos, nació el culto al entretenimiento. No hace mucho, un economista o empresario europeo propuso reducir las horas de trabajo. Lo que parecía un esporádico coletazo de humanismo pronto se reveló como un nuevo servicio al sistema. Este economista o empresario argüía que si las creaturas trabajaban demasiado luego no podían divertirse, *ergo* no podían consumir (restaría por saber adónde meten la plata aquellos que no tienen tiempo para vivir). Y eso es malo, muy malo. Lo que demuestra que el economista o empresario no estaba tan loco como parecía al principio.

334, TELEVISIÓN. El culto al *producto* exige de un complemento *ad hoc* que posibilite olvidar la vacuidad del esfuerzo. Pero a su vez el sistema cobra por la diversión. La lista de instituciones pasatistas es amplísima: shoppings centers, espectáculos deportivos o políticos, videos. Y la insustituible televisión. Por alguna razón, este vehículo democrático se ha convertido en el paradigma de la vulgaridad. La mayor parte de la televisión es la representante de una manifestación suicida, es la *cultura de la anticultura*. Porque si el requerimiento básico de cualquier forma de cultura es la memoria, para la televisión lo es el olvido. Una persona puede ver al año cientos de películas y miles de publicitarios; después de sufrir o disfrutar con un *thriller* clase B, el espectador se dispone a olvidarlo completamente. Por otra parte, cuanto antes lo haga mejor. En estos casos, ¿qué necesidad hay de retener datos o de envenenarse con intrigas de laboratorio? (Todos deben saber que la forma más común de violencia doméstica es la televisión. La televisión *light* mata más creaturas que Shakespeare pero, a diferencia de este anticuado, *no deja nada*.) Intrigas que además suelen ser proselitismo geopolítico. Mejor para la salud de los bulímicos espectadores y mejor para los canales que, gracias al olvido sistemático, pueden repetir las mismas películas de "misterio" sin que el desmemoriado espectador recuerde que el asesino era el mayordomo.

135, INTELIGENCIA. La inteligencia no es graciosa, por eso sólo puede hacernos reír cuando se disfraza de idiota; lo que a veces llamamos humor o ironía. El humor necesita de la inteligencia, pero lo cómico está obligado al absurdo o a la tontería. Los cómicos más famosos representan personajes tontos, aunque ninguno de ellos lo sea, porque se puede fingir la estupidez pero no la inteligencia. Sócrates o Galileo pudieron hacerse pasar por necios, pero ninguno de aquellos necios que los condenaron pudieron hacerse pasar por ellos. Eso en la teoría, porque como decía Demócrates, *"el que amonesta a un hombre que se cree inteligente trabaja en vano"*.

336, INTERNET. Internet es un instrumento superior a la televisión. Es un verdadero canal de comunicación, ya que ha superado la relación flechada emisor-receptor de los inventos anteriores. Con Internet, muchas cosas se han perdido para los dictadores de turno: la censura y la manipulación de la información. Lo que no quiere decir que la creatura metafísica esté libre de otros peligros, como, por ejemplo, el optimismo y la acrítica. No olvidemos que el racismo, el insulto, la vulgaridad, la desinformación y hasta los errores tipográficos son una epidemia en Internet. Cualquiera que se quiera divertir un poco puede sumar errores y virus culturales a la red, de forma anónima o con el nombre del autor, que es casi lo mismo. Por el momento, suponer alguna equivalencia entre Internet y los libros es una muestra de poca inteligencia. La misma cantidad de inteligencia necesaria para suprimir una biblioteca en beneficio de la Super-red.

337, BELLEZA. Casi todas las creaturas en Gea pueden presumir de inteligencia, mientras que nadie, o casi nadie, presume de ser bonito. De ahí que las creaturas siempre estén bien dispuestas a repetir la frase:

"lo que importa es la belleza interior". Y no se refieren a la bondad, precisamente. —Porque lo exterior siempre es más evidente, cualquiera puede imaginarse por dentro mejor de lo que se ve por fuera. Por lo tanto, se declara la inteligencia como virtud universal, mientras la belleza física no pasa de la superficie. Sabemos que ambas, belleza e inteligencia, declinan con el tiempo, pero solo la primera decadencia se nota. La otra se disimula con la experiencia o no se advierte por su propia carencia.

338, IMAGEN. De la publicidad depende el éxito momentáneo (y a veces permanente) de cualquier empresa humana: desodorantes, detergentes, presidentes, hamburguesas, poemas, religiones, biblias y calefones. El éxito o el fracaso de un jabón depende de la fama de la modelo que lo publicite. Todos saben que los elogios de un personaje famoso a un producto no son sinceros y que lo mismo podía haber dicho de la competencia si la competencia le hubiese pagado un poco más. Pero también todos saben que sin esa mentira la marca no se vendería como se vende. Es decir que la gente reconoce fácilmente lo que es verdadero y lo que es publicidad. Pero elige la publicidad. —Claro que no siempre es así; a veces la gente no reconoce fácilmente una cosa de la otra. En 1996 la revista NOTICIAS de Buenos Aires publicó una encuesta encargada a la consultora

Germano & Giacobbe. Entre las cinco personas más "confiables" del país estaba el escritor Ernesto Sábato (lo que parece demostrar, una vez más, que los pueblos celebran a los escritores que no los representan. Me refiero a lo insobornable en de Sábato, al "discreto encanto" de Bioy Casares, a la modestia de Borges...) Además, entre esas cinco personas más confiables del país estaba la hermosa modelo Valeria Mazza. Es decir que si bien la belleza se supone un atributo superficial, todo indica que se la valora tanto como se la descalifica. Un año después de la encuesta, la modelo se encontró en Chile con el General Augusto Pinochet. Parece que este señor le obsequió a Valeria uno de sus mejores elogios a la belleza. Cuando se la consultó acerca de este encuentro casual, Valeria expresó que si bien nunca hablaba de política (un error lo tiene cualquiera) le pareció que Augusto era un señor encantador. Supongo que también confiable.

339, FELICIDAD. La felicidad del consumo no solo es un negocio; también es una ilusión. Dejemos que sea el recurrido argumento de los frívolos. Ellos, nunca sabré por qué, siempre suponen que son más felices que los trágicos griegos. Tal vez porque les produce terror la profundidad. Desde Esquilo, la tragedia ha replanteado las grandes Interrogantes, ha ejercido la voluntad de encarar el Enigma de la existencia. No para resolverlo (porque es irresoluble) sino para admirarlo. Por el contrario, la comedia procuró siempre la descalificación y el olvido. Lo cual también es saludable porque, como la risa, relaja.

340, DISNEYLANDIA. Hay que reconocer que la magia tecnológica es admirable. Los viajes de realidad virtual a mundos fantásticos son un buen ejemplo de cómo las creaturas pueden soñar estando despiertas, todo gracias a su inteligencia. En los estudios Universal de Hollywood, por ejemplo, una creatura puede lograr casi la misma cantidad de emoción que uno de aquellos místicos que pululaban por los cielos de Asia, hace dos mil años. Aquellos budas o cristianos eran tan pobres que no podían depender de un andamiaje millonario para subir al cielo, como las creaturas de hoy. Un buda, un gurú o un chamán solo dependía de su sabiduría. El caso de los indios americanos es aún peor: experimentaban más fantasmas que en el cinc, y ni siquiera lo hacían por sabiduría sino por ignorancia.

341, AUTODESCONFIANZA. Los libros de autoayuda son los amuletos de nuestro tiempo. En ellos descansa toda la superstición de las creaturas temerosas. Sin la ayuda del miedo y la superstición moderna, estos libros no serían *best-sellers* y mucho menos serían considerados profundos o necesarios. Podemos contar algunas muestras de esta profundidad (selección hecha por el diario *El Observador*): "Abrace a su mujer cuatro veces por día" (John Gray); "Elógiate tanto como puedas", "La crítica es un acto inútil", "Mírate con frecuencia al espejo y di: *te quiero*", "Haz lo que te gusta hacer", "Tus pensamientos pueden ayudarte a conseguir el trabajo perfecto" (Louise L. Hay); "Control significa ser el amo de su propio destino", "Todos podemos hacer algo", "Haga reír a otra persona hoy y mañana, todos los días", "Nadie puede engañarle sin su consentimiento", "Recuerde que no puede fracasar en la tarea de ser usted mismo" (Wayne W. Dyer). —La creatura insegura busca en los libros de autoayuda que le digan lo que ya sabe; pero necesita que una autoridad (sacerdotes del éxito solitario) se lo repita, porque ya no se cree a sí misma. No puede creerse a sí misma porque está habituada a creer y aceptar la orden y el consejo de los medios de difusión. Su libertad es virtual o ilusoria, porque para ser libre es necesario, por lo menos, comenzar por creerse a sí mismo.

342, MŪNI. La Paz es un estado de la conciencia y, en nuestro mundo, depende de otra realidad, que es física y nunca del todo gobernable. O depende de su realidad propia, de la conciencia misma. Esto último fue lo que comprendió Buda y olvidamos los otros.

343, RATING. Sófocles y Esquilo compitieron por el aplauso del pueblo griego. Shakespeare escribía para el teatro, no para la eternidad de la letra impresa. A diferencia de los grandes escritores del siglo XX, al inglés lo preocupaba, especialmente, el juicio y la aceptación del público de esa noche. Como cualquier libretista de Hollywood o de televisión. Porque hubo tiempos en que la profundidad y la inteligencia tuvieron *rating*.

344, OLVIDADOS. De acuerdo, hay tiempos de oro y hay tiempos de caca. También es probable que uno siempre tienda a considerar su propio tiempo como decadente o decepcionante. Y ello tal vez se deba al hecho de que al pasado lo conocemos por sus genios, que son los más recordados por las bibliotecas. No consideramos, entonces, que en tiempos de Newton y de Homero hubo tantos imbéciles como ahora y que casi todos fueron olvidados como un día seremos olvidados nosotros. Al menos que, a diferencia de las bibliotecas, las memorias electrónicas sigan guardando imbéciles en lugar de genios.

XXXVII: La historia continuará

345, TRANSFORMACIÓN. Durante casi toda la historia, las creaturas han sido seres conservadores. Si cada tanto se realizaron grandes cambios ello se debió más a la influencia de profetas, pensadores, militares y otros individuos aislados que a la voluntad del propio pueblo. Los pueblos, por lo general, siempre aspiraron a conservar y repetir un orden heredado. La necesidad de transformar el mundo fue una necesidad novedosa de ese breve período histórico de pocos siglos que se llamo Era Moderna, y su evento paradigmático ocurrió en Francia, en 1789. A partir de ahí, las creaturas comenzaron a matarse unas a otras con el mismo objetivo: cambiarlo todo. Si para imponer los Derechos del Hombre se había decapitado a miles de compatriotas, ¿por qué no hacer lo mismo para imponer los Derechos del Proletariado? —Decían los marxistas que si bien los filósofos se habían ocupado de interpretar el mundo, lo que realmente importaba era transformarlo. Esta máxima, no tan revolucionaria como moderna, guió el pensamiento y la acción de revolucionarios y contrarrevolucionarios durante todo el siglo XX. Hasta que finalmente lo lograron en Norteamérica. Allí se concretaron casi todas las utopías de la vieja y soñadora

Europa: una sociedad de bienestar, laica, conformista, progresista e imperialista. Por ello ya no hay proyectos de grandes cambios y sí un esfuerzo desmesurado por sepultar la historia, junto con todos sus profetas y pensadores. Como en los milenios anteriores, el pueblo ya no quiere saber nada de cambios ni de incómodas especulaciones. Algo se ha perdido finalmente en este proceso: la abominable profundidad. Y el pueblo canta lo que canta Edie Brickell:

Philosophy is a walk on the slippery rocks.

Choke me in the shallow water before I get too deep.

What I am is what I am.

Don't let me get too deep.

346, FILÓSOFOS. Toda la educación de la última creatura es monotemática: desde la infancia, se la prepara para la competencia. Todo lo que no apunte al éxito económico y a la superación del otro es superfluo. Si alguien se detiene un momento a cuestionar estos artículos constitucionales corre el riesgo de caerse del sistema. En el padre patrio se llaman *homeless*; en casi todo el mundo, *incompetentes*. Y claro, ¿qué padre preferiría un *hippy* reflexivo a un *yuppy* exitoso? El pensamiento y las obras del espíritu no pagan si no son bestsellers; y best-seller que incluya pensamiento y espíritu no hay; y, si los hay no lo son por eso precisamente. —

Nuestro tiempo imagina que la filosofía ya no es necesaria, tal vez porque no es competitiva. ¡Pero cómo se equivocan! ¿No se dan cuenta, acaso, que la filosofía es aún más necesaria en nuestro tiempo que en la antigua Grecia? Porque en la antigua Grecia podía ser un problema simplemente especulativo y en nuestro tiempo es un problema de vida o muerte. —No es extraño que en esta época los filósofos sean tan mal vistos. Ellos representan una especie paleontológica en extinción, herida gravemente por la caída del muro de Berlín o por algún otro acontecimiento simbólico y virtual. Representan el prototipo del *homo delirantes,* errado y desconectado de la "realidad". Nada de eso es raro, porque nuestro tiempo desprecia el pensamiento y, en nombre de la vida y la diversión, ejerce la vulgaridad. Lo cual tampoco es del todo malo, porque todos sabemos que la verdad es triste y que lo mejor es ser feliz.

347, PUNTUALIDAD. Takeshi Umehara considera que el "posmodernismo" es más natural en Japón que en Occidente, ya que aquí significa una ruptura con la judeocristiana concepción del tiempo lineal y progresivo, mientras que en Japón es un retorno al tiempo circular del *shinto.* Sin embargo, creo que es necesario forzar mucho la visión "naturalteísta" del sintoísmo para hacerla coincidir con la más actual "eficientolatría" japonesa. Por lo cual, habría que pensar que si el

posmodernismo es oriental en el cielo, aún sigue siendo
occidental aquí en Gea. —Cuando visité Japón me sor-
prendió la puntualidad milimétrica de los trenes y el
contraste de los barrios tradicionales con los modernos.
Cuando la puerta del tren coincide con la flecha del an-
dén, basta con mirar el ticket de pasaje para poner en
hora el reloj; mientras, en alguna zona antigua de Tokio
o de cualquier otra ciudad, un hombre que trabaja el
mimbre le enseña el oficio a su hijo y en el umbral de
la puerta los ancianos conversan casi en silencio. Lo
tradicional es apacible, silencioso, asiático; lo moderno, una caricatura de Occidente, un ejemplo optimista de occidentalización con sus rockeros y sus
punks, tan grotescos como inofensivos. —Tiempos
más tarde, el 11 de mayo de 1997, como todos los días,
abrí El País y leí: "Japón: Ichiro Oshima se tomó solo
medio día de vacaciones en los dieciocho meses pre-
vios a su muerte. El publicista de 24 años llegaba siempre puntualmente a su trabajo, a las siete de la mañana
y regresaba frecuentemente a la una o dos de la madru-
gada del día siguiente. Hasta que decidió suicidarse. Su
muerte hubiera sido considerada simplemente otro caso
de 'karoshi' —una palabra japonesa que designa algo
así como la 'muerte por exceso de trabajo'— si no fuese
porque sus padres decidieron demandar a sus patrones
y pedir una indemnización [...] Hay quienes en cambio
practican 'horas extras compasivas', y se quedan hasta

altas horas de la noche, pero no a trabajar, sino para dar 'apoyo moral' a sus colegas. Es por eso por lo que muchas veces, cuando un trabajador se retira temprano de su puesto de trabajo se despide de sus compañeros diciendo 'o saki ni', que significa algo así como 'perdón por irme antes que tú'". —Caminado por uno de aquellos templos antiguos de Kioto, sentí algo que no debía ser novedoso y que se me ocurría como la idea de un lejano oriental: la inteligencia está en las grandes empresas, pero la sabiduría solo en el silencio de las pequeñas cosas.

348, DOMINIO. En los últimos doscientos años, el poder de la creatura para dominar la naturaleza se ha incrementado de forma geométrica, mientras que su poder de dominar la Verdad, es decir, el poder de dominarse a sí misma prácticamente se ha estancado. Si no ha retrocedido.

349, COMUNICACIÓN. Desde hace millones de años la evolución se plantea como una competencia de individuos al mismo tiempo que una asociación de comunidades. La biosfera toda es el producto de una asociación que ha resultado en una unidad viviente, tal como la ha descrito el británico James Lovelock. Pero también las creaturas metafísicas han recorrido un camino semejante. La moral, o las morales (la conciencia de la especie) ha evolucionado hacia una integración, incluso pasando, en muchos casos, por encima de las famosas diferencias culturales. No podemos decir que exista una ética mundial o que algo semejante esté próximo, pero la tendencia y la necesidad de alcanzarla es más fuerte en nuestro tiempo que en la antigüedad, cuando los pueblos, las culturas y las religiones podían vivir sin convivir, ignorándose completamente unos a otros. Eso ya no es posible; será posible la incomprensión, pero no ya la ignorancia total. El otro existe y lo sabemos. —En nuestra era Post ha surgido un nuevo fenómeno que expresa esa nueva voluntad asociativa de la especie: me refiero a las super-redes de comunicación. Sobre ellas concibo dos imágenes, una entusiasta y otra decepcionada: veo a Gea como un cuerpo (biosfera) y como una mente o espíritu (exosfera); las creaturas serían las neuronas y las redes electrónicas las dentritas. De acuerdo, una geopsicología autista o llena de traumas, taras y complejos. Pero no digamos que nos faltan medios para entendernos.

350, EDADES. Cada creatura repite la historia de la especie. En la infancia todo es permanente, porque cualquier breve momento puede ser casi toda la vida y cualquier futuro una utopía. La madurez, en cambio, advierte que el mundo ya no es inalterable sino frágil y pasajero. Las cosas y las creaturas van pasando y este

tránsito, como una gota china, comienza a ser percibido
cada vez con mayor sensibilidad. Nuevas familias se
forman mientras la primera se aleja o se pierde para
siempre. Sobre los treinta años (como a Zaratustra,
Buda, Cristo, Agustín, Francisco de Asís, Kierkegaard)
la creatura es sacudida por las interrogantes existenciales. La infancia de la especie fue la edad mitológica, la
edad sin fechas y sin orden, la edad de las leyendas y
los ciclos eternos de la prehistoria. La madurez es aquel
momento en que la inconciencia del mito o la eternidad
es abolida por las interrogantes: por las religiones y por
la filosofía. Es el siglo V a. C. que llamó la atención de
Jaspers. —Cada creatura repite la historia de la especie;
lo que significa, también, que la interrogación es aún
nuestro estado de madurez, y que algún día será adolescencia primero y tierna infancia después. ¿Será el olvido y el nihilismo nuestra próxima madurez?

351, HISTORIA. En 1958 Italo Calvino escribió:
"*L'epica moderna non conosce più dèi: l'uomo è solo,
e ha di fronte la natura e la storia. E se a questo punto
viene facile di dire che natura e storia sono gli dèi del
mondo moderno, rinnovate incarnazioni delle antiche
divinità, possiamo subito ribattere che questa diviniz-
zazione s'incontra più facilmente nelle pagine dei filo-
sofi che in quelle degli scrittori*". Ahora podríamos
decir que la abolición de la historia se encuentra más

fácilmente en las páginas del teórico que en las páginas
de los escritores (en las páginas de los diarios todavía
no se encuentra). Aparentemente, los posmodernos ya
no divinizamos ni la naturaleza ni la historia, ni la razón
que venía incluida en ambas. Tampoco a Dios alguno,
si atendemos al *zeitgeist* y no a los individuos. Es cierto
que los espacios arquitectónicos y los espacios virtuales acabaron de abolir el tiempo natural, los espacios
naturales y los espacios históricos. El *locus* va dejando
paso a lugares sin identidad; se está en cualquier lado y
a cualquier hora al mismo tiempo. No hay naturaleza ni
hay historia en el sentido antiguo (dos nombres que son
metáforas, como la palabra "navegar" en Internet y, tal
vez, como todas las palabras que heredamos de nuestros antepasados). Pero hablar de "Fin de la Historia"
es como hablar del "Fin de la naturaleza". Ambos son
posibles y exagerados. Podemos imaginar el Fin de la
historia como el abandono del pasado y del futuro, es
decir, podemos verlo en esos espacios virtuales o idénticos (Internet, McDonald´s, etc.). Pero ¿por qué considerar todo eso como un estadio permanente? ¿Por qué
pensar que si la historia ha terminado ya no puede con-
tinuar? El "Fin de la Historia" ¿no es otro capítulo de
la Historia? Lo que ha terminado no es la Historia,
como proceso de eventos humanos; lo que terminó fue
la costumbre de tomar a la Historia como la depositaria
enigmática de todos los destinos posibles y previsibles

de la especie humana. En todo caso, lo que terminó fue la aspiración de proyectar el futuro y ahora, agotada o satisfecha, la creatura se deja llevar por ese ente enigmático y todopoderoso llamado El-viento-de-la-historia, sin más resistencia y sin más sueños románticos. — Si la diversidad cultural conduce al escepticismo, la naturaleza errática y contingente de la historia conduce a su negación. La historia ya no es una unidad coherente, lógica y previsible como lo quisieron o concibieron los modernos. Ya no importa el pasado de los profetas ni el futuro de los utópicos. Ahora es el presente el que toma lugar en la preocupación humana. La historia ya no explica el futuro sino el presente, y lo hace con timidez, desde infinitos puntos de vista. Pero haber "desconstruido" el pasado no significa, como se pretende, haber arribado a un presente mitológico. —Podemos vivir algún tiempo en el Fin de la Historia, pero aún no podemos acabar completamente con ella. Por dos razones: es posible que aún quede algo por construir y, sobre todo, es seguro que aún queda mucho por destruir. Y basta con crear o destruir para hacer historia.

352, RESULTADOS. Una curiosa costumbre de las creaturas consiste en juzgar *toda* la historia por los últimos resultados. Como si el objetivo de todos los tiempos fuese siempre nuestro propio tiempo. De esa forma, habría que suponer que Pericles y Alejandro

Magno fracasaron porque hoy, finalmente, Grecia es un
país periférico. También habría quedado demostrado el
fracaso de los faraones con sus pirámides, la inutilidad
de todos los caminos que conducían a Roma o a San-
tiago de Compostela, la incapacidad de la Iglesia Católica en la Edad Media como organizadora de la
sociedad, la inconveniencia de las Leyes de Indias, el
fracaso final de la carrera europea por conquistar colo-
nias en África y América, la vanidad de todos los trata-
dos de paz firmados con Alemania antes de 1939 y la
ilusión de la derrota nazi en 1945. Así también Marx
fue, sucesivamente, un utópico en 1848, un profeta ilu-
minado en 1929, y (última versión) un pésimo economista y peor filósofo en 1989. Hasta he escuchado por
ahí que el marxismo ha fracasado. Pero ¿cómo se puede
decir que una idea que estuvo de moda durante cien
años fue una idea fracasada? ¿Cuándo vamos a entender que en la historia todo éxito y todo fracaso es siempre relativo y parcial? Si existieran los éxitos absolutos
no habría ninguna razón para haber dejado de ser pro-
alejandrista.

353, APERTURAS. Si para algo sirve la historia es
para recordarnos que hay otras formas de ver el mundo.
Y si para algo sirve la cultura es para devolvernos algo
de esas otras formas. Hasta la más anacrónica perspectiva de la realidad un día puede resultar tan original y

refrescante como para sacarnos de los estrechos límites de nuestro tiempo. Un ejemplo es el pensamiento "posmoderno" de Nietzsche, quien regresó más de dos mil años para adelantarse un siglo a su propio tiempo. Porque cada tiempo está hecho con la herencia y el olvido de un pasado. Y sobre todo con el orgullo de ese olvido.

354, FUTURO. El futuro no existe.

355, AMANECER. En el siglo XVIII Gotthold E. Lessing pensó que suponer a la creatura capaz de alcanzar la verdad absoluta era absurdo, porque significaba la posibilidad (solo atribuida a Dios) de salirse de la historia. Sin duda, esta observación goza de propiedad recíproca: es decir, pretender un "Fin de la historia", como ahora, es una pretensión absurda, porque ello significaría que la última creatura ha alcanzado la verdad absoluta. Al menos que se considere verdad absoluta a... *esto*. —Por mi parte, creo que la creatura metafísica aún no está preparada para pensar. Y si bien persiste en el intento, ello se debe a que su espíritu es más grande que su inteligencia. Todo conocimiento, incluso el científico, es una muestra de ese "balbuceo preliminar". (*The tools we use to understand the world* —admitió el físico Duff— *may be at fault. Perhaps the existing approaches are too primitive to describe multiple times*. Por su parte, James Lovelock admitía que todos

sabemos intuitivamente, o creemos saber, lo que es la
vida, pero resulta imposible definirla en términos científicos. Y lo mismo podríamos decir de la libertad y sobre el sentido de la existencia. Esto se debe, piensa
Lovelock, a que casi todo nuestro tiempo evolutivo lo
invertimos en sobrevivir y no en pensar en términos
abstractos o científicos.) Toda la cultura que la creatura
ha producido en los últimos diez mil años lo demuestra:
detrás hay un espíritu poderoso y muy particular, in-
quieto, productivo e irracional; y una inteligencia más
bien confundida. —Lo que hoy llamamos "iluminismo" (*Enlightenment, Aufklärung*) es un período histórico de Occidente que se llamó a sí mismo
"iluminismo". Por lo general todos los períodos históricos se consideran el despertar de algo, el principio o
el final. Pero ello se debe siempre más a la ignorancia
de las creaturas sobre otros tiempos que a su propia sabiduría o "iluminación". Y cuando digo "ignorancia"
no me refiero simplemente al desconocimiento ilustra-
tivo o conceptual: *se ignora cuando se deja de sentir
algo.* En ese sentido podemos decir que ignoramos gran
parte de la Edad Media, ignoramos casi todo el ser de
la Grecia clásica, ignoramos todo lo que es amor sensual cuando lo hemos estudiado exhaustivamente pero
nunca nos hemos enamorado. —¿Por qué llamar "iluminación" a la incredulidad? ¿Por qué la conciencia de
la masa se considera en el mediodía de la historia? De

igual forma que aquellas creaturas que acuñaron el término *Aufklärung*, llegarán nuevas generaciones que se sientan por encima nuestro, que se sientan despertar, "iluminados". Y no por que obtengan más de lo mismo (tecnología, nihilismo, intrascendencia); deberá ser todo lo contrario, porque despierta aquel que cambia de dirección. Entonces nos considerarán tanto o más oscuros que nuestra Edad Media. Lo deseable será no sólo que se crean despertar sino que despierten de hecho (aunque esto último ya es más difícil de valorar). Ese "despertar" será, tal vez, el fin del nihilismo del siglo XX, ya advertido por Nietzsche antes de que se propagara por la "masa". —Todavía están por llegar inimaginables generaciones. Mi utopía es un proyecto de creatura capaz de integrar los opuestos fundamentales: el espíritu religioso y el espíritu estético. Un espíritu religioso (trascendental) que no sea renunciante ni temeroso, que posea el impulso desafiante del espíritu estético; que recupere o conserve su afán de *conocimiento* en el sentido más profundo, recurriendo a la experimentación existencial y no al ascetismo. —Alguien (no recuerdo quién) comparó la era de la industria y la energía atómica con aquella que siguió al descubrimiento del fuego. La comparación es pertinente, desde muchos puntos de vista, aún en la era informática. Lo que de repente nos devuelve alguna esperanza. Porque después de este neo-paleolítico (pensemos) volverá una nueva

Era prometeica; como la griega, como la oriental. Una nueva Era prometeica o la destrucción del fuego sin control. Porque ahora aparecen en el horizonte dos alternativas extremas, no una simple continuidad. (En los extremos están los que solo ven un presente brillante y los que presienten catástrofes. En el medio no están los realistas; en el medio siempre están los verosímiles.) Para lo primero necesitamos Prometeos; para la segundo...

De última hora

El mundo gasta 130 veces más en Fuerzas Armadas (780 mil millones de dólares) que en educación (6 mil millones), según el informe de la Organización de Naciones Unidas sobre desarrollo humano.

Por otra parte, el documento determina que el 20 por ciento más rico de toda la población mundial acapara el 86 por ciento del consumo mundial, lo cual indica un recrudecimiento de las diferencias sociales.

El documento concluye que "una grosera desigualdad de oportunidades de consumo ha excluido a más de mil millones de personas que no logran satisfacer sus necesidades básicas".

Estados Unidos es, al mismo tiempo, el país que tiene mayor riqueza material y mayor privación material en términos porcentuales, ya que tiene el mayor ingreso per cápita (por habitante) y el 16,5 por ciento de su población vive en la pobreza. Situaciones similares se dan en Reino Unido e Irlanda.

Por otra parte, el desempleo ha llegado a niveles "sorprendentes". Entre hombres y mujeres jóvenes el desempleo se ubica en el 22 y 32 por ciento respectivamente en Francia, el 30 y 39 por ciento en Italia y el 36 y 49 por ciento en España.

Agrega que "la distribución desigual del ingreso se traduce en exclusión social cuando el sistema de valores de una sociedad asigna importancia exagerada a lo que una persona posee más bien que a lo que una persona es o pueda hacer".

A manera de ejemplo acerca de la explosión consumista de fines de siglo, el consumismo mundial de bienes y servicios en 1998 superará los 24 billones de dólares, lo que sextuplica la cantidad gastada en 1975.

"La publicidad puede suministrar información incompleta... y puede ser particularmente engañosa para quienes tienen pocas fuentes alternativas de información, los niños, los que tienen escasa escolaridad y los que leen poco", dice el informe.

El gasto de publicidad mundial aumentó el 700 por ciento desde 1950 y supera en un tercio el ritmo de crecimiento económico en la actualidad.

"Un niño nacido en Nueva York, París o Londres hoy en día consumirá, gastará y contaminará más en una vida que 50 niños de un país en desarrollo, y por una crueldad del destino los que consumen menos deberán cargar con el grueso del daño ambiental, asegura el informe de la ONU.

Las enfermedades de tipo respiratorio son moneda corriente en Asia y América Latina. El informe determina que en nuestro continente y el Caribe, unos 15 millones de niños menores de dos años corren un elevado riesgo de daño cerebral como consecuencias de las emisiones de plomo.

El informe cita que "la superficie terrestre de Bangladesh podría reducirse en 17 por ciento por el aumento del nivel de las aguas, aunque este país solo produce el 0,3 por ciento de las emisiones mundiales de dióxido de carbono"

Diario *El País* de Montevideo
9 de setiembre de 1998.